Nu of nooit

W0217381

DAI CARTER

NU OF NOOIT

Bouw aan je mentale kracht met de levenslessen van een commando speciale operaties

2022 Prometheus Amsterdam

Eerste druk januari 2022
Tweede druk januari 2022
Derde druk januari 2022
Vierde druk februari 2022
Vijfde druk maart 2022

© 2022 Dai Carter
Omslagontwerp Jan van Zomeren
Foto omslag Ilja Keizer
Opmaak binnenwerk ZetSpiegel, Best
www.uitgeverijprometheus.nl
ISBN 978 90 446 4856 0

Inhoud

Voor mijn lieve zoon.
Ik schreef dit boek in je eerste maanden.
Laat het een houvast zijn voor de rest van je leven.

Inleiding

Mali, 2013

Het is nacht en we vliegen in een C-130 op 14.000 ft (4,2 kilometer) boven de Sahelwoestijn. We hebben de opdracht om een dorp te observeren waar mogelijk gewapende groeperingen actief zijn. Het is de bedoeling dat we in drie dagen tijd een 'Pattern of Life' vaststellen en zo veel mogelijk informatie verzamelen. Een Pattern of Life wil zeggen dat je door middel van observatie een patroon weet vast te stellen. In dit geval alle bewegingen in en uit het dorp. Om drie dagen een observatiepost te bemannen, in woestijngebied, heb je specialistische uitrusting nodig zoals camera's, radio's en een nachtkijker. Met temperaturen rond de 55 graden heb je water nodig, heel veel water. Dat draag je allemaal in je rugzak. Tijdens de voorbereiding gaat iedereen met volledige uitrusting (inclusief parachute) op de weegschaal staan. Het totale gewicht wanneer ik op de weegschaal ga staan is 177 kilogram, zelf weeg ik 80 kilogram, en met dat extra gewicht val ik uit het vliegtuig. We naderen de dropzone en beginnen aan de inmiddels bekende drill. Parachute omhangen, elkaar controleren, rugzak vastmaken aan je parachute, elkaar opnieuw controleren. Het is hard werken voor je klaarstaat om te springen. Er is geen ruimte voor fouten.

We staan achter elkaar gereed voor de sprong. Ik ben de een-na-laatste. Het is warm, zweet druppelt in mijn ogen. 'Two minutes!' De klep gaat open. De koude woestijnlucht stroomt naar binnen. Ik voel nog een keer waar mijn klosje zit (om mijn parachute mee te openen). 'One minute!' Ik klik mijn NVG's (nachtkijker) voor m'n ogen. 'Thirty seconds!' We bewegen naar voren, richting de klep. 'Green on, GO!' De eerste man verlaat het vliegtuig, ik hoor zijn exit. Met mijn NVG's op, en het rode licht dat binnen het toestel schijnt, zie ik net genoeg. De man voor mij verlaat de klep, ik zet twee stappen naar voren en voel mijn tenen net over de rand van de klep. Ik laat mij vallen. Ik moet hoog openen, dus de vrije val is kort. Langs mijn NVG's zie ik mijn hoogtemeter. Tijd om te openen. Ik open mijn parachute. Het is een redelijk harde opening. Zodra ik hang, doe ik mijn checks, ik hang onder een goed geopende chute en kan vliegen.

Door mijn NVG's zie ik mijn maatjes ook veilig onder hun chute hangen, op mijn gps zie ik dat we in de juiste richting vliegen. Ik besef opeens dat dit een heel bijzonder moment is. Ik klik mijn nachtkijker omhoog en neem het moment even in mij op. Ik hang op 10.000 ft boven de Sahel en vlieg boven de mistige stoflaag van de woestijn. Vanaf de grond zie je de stoflaag niet, maar op deze hoogte kan ik de scheiding van luchtstromen duidelijk zien. Boven mij zie ik ontelbaar veel sterren.

De woestijn onder mij lijkt op een maanlandschap. Ik daal langzaam in de mistige stoflaag en zet mijn nachtkijker weer voor mijn ogen. Ik scan de woestijngrond onder mij op zoek naar tekenen van leven. Het laatste wat we willen is in een bedoeïenenkamp landen. Dat zijn factoren waar we geen controle over hebben. In de planningsfase doen we een goede studie van het terrein, maar bedoeïenen verplaatsen zich om de zoveel dagen, dus daar kunnen we geen invloed op uitoefenen. Hetzelfde geldt voor de wind. Ik merk dat we wind tegen hebben op deze luchtstroming en door het gewicht dalen we snel. Zo komen we niet aan op de geplande dropzone. Het is de bedoeling dat we een 'stack' formeren en dicht op elkaar vliegen. We hebben dit in voorbereiding op de uitzending vaak getraind en we landen telkens netjes bij elkaar. Ik zie dat de voorste man zijn laatste 200 meter inzet en gaat landen. Hij vliegt een stuk lager dan ik en maakt zich klaar voor de landing. De gps die voor op mijn chestplate zit geeft aan dat we nog 1,3 kilometer verwijderd zijn van onze geplande dropzone. Dat wordt een extra stuk infiltreren, oftewel verder lopen. Nu is het elke man voor zichzelf. Het laatste stuk vliegen houd ik mijn hoogtemeter goed in de gaten, en op de juiste hoogte laat ik mijn rugzak los. Die bungelt nu op 3 meter onder mij aan een lijn.

Ik scan de grond op eventuele dreigingen. Een rots, een boom, een termietenheuvel. Holy shit! Een termietenheuvel! In de laatste paar meter voor mijn landing zie ik de grootste termietenheuvel die ik ooit heb gezien. Eerst viel hij weg door schaduw en het groen van mijn nachtkijker, maar nu ik heel dichtbij ben, zie ik duidelijk de contouren. Ik trek meteen aan mijn rechtertokkel en maak een harde zwaai naar rechts. Op het nippertje passeer ik deze reusachtige termietenheuvel. Het wordt geen soepele landing, ik knijp mijn voeten en knieën bij elkaar en houd mijn kin op de borst. Ik hoor dat mijn rugzak de grond raakt en dat is het teken voor mij om te 'stallen'. In parachutetaal betekent het dat ik trek aan beide stuurtokkels richting mijn edele delen. Zo schept de parachute meer lucht en dat remt mijn landing. Het remmende effect valt in dit geval tegen, aangezien ik op het laatste moment moet zwenken. Ik raak de grond en val hard voorover. Door de klap proef ik woestijnstof in mijn mond. Ik sta op, zet mijn nachtkijker goed en kijk om mij heen. Zo snel mogelijk koppel ik mijn parachute af, haal mijn wapen uit de borging en maak de melding naar mijn team 'Dai veilig geland'. Daarna neem ik, zoals afgesproken, vijf minuten om de directe omgeving in mij op te nemen. Scannen en luisteren. Ik hoor over de radio een 'all clear' en begin mijn parachute in te pakken.

We zijn uiteindelijk in een cirkel geland, met een diameter van ongeveer 200 meter. We komen bij elkaar in het midden van de dropzone. Twee man gaan op verkenning naar een geschikte plek om de parachutes te begraven. We mogen geen sporen achterlaten voor rebellen of herders, die op de een of andere manier altijd op de meest vreemde plekken opduiken. De locatie markeren we met onze gps en we geven de coördinaten door over de radio. De chutes zullen aan het eind van de missie worden opgehaald door collega's die onderweg zijn met voertuigen. In plaats van 6 kilometer wordt het 7,5 kilometer lopen met een rugzak van 67 kilogram over extreem ruig terrein: van grote woestijnrotsen tot harde steenondergrond en afwisselend mul woestijnzand. Ik zeg lopen, maar dat klinkt alsof ik een leuke wandeling maak. Het tegenovergestelde is de waarheid. Tijdens de verplaatsing moet ik scherp blijven en op de omgeving letten, terwijl het steeds zwaarder wordt. Het is warm. Ook al koelt het 's nachts af in de woestijn, het is nu een graad of 20 en we zijn geacclimatiseerd aan de temperatuur overdag: gemiddeld 55 graden of hoger. Dan voelt 20 graden na verloop van tijd koud aan, maar niet als je bezig bent met een tactische infiltratie. Mijn combatshirt is doorweekt van het zweet en mijn rugzak voelt zwaarder en zwaarder. Ik houd mijn geest scherp door continu de omgeving te scannen en ik focus op mijn ademhaling.

De eerste keer dat ik uit een vliegtuig moest springen is een ervaring die ik nooit meer zal vergeten. Tijdens de evaluatie zei de instructeur die mee sprong: 'Je keek mij aan alsof je me voor m'n bek wilde slaan.' Mijn lichaam en geest stonden in fight mode. Ik heb heel wat sprongen moeten maken om enigszins relaxed uit een vliegtuig te kunnen springen. Uiteindelijk leer je de val te beïnvloeden door je lichaamshouding aan te passen. Een rondje draaien naar links en rechts, backflips, frontflips en weer stabiel komen na allerlei capriolen. Zo word je vrijer in de lucht. Je krijgt meer controle en je voelt het zelfvertrouwen groeien. Dit zelfvertrouwen is nodig voor de sprongen die nog komen. Het springen bij duister, met een nachtkijker, zware uitrusting, stackvliegen en verschillende soorten dropzones in allerlei soorten gebieden. Maar echt ontspannen wordt het nooit, en dat is maar goed ook. Die spanning heb je nodig en die houdt je scherp.

Ik gebruik nu het voorbeeld van parachutespringen omdat er zoveel in zit. Stressregulatie, gedachtecontrole, motorisch leren, lichaamsbewustzijn, aandacht, focus, en zo kan ik nog wel even doorgaan. Het zijn termen die ik zou willen scharen onder de noemer: mentale kracht. Wat maakt deze kracht zo belangrijk voor een commando speciale operaties, uit welk hout moet je gesneden zijn?

Ik diende tien jaar bij de Nederlandse Special Forces of beter gezegd: Special Operating Forces (SOF). Dat is de officiële term die de NAVO gebruikt voor speciale eenheden van verschillende krijgsmachtonderdelen. Om verwarring te voorkomen zal ik wat meer uitleg geven over de SOF-eenheden die wij in Nederland hebben. Het Korps Commandotroepen is de SOF-eenheid van de Koninklijke Landmacht. Daarnaast heeft het Korps Mariniers, dat al sinds 1665 bestaat, ook een SOF-eenheid genaamd MARSOF (Maritieme Special Operating Forces). De jaren waarin Nederland betrokken was bij de missie in Afghanistan werkten MARSOF en KCT nauw samen tijdens de missies Viper en Task

Force 55. Daar vochten ze zij aan zij tijdens verschillende gevechtsacties.

De laatste twee jaar dat ik diende bij het KCT heb ik meerdere keren samengewerkt met de mannen van MARSOF. Ook tijdens geheime missies. Er wordt vaak gedacht dat er een bepaalde spanning heerst tussen het KCT en MARSOF, maar dat heb ik nooit zo ervaren. We vinden het zeker leuk om elkaar soms in de maling te nemen, of zoals mariniers zouden zeggen 'in de taai te trappen', maar puntje bij paaltje zijn we uit hetzelfde hout gesneden. Het enige wat ik daar nog over wil zeggen: het hout van mariniers drijft beter en dat van commando's is harder. Geintje natuurlijk.

Dat het hout anders wordt gesneden klopt, en dat is niet zo gek. Een eenheid die al sinds 1665 bestaat kent haar eigen cultuur, normen, waarden en tradities. Deze worden al honderden jaren doorgegeven, en daardoor is het niet vreemd dat er een verschil is in opvoeding en identiteit. Daarnaast is er een verschil in hoe de MARSOF-opleiding wordt gegeven ten opzichte van de opleiding bij het KCT. Ook de MARSOF-opleiding is heel erg zwaar. Ik heb vaak de vraag gekregen waarom ik niet bij het Korps Mariniers ben begonnen, of waarom ik niet voor MARSOF heb gekozen. Het antwoord is vrij simpel: bij het Korps Mariniers word je geen commando en ik wilde commando worden.

Mijn interesse in mentale kracht is er altijd geweest, maar verdieping in dit onderwerp is iets van de laatste zes jaar. Dat doe ik door veel te lezen. Ook begon ik aan een opleiding toegepaste psychologie en reflecteer ik op gebeurtenissen die mij veerkrachtiger hebben gemaakt. Reflectie is een belangrijke skill voor de commando speciale operaties. Ik schrijf soms 'hij' als ik naar een commando refereer. Het woord is zowel mannelijk als vrouwelijk, wat toepasselijk is, want ik wil op geen enkele wijze verschil maken tussen mannen, vrouwen en alles daartussenin.

Dat geldt voor alle onderwerpen in dit boek. Dit boek gaat over bouwen aan je mentale kracht en het is voor iedereen.

Ik zal nooit zeggen dat ik de beste commando ben, geen enkele commando die ik ken zal dat zeggen. Het feit dat ik dit boek schrijf druist stiekem een beetje in tegen mijn commando-identiteit.

Wij, en daarmee bedoel ik alle andere commando speciale operaties, zijn het gewend om te werken in de schaduw. We worden niet voor niets schaduwkrijgers genoemd. Maar de tijd vraagt om verandering en mijn deelname aan het tv-programma *Kamp Van Koningsbrugge* was een eerste stap. Het is tijd dat mensen meer inzicht krijgen in wat het betekent om een commando speciale operaties te zijn. Dat levert een aantal voordelen op. Eén is respect. De Nederlandse maatschappij is niet te vergelijken met de Amerikaanse, waar tijdens sportwedstrijden wordt aangekondigd dat er militairen in het publiek zitten, en er wordt gevraagd of iedereen in het stadion voor ze wil salueren. Ik begrijp ook wel dat wij nuchtere Hollanders anders in de wedstrijd zitten. Maar iets meer respect voor onze dienders is wel op zijn plek. Daar bedoel ik alle dienders mee: militairen, politie, brandweer en zorgpersoneel. We hebben als klein land een professioneel leger met goede militairen. Mannen en vrouwen die zich willen inzetten voor een betere wereld en daar veel voor opofferen. Het tweede voordeel: inzicht krijgen in wat het betekent om fysiek en mentaal dit werk aan te kunnen. Vooral dat laatste is belangrijk; uiteindelijk is het niet je fysieke fitheid die je over de eindstreep trekt, maar je mentale kracht.

Door een aantal van mijn persoonlijke ervaringen te delen en die te koppelen aan mentale kracht, wil ik een verhaal vertellen dat inzicht geeft in het leven van een commando speciale operaties en de reis die ik heb gemaakt op het gebied van mentale kracht. Zo krijgen we een beeld van de componenten waarvan ik denk dat ze het 'juiste hout' goed beschrijven. De kennis en ervaring die ik heb opgedaan bij het Korps Commandotroepen zijn van grote waarde. Het zijn lifeskills en lessen waar ik de rest van mijn leven wat aan heb. Doordat ik hier mijn kennis en ervaring deel, stel ik jou in staat om van mijn ervaringen te leren. Sommige voorbeelden zullen extreem zijn, maar ik zal altijd het verband leggen met de 'normale' wereld, zodat je het kunt toepassen in je eigen leven.

Mentale kracht

Ik was twintig toen ik mijn groene baret haalde. Jong, maar met genoeg ervaring en doorzettingsvermogen om mijn doel te bereiken. Een doel dat door velen wordt gezien als extreem moeilijk of zelfs onmogelijk. Dit boek is een verzameling van inzichten in hoe ik dat onwerkelijke doel wist te behalen. Gemiddeld haalt slechts 4 procent van de opgegeven kandidaten de opleiding. Waardoor haalt de een het wel en de ander het niet? Het antwoord is: mentale kracht.

Het is een term die klinkt als een aantal andere termen waar het woord mentaal in terugkomt: *mental strength,* mentale veerkracht, mentale weerbaarheid, *mental health.* Maar wat is mentale kracht en waar bestaat het uit? Mijn definitie van mentale kracht is:

> Mentale kracht bestaat uit alle fysieke, cognitieve, emotionele, spirituele vaardigheden en processen die het bewustzijn positief beïnvloeden.

Het is fysiek, omdat het staat voor de connectie tussen ons lichaam en het brein: *the body-brain connection.* Het is ons vermogen om te voelen wat er in ons lichaam gebeurt. We zijn in staat om dit te voelen door verschillende receptoren die over ons hele lichaam zijn verspreid. Dit systeem zorgt ervoor dat onze hersenen reageren op de fysieke en emotionele processen in ons lichaam. Het stelt ons in staat om te reageren op sensaties zoals honger, dorst, pijn en temperatuur. Al deze sensaties zijn afhankelijk van dit systeem: het *interoceptive system* (Khalsa et al., 2017). Dit kan een bewust proces zijn maar ook een onbewust proces. Het is ook wat we in ons lichaam stoppen, in de vorm van voedingsstoffen, medicatie of supplementen die hier invloed op hebben, en het is fysiek, omdat lichamelijke fitheid bijdraagt aan mentale fitheid.

Het is cognitief, omdat het gaat over ons vermogen om de wereld om ons heen te begrijpen en in hoeverre we in staat zijn tot het begrijpen van specifieke situaties. Cognitie bestaat uit: intelligentie, leren, geheugen, concentratie, aandacht, taal, sociale vaardigheden en probleemoplossend vermogen. Het gaat over onze denkprocessen en hoe deze invloed uitoefenen op ons bestaan. Inzicht hebben in deze gedachteprocessen leidt naar cognitieve vaardigheden die ons bewustzijn positief kunnen beïnvloeden.

Het is emotioneel, omdat we dagelijks emoties zien, voelen en interpreteren. Deze emoties hebben invloed op de manier waarop we ons gedragen en hoe we ons voelen. Inzicht hebben in hoe emoties werken en leren om je emoties te reguleren is een belangrijke lifeskill.

Het is spiritueel, omdat spiritualiteit bijdraagt aan onze interpretatie van bewustzijn en het vinden van betekenis. Door het onderdeel te maken van je leven of trainingsproces, door bijvoorbeeld een ritueel of een meditatievorm te integreren in je dagelijkse routine, maak je spiritualiteit tastbaar en wordt het een tool. Spiritualiteit geeft houvast en richting in moeilijke tijden.

De componenten fysiek, cognitief, emotioneel en spiritueel hebben overlap met elkaar en om mentaal krachtiger te worden heb je al die componenten nodig. Door mentale kracht op deze manier te benaderen wordt het concreet en tastbaar. Het wordt een systeem dat men kan gebruiken om eigen doelen te behalen. Want een doel of missie behalen lukt niet zonder een systeem dat is ingericht om het te laten slagen. Ik heb een systeem ontwikkeld om mentale kracht onderdeel te maken van je leven en al deze componenten zijn met elkaar verweven door dit boek heen.

Ik heb hard moeten werken om op de plek te komen waar ik nu sta. Ik heb tien jaar mogen dienen bij het Korps Commandotroepen en ik heb bijzonder veel geleerd in deze tijd. Zo heb ik geleerd waar mijn fysieke grenzen liggen, mijn mentale grenzen, en wat het betekent om over die grenzen heen te gaan. Vanaf een jonge leeftijd ben ik geboeid geweest door het menselijk lichaam en waartoe het in staat is. Vooral hoe psychologie effect heeft op prestaties. Tijdens mijn studie toegepaste psychologie kwam ik erachter dat ik veel theorieën en praktische psychologische vaardigheden toepaste als commando speciale operaties, zonder dat ik het wist. Ik was onbewust bekwaam, maar ik wilde bewust deze vaardigheden gaan gebruiken.

Ik zie het als een persoonlijke missie om deze kennis te delen. Omdat ik weet dat het veel waard is. Het is niet mijn intentie om een autobiografie te schrijven. Daar zijn er al genoeg van. Bovendien kan ik sommige zaken niet toelichten, omdat het gaat over geheime missies, maar wat ik wel kan doen is deze situaties zo goed mogelijk beschrijven.

1

De wil om te winnen

Ik ben geboren onder de douche, in een kleine badkamer in de Amsterdamse Rivierenbuurt. Mijn moeder stond te douchen en ze bleef staan terwijl ze mijn vader riep: 'Hij komt eraan!' Mijn vader was net op tijd om mijn hoofdje op te vangen en het ging allemaal razendsnel. De jaren tot mijn zevende levensjaar herinner ik mij als een mooie en gelukkige, warme tijd. Mijn moeder, mijn vader en zus, de tuin, het pleintje om de hoek waar mijn zus en ik speelden. We haalde kattenkwaad uit met mijn buurjongens en kochten snoep om de hoek bij het melkboertje.

Toen mijn ouders uit elkaar gingen was ik zeven jaar oud. Het gebeurde vrij abrupt. Ik kan mij de ruzies niet meer zo goed herinneren, maar die waren er genoeg. Toen het gebeurde vond ik dat heel erg moeilijk. Mijn vader verhuisde naar de Jordaan en mijn tijd werd verdeeld over twee woningen. Er werd een systeem bedacht dat ik mij herinner als chaotisch. Twee dagen bij mijn moeder, twee dagen bij mijn vader, drie dagen bij mijn moeder, drie dagen bij mijn vader en zo rouleerde het door. Ik denk dat ik in deze periode leerde om uit mijn rugzak te leven. Een vaardigheid die later wel van pas zou komen. Dit systeem hield stand tot ik twaalf was. Toen zei ik:

'Nu is het genoeg, ik ga één week bij jou en één week bij jou.'

Ik denk dat ik van geluk mag spreken dat mijn ouders nog leven en dat ik van hen veel liefde heb gekregen. Maar toch hebben hun keuzes in het leven mij ook gevormd en getekend, zoals dat bij iedereen zo is. Ik heb door hun keuzes veel veranderingen meegemaakt. Zo heb ik vaak moeten verhuizen; tot mijn zeventiende zeker twaalf keer. Daardoor voel ik mij snel op m'n gemak op vreemde plekken. Best handig als je later in je leven maanden van huis bent in een conflictgebied.

Die instabiliteit maakte het op school ook wat lastiger. Dat resulteerde in drie basisscholen, waarvan de laatste speciaal onderwijs. Ik was niet echt een lastig kind, maar de eerste basisscholen waren montessorionderwijs en ik wilde helemaal niet zelfstandig rekenkaartjes maken en spellingspelletjes spelen. Ik wilde gewoon spelen, rennen, klimmen en stoeien. Dat resulteerde in een leerachterstand. Nadat de juf op de Amsterdamse basisschool mij als onhandelbaar bestempelde, besloot mijn moeder dat de school waar zij ooit werkte wel geschikt zou zijn. Op het speciaal onderwijs waren de klassen kleiner en werd de lesstof in hapklare brokken aangeboden. Die structuur werkte beter voor mij. Daarnaast zat ik in de klas met kinderen die verschillende leerproblemen hadden. Sommige hadden agressieproblemen, ADHD, een aantal zaten in het aspergerspectrum of hadden simpelweg ellendige thuissituaties. Ik leerde er een hoop over het gedrag van mensen en ik denk dat die school een goede basis is geweest voor mijn sociale vaardigheden. In een klas vol met kinderen die allemaal anders benaderd moeten worden en explosief kunnen reageren, leer je snel gedrag herkennen en daarop anticiperen.

Daarna was het tijd voor de middelbareschoolfase. Ook deze duurde niet erg lang. Uiteindelijk maakte ik mijn middelbare school niet af. Destijds gold er een leerplicht tot zestien jaar. Dat kwam voor mij goed uit. Rond deze periode schuurde ik een beetje tegen een delinquent leventje aan en ik kan stellen dat de thuissituatie bij mijn moeder op dat moment niet ideaal was. Ik was een puber, zoekende naar betekenis en een manier om mijn boosheid om te zetten in energie. Tevens had ik een verlangen om mijzelf te testen, maar ik wist niet hoe.

In die tijd kreeg mijn moeder een nieuwe vriend. Hij was streng, meestal rechtvaardig, en een beetje een boef van de oude stempel. Hij was van joodse komaf en mengde zich in zaken die niet echt 'koosjer' waren. 'Je laat je niet piepelen, jongen, door niemand niet!' zei hij regelmatig. Hij vertelde ook verhalen over zijn vader, die als jonge man tijdens de Tweede Wereldoorlog uit Nederland vluchtte voor de nazi's. Zijn vader ging als Engelandvaarder de Noordzee op in een kleine boot, om zich aan te sluiten bij de geallieerden. Hij diende in Nederlands-Indië bij de Paracommando's en werkte later in zijn leven bij de Binnenlandse Veiligheidsdienst (BVD). Deze verhalen inspireerden mij om op onderzoek uit te gaan. Ik speurde internet af naar alles wat ik kon vinden over de Commando's en Special Forces.

Hier ontstond mijn droom om commando speciale operaties te worden. Maar ik was net zestien en mocht nog helemaal niet in dienst. Gelukkig vond ik een tussentijdse oplossing: het Oriëntatiejaar Koninklijke Landmacht. De voorloper van wat nu de opleiding Veiligheid en Vakmanschap is. Deze eenjarige mbo-opleiding gaf studenten de kans om een inkijkje te krijgen in het militaire leven. In dat jaar ging ik een aantal weken op stage bij de Landmacht en leerde ik militaire basisvaardigheden zoals patrouille lopen, camouflagetechnieken en de werking van het militaire systeem, de rangen en standen, oftewel werken in een hiërarchisch systeem. Op tijd komen, het liefst vijf minuten te vroeg, spreken met twee woorden: 'ja, sergeant, nee, luitenant' en je tenue controleren.

Ik was trots op het militaire pak dat ik mocht dragen en de gevechtslaarzen die ik kreeg. Ik nam ze zelfs mee naar huis om ze daar te poetsen. De structuur, de discipline en het sportief bezig zijn spraken mij enorm aan. Het was leuk om met de andere leerlingen wedstrijdjes te houden in wie de meeste pushups kon maken binnen twee minuten, of wie het verst kon rennen in twaalf minuten. Tijdens het oriëntatiejaar kreeg ik eindelijk zin om naar school te gaan. Het creëerde rust. Ik had een doel: commando worden, daar zou ik zo hard mogelijk voor werken.

Aan het eind van het jaar moest ik kiezen bij welke eenheid ik wilde dienen. Ik was nog te jong voor het Korps Commandotroepen (KCT). Uiteraard wilde ik naar de infanterie, de vechtende mannen. Het liefst een zware opleiding zoals die van het Korps Mariniers of de Luchtmobiele Brigade. Ik koos het laatste omdat mijn mentor vertelde dat de stap van Luchtmobiel naar het KCT makkelijker zou gaan dan vanuit het Korps Mariniers.

De Luchtmobiele Opleiding is een pittige periode van 26 weken, waarin je de basis leert van het Luchtmobiele Optreden, inclusief een aantal ritten in een Chinook-helikopter. Wat wil je nog meer op je zeventiende? De opleiding startte in de winter van 2006. Ik herinner mij dat het vaak nat en koud was. Maar ik vond het geweldig, elke week vielen er wel een aantal jongens af en zo bouwde ik een band op met de jongens die als laatste overbleven. Een van hen zou mijn beste maatje worden en later zouden we samen de commando-opleiding trotseren. Voor nu zal ik hem Hondo noemen, omdat hij nog steeds actief dient bij het KCT en ik zijn echte naam wil beschermen. De reden dat ik hem Hondo noem? Hondo Lane is een van John Waynes westernpersonages en ze delen bepaalde trekjes. Vandaar de naam.

Mijn eerste missie

Een aantal jongens die ik kende van het Oriëntatiejaar en die voor mij de Luchtmobiele Opleiding hadden gedaan, kregen te horen dat ze snel naar Afghanistan zouden vertrekken om deel te nemen aan de missie ISAF (International Security and Assistance Force). Een internationale missie, vanuit de NAVO aangestuurd, om na de invasie van de Amerikanen in 2001 stabiliteit te creëren in Afghanistan, want er werd dagelijks gevochten in bepaalde provincies.

Ik was jaloers, want ik wilde dolgraag op missie. Die eerste missie zou niet lang op zich laten wachten, want na het behalen van mijn rode baret werd ik geplaatst bij de 11 A-Compagnie van het 11e bataljon Grenadiers & Jagers. Bij de infanterie, de vechtende mannen. Daar kregen we te horen dat we een jaar zouden opwerken en trainen om vervolgens met het hele 11e bataljon naar Uruzgan te vertrekken. Uruzgan is een zuidelijke provincie van Afghanistan, bekend om haar mooie en ruige bergketens en groene valleien. De taliban en moedjahedien waren er nog steeds actief.

De Nederlanders en Australiërs waren samen verantwoordelijk voor deze onstuimige provincie. Een deel van het 11e bataljon zou gelegerd worden op Tarin Kowt, de hoofdstad van Uruzgan, en één compagnie op Deh Rawod, een groot dorp in het zuiden van Uruzgan.

Ik vertrok naar Deh Rawod, waar we zouden verblijven op Camp Hadrian. Dit kamp was een stuk kleiner dan Kamp Holland en was afgezonderd van de rest van de troepen in het land. Dat vond ik eigenlijk wel prima. Tijdens ons voorbereidende jaar hield ik contact met mijn maatjes van het Oriëntatiejaar. Ze vertelden mij op MSN Messenger over een aantal van hun avonturen en missies. Een van hen zat ook op Deh Rawod en hij vertelde dat het echt oorlog was. Dagelijks waren er vuurgevechten en zo af en toe schoten de taliban ook mortieren op het kamp. In deze periode sneuvelde daar Tim Hoogland. Dat was op 20 september 2007. Hij was de eerste Nederlandse militair die omkwam tijdens een vuurgevecht in het Afghaanse Uruzgan en een van de in totaal 25 Nederlandse gesneuvelde militairen. Toen dit gebeurde begon ik mijzelf mentaal voor te bereiden op oorlog. Mijn copingmechanisme was vooral jong en naïef, ik ging ervan uit dat wij zo goed getraind waren dat de kans klein was dat ik zou omkomen tijdens een vuurgevecht. Daar zou ik mijzelf wel uit vechten. Al was de kans dat ik op een bermbom zou rijden zeker aanwezig, dat zag ik als een oncontroleerbare factor en iets wat ik zou moeten accepteren. 'Insh'allah', zoals ze dan in Afghanistan zouden zeggen: als God het wil.

Ik probeerde mij voor te stellen hoe het zou zijn, zo'n vuurgevecht, hoe ik zou reageren. Ik hoopte dat het zou gebeuren, dan zou ik weten of ik mij nog zou kunnen houden aan de geleerde drills en m'n hoofd koel kon houden. In de tussentijd dronk ik maar een extra biertje, dat was een beetje het motto bij de jongens in mijn peloton. Het zou immers je laatste kunnen zijn. Ik was achttien toen ik vertrok naar Afghanistan.

Tuurlijk maakt het impact op je ontwikkeling, zeker op zo'n jonge leeftijd. Uiteindelijk bleef het vrij rustig. We hadden ons voorbereid op dagelijkse vuurgevechten, maar dat overkwam ons peloton niet. Dat neemt niet weg dat je in een omgeving bent waar de vijand zo goed als onzichtbaar is en je continu 'AAN' staat om op actie over te gaan. Dat doet wat met je lichaam en geest.

Het eerste en derde peloton van onze compagnie raakten in een vuurgevecht ten noorden van Deh Rawod en toen werd er door de hogere leiding een rode lijn getrokken op de kaart. Deze gaf het gebied aan waar wij 'Freedom of Movement' hadden, en aan de andere kant: de taliban. Er werd bepaald dat wij deze grens niet over mochten. Op dat moment voelde het voor ons als een teleurstelling. 'We zijn gekomen om de burgers van Afghanistan te helpen en tegen de taliban te vechten. Nu weten we waar ze zitten maar we mogen er niet heen?'

Achteraf ben ik blij met deze keuze en weet ik dat het zoveel complexer lag dan hoe ik het toen zag. Ik denk dat er een grote kans aanwezig was dat we niet met de hele compagnie thuis waren gekomen als we deze rode lijn wel waren gepasseerd. Maar op dat moment was het frustrerend.

De laatste maand van de uitzending zaten we twee weken op een heuvel om een FOB (Forward Operating Base) te bouwen. Ik zat in onze zelf gegraven schuttersput en hoorde het denderende geluid van meerdere helikopters. Ze kwamen uit de richting van de vallei waar wij zicht op hadden. Ze vlogen richting het noorden en laag over de grond om uit het zicht te blijven. Ik zie die mannen nog zitten. Kleine wapens, specialistische uitrusting, baarden, zonnebrillen, lang haar en als kers op de taart: hun benen bungelend uit de helikopter. Ze zaten lekker relaxed naar ons te zwaaien. Wij zwaaiden terug. Ik dacht: dit moeten Special Forces zijn. Ik vroeg aan mijn commandant wie het waren en hij antwoordde 'Task Force 66, de Aussies, ze gaan naar het wespennest ten noorden van Deh Rawod. Ze zullen wel huishouden.' Ik kon alleen maar denken: dat wil ik ook. Die nacht hoorden we bommen en granaten en zagen we lichtflitsen in de verte. De volgende ochtend hoorden we dat ze een talibanleider hadden uitgeschakeld. Bij terugkomst op het kamp heb ik mij gelijk aangemeld voor de kennismakingsdagen van het Korps Commandotroepen. Ik wist niet hoe ik dat moest doen, dus ik besloot met de diensttelefoon het nummer van Werving en Selectie te bellen. Ik voelde een lichte spanning in mijn buik toen in Nederland de telefoon werd opgenomen 'met de adjudant Scherpenzeel, Korps Commandotroepen'. 'Goedemiddag, adjudant, u spreekt met soldaat Carter. Ik wil mij graag aanmelden voor de kennismakingsdagen. Op dit moment ben ik op uitzending in Afghanistan en ik wil graag zo snel mogelijk naar het KCT. Ik ben nu negentien jaar oud, maar aanstaande zomer word ik twintig, en dan ben ik net op tijd om mee te doen met de winterlichting van de Elementaire Commando Opleiding.' Hij moet wel gedacht hebben: daar hebben we er weer een. 'Oké, soldaat Carter, uhm, dat is goed om te horen. Weet je zeker dat je er dan klaar voor bent?' Ik dacht even na en zei: 'Ja, adjudant, ik weet het zeker.' Ik meldde mij aan en zo geschiedde.

Het lukte om mijn maatje Hondo ervan te overtuigen om zich ook aan te melden. Hij zei dat hij eigenlijk wilde wachten tot de zomerlichting. Zij die ervoor kiezen om zichzelf te testen tijdens de Elementaire Commando Opleiding (ECO) hebben de keuze voor een zomer- of winterlichting. Het klopt dat het in de zomer langer licht is en dat het warmer is. Het is niet koud en het regent ook niet constant. Regen en kou kunnen demotiverend werken voor sommigen. Maar geloof mij, het team instructeurs van de commando-opleiding weet altijd wel iets te verzinnen waardoor het niet uitmaakt of het winter of zomer is. De ECO is altijd ontzettend zwaar.

Ik kwam terug uit Afghanistan aan het begin van december 2008 en deed samen met Hondo de kennismakingsdagen van het Korps Commandotroepen. We kregen beiden een positieve beoordeling. Dit in combinatie met een 'Goed Advies Commandant', een goede beoordeling van mijn compagniescommandant, was het ticket tot het starten met de commando-opleiding.

2

Mindset

ECO, afmatting, 2009

Het is een koude Zeeuwse winternacht. Er waait een ijzige, harde wind en we staan aan het begin van de Zeelandbrug. Het is de laatste week van de ECO, of zoals deze week wordt genoemd: 'de afmatting'. Het is zondagnacht en we zullen tot vrijdagochtend bezig zijn. In dit tijdsbestek leggen we 250 kilometer af, het grootste gedeelte te voet. We zullen ons dag en nacht moeten verplaatsen om vrijdagochtend de befaamde tranenpoort binnen te lopen. Daar worden we opgewacht door operationele commando's, familie en vrienden. Aansluitend zal de baretuitreiking plaatsvinden. Mijn lichaam voelt na zeven weken ECO moe en ik ben 10 kilo afgevallen. Overal heb ik pijntjes. Het is een fysieke en mentale uitputting geweest. Maar mijn geest voelt scherp. Ik weet dat dit de laatste week is. Even doorbijten en dan komt vrijdag de welverdiende beloning.

We staan met alle overgebleven cursisten opgesteld te wachten op wat komen gaat. Ik voel de spanning in mijn buik en heb geen idee wat de eerste opdracht van de 'afmatting' zal zijn. Een van de instructeurs komt aanlopen en zegt: 'Oké, lui, we staan aan het begin van de afmatting. Het zal een zware week worden. Misschien wel een van de zwaarste in je leven, maar er is licht aan het eind van de tunnel. Dat je hier staat betekent niet dat je de groene baret al hebt verdiend. Je prestaties deze week zullen ook worden afgewogen in het eindoordeel. Verslappen is geen optie! We staan aan het begin van de Zeelandbrug. Aan het eind van de brug staat op aangegeven locatie een instructeur te wachten. Jullie gaan een individuele mars rennen van onbekende afstand, maar je hebt hiervoor precies 25 minuten. Is dat duidelijk?' We antwoordden in koor: 'Ja, sergeant!'

Ik ben een van de eerste vijf. Dat is meestal zo, aangezien mijn achternaam met een c begint. We worden om de drie minuten gestart. Ik ben aan de beurt en moet van de instructeur in de commandostarthouding gaan staan. De houding is vernoemd naar een beeld dat in Vlissingen staat: het landingsmonument. Het beeld is van een commando uit de Tweede Wereldoorlog en hij staat in een soort voorwaartse lunge waarbij hij zijn wapen in de aanslag houdt, kin omhoog, blik op oneindig en gereed voor oorlog. Ik neem de houding aan. 'Ben je er klaar voor, Carter?' Ik antwoord: 'Ja, sergeant', en zet mijn blik op oneindig. 'Oké, kin iets hoger en stand-by.' Zonder waarschuwing roept de sergeant 'START!' en ik kom uit de commandostarthouding. Het zou eruit moeten zien als een spectaculair startschot zoals bij de Olympische Spelen, maar het is verre van spectaculair.

Ik merk dat de zeven weken ECO effect hebben op mijn motoriek. Ik strompel naar voren en zet een versnelde looppas in. Na vier stappen voel ik een knak midden in mijn linkervoet. Ai, denk ik, dat voelt niet goed, maar ik blijf rennen. Elke stap die ik zet doet op een zeurderige manier pijn. Ik denk dat mijn middenvoetsbeen is gebroken. Fuck! Zo had ik het niet gepland. Nu moet ik de hele afmatting lopen met deze voet! De gedachte dat ik op deze voet nog 200 kilometer moet lopen zet ik uit mijn hoofd. Ik word kwaad en terwijl ik ren begin ik tegen mijzelf te praten. 'Kom op, Carter, je kan dit. Het zijn maar een paar dagen. Er wacht eeuwige trots op je. De groene baret. Pijn is tijdelijk, trots is eeuwig. Elk uur is een uur, elke dag is een dag dichterbij!' Ik blijf rennen, want ik wil de tijd halen en heb geen idee hoe ver het is. De ijzige wind en regen waaien tegen de rechterzijde van mijn gezicht. Ik voel dat mijn voet begint te zwellen: 'Ademhalen, Carter, blijven gaan.'

Na een aantal kilometer rennen kom ik aan op het eindpunt en zie een instructeur staan. Hij schijnt met zijn hoofdlampje op een klapper die hij vasthoudt en vraagt: 'Tijd gehaald, cursist?' Hijgend geef ik antwoord: 'Jawel, sergeant, maar het was niet makkelijk, ik denk dat ik mijn middenvoetsbeen heb gebroken. Zou ik naar de medic mogen om er even naar te laten kijken?' Hij noteert wat op zijn papier en kijkt omhoog. Het witte licht van zijn hoofdlampje schijnt in mijn ogen. 'De medic is er morgenochtend pas, cursist Carter, je zal de nacht moeten doorzetten. Vervolg dit pad naar de rest, en wacht op verdere instructies.'

De mars die nacht was er een van onbekende afstand, op snel tempo achter de sergeant aan. Het moet een kilometer of 30 zijn geweest. We liepen de hele nacht en kwamen in de ochtend bij het eindpunt aan. Daar mocht ik naar mijn voet laten kijken. Mike, de militair verpleegkundige die ons de hele ECO goed verzorgde, zei met Brabants accent: 'Carter jungske, wa hedde gij gedaan?' Ik wilde mijn laars uittrekken, maar dat ging moeilijk door de zwelling in mijn voet. 'Ja jung, da ziet er goe ontstoken uit. Door de breuk in je middenvoetsbeen zijn de pezen ontstoken. Daar kan ik je wel wat voor geven. De rest zal je zelf moeten doen.' Mike gaf mij wat ontstekingsremmers voor de komende dag. Ik bedankte hem en sloot aan bij de rest van de groep. Ik dacht: oké, Carter, het is wat het is. De pijn zal niet weggaan.

Welke uitdaging het ook is, deze afmatting zal ik afmaken, al moet ik rennen, roeien, springen, zwemmen, klimmen of vechten. Ik kan het.

*

Dit is de mindset die nodig is om de commando-opleiding te halen. Je moet het écht willen. In het diepste van je kern. Er zullen momenten tijdens de opleiding komen die de gedachten doen oproepen: kan ik dit en wil ik dit? Het antwoord moet zijn: ja, ik kan dit en ik wil dit en ik weet waarom ik dit doe. Voor de volle 100 procent. Want twijfel gaat je uiteindelijk de nek omdraaien. Op momenten van twijfel moet je antwoord kunnen geven op je eigen *waarom*.

De opleiding is zo vormgegeven dat je ware aard naar boven zal komen drijven. Als de instructeurs het niet zien, wat bijna nooit gebeurt, dan zien je medecursisten het wel. Mensen die alleen maar presteren wanneer de instructeurs staan te kijken noemen we 'oogdienaars', het zijn mensen die vaak ten koste van anderen willen laten zien hoe goed ze zijn. 'Kijk mij, kijk hoe goed ik deze balk optil, instructeur.' Deze 'oogdienaars' worden snel gezien. Een echte 'oogdienaar' weet precies op welke momenten hij of zij iets moet zeggen of doen om op te vallen. Precies deze momenten beginnen op te vallen zonder dat de 'oogdienaar' het doorheeft, het zit zo in zijn systeem gebakken. Je wilt geen oogdienaar zijn.

Het moet er altijd zijn, dat innerlijke vuur. Aan het begin van de opleiding zeggen ze vaak: 'Commando word je niet, dat ben je. Het moet er alleen uit komen.' Dat impliceert dat je vanuit de kern uit het juiste hout gesneden moet zijn. Maar waar bestaat dit juiste hout uit? Een van de eerste en belangrijkste componenten is mindset.

Carol Dweck schrijft in haar boek dat mindset bestaat uit twee delen: *fixed* en *growth mindset* (Dweck, 2017). Een fixed mindset staat voor een 'vaste' mindset. Om een voorbeeld te geven: 'Ik kan niet tekenen', of: 'Ik geloof dat intelligentie vaststaat vanaf geboorte.' Mensen die een fixed mindset hebben geloven niet in groei. Ze denken dat bepaalde skills niet te leren zijn, ze zijn geneigd om op te geven bij tegenslag en ze zien feedback niet als een mogelijkheid om te leren. Growth mindset staat voor groei. Mensen met een groeimindset geloven dat ze om kunnen gaan met tegenslag; uitdagingen zijn een moment om van te leren en ze zien hard werken als een pad naar meesterschap.

Nou is het heel zwart-wit om te zeggen dat je 100 procent fixed of growth bent. Maar er zijn mensen die grotendeels vast denken, zitten, staan en voelen. Ik zie ze vaak op de werkvloer als 'probleemdenkers'. Advocaat van de duivel spelen kan zeker z'n voordelen hebben, maar mensen die in problemen denken hebben over het algemeen een fixed mindset. Iedereen heeft wel iets waarvan hij of zij fixed mindset-georiënteerd is, en als je gaat ontdekken op welke gebieden je dat bent, is dat confronterend, maar wel nodig om deze gebieden om te zetten in groei.

Skills

Skills of vaardigheden die je zou kunnen bezitten zijn bijvoorbeeld tekenen, timmeren, surfen of in het geval van een commando speciale operaties: schieten, klimmen, vechten, voertuigbeheersing, et cetera. Ik noem hier maar enkele hard skills waarover een commando moet beschikken. Laten we de soft skills (sociale vaardigheden) niet vergeten, zoals communiceren, luisteren, tijdmanagement, empathisch vermogen en het gebruiken van een moreel kompas.

Het aanleren van veel verschillende skills begint tijdens de

Voortgezette Commando Opleiding (VCO), waar je ongeveer om de twee à drie weken met een nieuw onderwerp start. Zo ben je de eerste drie weken bezig met de Combat First Responder-opleiding, waarna je weer bezig gaat met een nieuw onderwerp, zoals speciale verkenningen of optreden in bergachtig terrein. Je moet kunnen laten zien dat je cognitief in staat bent alles bij te benen. Er wordt gekeken naar je tactisch inzicht en leervermogen en of je in staat bent deze nieuw geleerde skills toe te passen onder stressvolle omstandigheden.

Tegenwoordig is de Assault Opleiding een belangrijk onderdeel van de VCO. Je leert met chirurgische precisie schieten en je leert tactieken om verschillende soorten huizen en gebouwen binnen te dringen en te opereren in bebouwd gebied, oftewel: Special Operations in Urban Terrain (SOUT). Toen ik in de VCO zat deed je pas na de opleiding de Assault Opleiding en toen heette het de Contra Terreur-opleiding. Ik vond het een geweldige opleiding. Alles wat ik gaaf vond zat erin. Schieten, vechten, zware inzettrainingen, omgaan met explosieven en je werd dagelijks getest. Ik voelde aan alles dat ik en mijn maatjes elke week beter werden. Dat gaf een geweldig gevoel, ook al was het zwaar.

Aan het eind van mijn Contra Terreur-opleiding gingen we naar een trainingscentrum in Amerika. Als het om schieten en explosies gaat, kun je daar los. Tijdens de gehele opleiding waren er drie schietexamens, twee in Nederland en één in Amerika. Je moest ze alle drie met een voldoende afronden om de opleiding te halen. Het schieten ging bij mij de gehele opleiding best lekker, tot het laatste examen. De eerste oefening schoot ik onvoldoende en het lukte mij niet om mijn focus te herpakken. Ik haalde het examen niet en voelde mij zeer ellendig. Er werd nog niets gecommuniceerd door de instructeurs, ze zouden in beraad gaan.

Er waren nog een aantal dagen over om de gehele opleiding af te maken. Ik deed alle oefeningen mee en op de laatste dag mochten we allemaal op gesprek komen. Toen ik aan de beurt was hoopte ik dat ze mijn laatste schietexamen, die laatste van de drie, wel door de vingers zouden zien. Helaas, ik kreeg te horen dat ik mijn certificaat niet zou krijgen. Maar omdat ik op tactisch inzicht goed had gepresteerd mocht ik een jaar later de opleiding opnieuw doen. Twee andere jongens hadden hetzelfde advies gekregen. De moed zakte mij in de schoenen. Ik had nog nooit tijdens mijn militaire carrière een opleiding of cursus niet gehaald. Het falen van deze opleiding zag ik toen als een groot persoonlijk falen. Mijn growth mindset was ver te zoeken en dat uitte zich een korte periode in het verslappen van mijn motivatie. Maar alles gebeurt met een reden, toch?

Na een jaar was de Contra Terreur-opleiding qua indeling veranderd en hoefde ik alleen de eerste twee weken te doen. Deze weken stonden in het teken van schieten, schieten en nog eens schieten. De blaren stonden op onze vingers van de hoeveelheid munitie waar we onze magazijnen mee vol stopten en van het knijpen in onze wapens. En als we niet live aan het schieten waren deden we een *dry-fire*-training zodat alle handelingen muscle-memory werden. Malcolm Gladwell schrijft in zijn boek *Outliers. Why Some People Succeed and Some Don't* dat een mens 10.000 uur moet oefenen om zich een skill eigen te maken. Naast de vele uren heb je ook de juiste coaching nodig. De instructeur die mij toen leerde schieten was zo bedreven in zijn vak dat hij precies kon zien waar ik aan moest werken om mijn schietprestaties consequent te verbeteren. De vele uren op de schietbaan en zijn inzicht in het vak hielpen mij de schietopleiding als een van de top 3 te halen.

Kortom: als je echt goed wilt worden in een skill zal het je bloed, zweet en tranen kosten. Laat je niet uit het veld slaan bij een tegenslag en kijk naar de positieve effecten van wat deze tegenslag te bieden heeft. En als laatste: ga op zoek naar de juiste leermeester. Ook die vind je niet meteen, maar dat is onderdeel van de reis.

Challenges

Het werk van een commando speciale operaties is uitdagend, dus de manier waarop je een uitdaging interpreteert is van belang, omdat je een uitdaging kunt omarmen of uit de weg kunt gaan. Wanneer je uitdagingen omarmt, ben je bereid er voor de volle 100 procent in op te gaan en te leren van eventuele fouten die je maakt. 'Als ik uitdagingen uit de weg blijf gaan, zal ik nooit groeien' is een mooie zin om op te schrijven. Je kunt deze zin ophangen op een plek die je elke dag ziet. Zo word je 'getriggerd' om er actief mee aan de slag te gaan.

Vanaf jonge leeftijd ben ik bezig met uitdagingen. Een uitdaging creëert ook een soort spanning. De vraag of je het wel of niet kunt, wat het je zal brengen, et cetera. Het begint vaak op het schoolplein, althans, zo was dat wel bij mij op school. De school waar ik op zat was een multiculturele school en de jongens daagden elkaar uit in alles. Wie was het sterkst, wie was het snelst, wie durfden op het dak te klimmen, wie durfden dit, wie durfden dat. Om een uitdaging aan te gaan heb je moed nodig. Moed is een van de kernwaarden van het KCT:

> De commando doet wat noodzakelijk is, ongeacht de consequenties voor hemzelf.

Soms vraagt het behalen van een missie dat je al het mogelijke comfort wegcijfert. De ware uitdaging in dezen is 'jezelf' wegcijferen. Probeer jezelf maar eens weg te cijferen als je honger hebt of als je leven wordt bedreigd in een gevaarlijke situatie. Doen wat noodzakelijk is, is sterk verbonden aan het besef dat je een keuze moet maken die pijn gaat doen. Pijn voor jezelf en mogelijk ook voor anderen. Elke dag tijdens de Elementaire Commando Opleiding is een uitdaging, soms zelfs elke seconde. Zo leer je jezelf opzij te zetten en van uitdaging naar uitdaging te werken. 'Oké, kom maar op,' zeg je dan tegen jezelf. Als je uitdagingen niet ziet als een kans om te groeien haal je de opleiding niet. Een uitdaging aangaan betekent jezelf kwetsbaar opstellen en dat voelt vaak oncomfortabel. Het gaat erom dat je leert comfortabel te zijn met het oncomfortabele en vooral fouten durft te maken en dat vergt moed.

Obstacles

Een obstacle of obstakel is iets wat in de weg zit. Obstakels kunnen gepland en ongepland op je pad komen. Als je een fixed mindset hebt, dan laat je een obstakel je pad of route beïnvloeden. Je raakt erdoor gedemotiveerd en geeft gemakkelijk op. Niets daarvan. Je kunt door een obstakel heen, linksom, rechtsom, eronderdoor of eroverheen. Welke route ik ook neem, het zal niet makkelijk zijn, maar ik ga mijn doel halen.

Typerend voor het werk van een commando speciale operaties is het nemen van de moeilijke route. Dat is niet omdat we het leuk vinden en altijd maar genieten van de keuze voor een vieze sloot in plaats van een mooie verharde weg. Het is vaak tactisch de beste optie. Wanneer je achter vijandelijke linies opereert en onderweg bent naar je doel, wij noemen dat infiltreren, kies je een route die voor de vijand en mensen in de omgeving onbegaanbaar is. Zo voorkom je vroegtijdige onderkenning.

Het leven zit vol met obstakels. Daarom is het goed om je geplande route uit te schrijven en visueel te maken. Zo kun je mogelijke obstakels zien aankomen en er een plan voor maken.

Tijdens het plannen van een speciale operatie noemen wij dat de 'what-if'-scenario's. Je vraagt jezelf af: wat als we onderweg een defect voertuig krijgen of wat doen we als de helikopter neerstort? Met 'what-ifs' breng je ongeplande scenario's in kaart. Uiteraard moet je niet verzanden in het uitschrijven van duizend mogelijkheden, maar je beperken tot de meest realistische scenario's en het plan daarop uitschrijven.

Obstakels en omgaan met teleurstellingen

Een obstakel dat onverwachts op je pad komt kan teleurstellend zijn. Toen ik mijn eerste militaire opleiding volgde, de Luchtmobiele Opleiding, kreeg ik voor het eerst de term 'omgaan met teleurstellingen' te horen. Deze teleurstellingen waren vaak kundig in het programma verweven. Zoals een weekend binnenblijven terwijl je dacht dat je naar huis mocht, of de welbekende 4-tonner (vrachtwagen) zien staan aan het eind van een lange zware mars. Je denkt: yes, we zijn er. Maar net voor je de 4-tonner bereikt, hoor je de chauffeur de motor aanzwengelen en rijden ze voor je neus weg. Dat initieert wat ze bij Defensie een 'knakmoment' noemen: door de teleurstelling knakt er als het ware iets in je ziel, met als gevolg dat je hoofd naar beneden gaat hangen. Gevolgd door een preek van de instructeur, die benadrukt dat dit ook kan gebeuren tijdens een missie.

Ik moest dus leren 'omgaan met teleurstellingen', zelfs als ik het 'hoe' niet echt kreeg uitgelegd. Omgaan met teleurstellingen betekent omgaan met negatieve gedachten en vervelende, ongeplande gebeurtenissen. Wat mij helpt is de situatie relativeren en het toepassen van een realitycheck, iets wat komt uit de Cognitieve Gedragstherapie (CGT). Ik stel mijzelf een aantal vragen:

1 Wat denk ik?
2 Heb ik bewijs dat deze gedachte de waarheid is?
3 Zo ja, hoe erg is het en kan ik het relativeren?
4 Wat zou ik tegen een ander zeggen als ik die hierover gerust wil stellen?

Een teleurstellende gedachte is vaak gekoppeld aan een negatieve emotie zoals boosheid of verdriet. Op zulke momenten heb ik geleerd om nog een vraag te stellen: helpt deze emotie mij op dit moment? In acuut stressvolle situaties is dat vaak niet het geval. Dat de emotie er is heeft een goede reden, maar in tranen of woede uitbarsten op het moment dat je moet presteren draagt niet bij aan het succesvol afronden van de missie. Dat neemt niet weg dat er wel ruimte moet zijn om de emotie eruit te laten als het moment het toelaat (wanneer de missie geslaagd is en je veilig terug bent op het kamp).

Als ik terugdenk aan oefeningen of missies, dan gebeurde dit vaak op deze manier. Een missie gaat bijna nooit zoals je verwacht of hebt gepland. Er kunnen zeer frustrerende of moeilijke situaties ontstaan in het werk van een commando speciale operaties. In een extreem geval moet je denken aan de chaos van een vuurgevecht of het verliezen van een van je maatjes. In minder extreme gevallen is het een missie of oefening die anders loopt dan verwacht, en zul je snel moeten reageren om de uitkomst positief te beïnvloeden. Dat vergt een hoge mate van emotionele controle en flexibiliteit. Ik moet eerlijk bekennen dat ik daar in de beginjaren niet altijd goed in was. Mijn Amsterdamse pleintjesmentaliteit kwam wel eens naar boven draven en ik was geneigd om iets te vaak mijn mening te geven. Meestal ten goede, maar ik moest ook leren mijn mond te houden.

Ik zie het als een aangeleerd overlevingsmechanisme. Dat werkt wellicht goed op het pleintje, maar niet op de werkvloer.

Dat leidde tot gesprekken met mijn teamleider en die maakte mij bewust van de consequenties van mijn gedrag en gekozen woorden. Ik denk ook dat leeftijd een grote rol speelde. Ik was twintig toen ik mijn groene baret haalde en dat is jong. De gemiddelde leeftijd van jongens die hun baret halen ligt rond de 25, en dat zijn toch wat jaartjes extra levenservaring. De emotionele controle die ik nu heb is het product van jaren hard werken aan bewustwording, door middel van reflectie, training en confrontatie.

Effort

Ik zal voor mijn gekozen route effort moeten leveren, oftewel inspanning. Zonder inspanning geen progressie en elk stapje dichterbij is een stapje dichter bij mijn doel. Zo bereik ik meesterschap in een specifieke skill. Inspanning en meesterschap hebben veel met elkaar gemeen. Alle specialisten die ik ken, zowel militairen als burgers, hebben heel hard moeten werken om te komen waar ze nu zijn. Bijvoorbeeld een meestersmid, die jarenlang staat te smeden om zijn kunst te verfijnen. Zonder inspanning geen meesterschap. Hier zal ik dieper op ingaan in het hoofdstuk 'Meesterschap'.

Als ik op deze manier naar inspanning kijk, zie ik pas echt de kracht van het woord zelf. Je moet erin opgaan, erin duiken. De spanning mag er zijn, sterker nog, om optimaal te presteren heb ik spanning nodig. De spanning die ik nodig heb om optimaal te presteren zit in het midden van mijn spanningsboog. Ga ik er overheen, dan zit ik in overspanning, zit ik eronder, dan is het onderspanning. Overspanning betekent onder andere veel stress, verhoogde hartslag, verhoogde ademhaling en tunnelvisie. Niet exact de juiste staat om in je 'flow-state' te komen. Onderspanning betekent dat je fysiek en mentaal niet gereed bent om te presteren, je bent in een staat van ontspanning terwijl je scherp moet zijn. Dat gebeurt vaak na een actie. Het gebeurt bijvoorbeeld bij militaire operaties. Op alle kampen en militaire complexen in uitzendgebieden staan ontlaadboxen waar je een pistool of geweer in moet ontladen voor je het kamp op rijdt. Daar gebeuren de meeste 'ongecontroleerde' schoten en meestal precies in de ruimte waar dit voor bedoeld is. Gelukkig maar. Je bent minder gespannen omdat je jezelf weer veilig waant binnen de muren van het kamp. Daardoor valt je scherpte even weg en: BOEM! Je haalt de trekker over terwijl er nog een kogel in je wapen zit. Het gebeurt de beste. Daarom is het extra belangrijk dat men zich bewust is van het feit dat deze 'verslapping' optreedt.

Hoe voorkom je deze 'verslapping'? Eén: elkaar controleren, oftewel een buddycheck, 'better safe than sorry'. Twee: houd de spanning vast tot je helemaal klaar bent, dit houdt je scherp tot het bittere eind. Hoe doe je dat? Self-talk is hier goed toepasbaar; 'nog even scherp tot ik mijn to-dolijst heb afgewerkt' of 'de opdracht is voltooid en die is pas voltooid als ik...'. Self-talk en inspanning gaan hand in hand. Denk maar aan een zware training: 'Kom op, nog twintig herhalingen en dan ben ik er' of studeren voor een moeilijke toets: 'Nog twee hoofdstukken en dan neem ik pauze'. Met jezelf praten tijdens inspanning kan helpen, zolang je het maar positief bekrachtigt. Self-talk op een negatieve manier is niet bevorderlijk voor een topprestatie: 'Wat ben ik aan het doen? Ik ben hier zo slecht in, ik heb pas de helft gedaan en ik snap er niets van.' Dit is natuurlijk geen positieve self-talk en op deze manier tegen jezelf praten zal niet helpen tijdens inspanning.

Ik bedoel niet te zeggen dat je altijd maar moet pushen tot de pijngrens en altijd onder spanning moet staan. Spanning veroorzaakt door chronische stress is zeer ongezond, ook daarover later meer. Maar het gaat erom dat positieve inspanning en hard werken iets moois opleveren: succes, respect, tijd, trots, voldoening, een eindproduct. Niet voor anderen, maar voor jezelf. Iets waarvan je achteraf kunt zeggen: kijk, dit heb ik gedaan. Deze route heb ik afgelegd, dit is wat ik heb geleerd en dit is wat het mij waard is. Dat klinkt nogal 'ik' en egogeoriënteerd, maar je kunt alleen zelf ergens verandering in brengen. Je zult inspanning moeten leveren, niemand anders gaat het voor je doen. Uiteraard zullen er mensen zijn die je willen helpen, maar je moet het zelf in beweging zetten.

Feedback

Ongetwijfeld kom ik langs mijn gekozen route ook andere mensen tegen van wie ik kan leren, tenminste als ik ernaar luister. Daar komen de soft skills om de hoek kijken. Zet je oren open en luister naar wat de ander te zeggen heeft. Zo leer je feedback te zien als een mogelijkheid om je eigen zwaktes te identificeren. Hanteer ik een fixed mindset ten opzichte van feedback, dan zal ik geneigd zijn defensief te reageren, het persoonlijk op te vatten en door deze tunnelvisie niets leren. Ik moet eerlijk zeggen dat feedback geven en nemen een kunst is. Toen ik bij het KCT zat werd er na een actie meestal niet op deze manier geëvalueerd. Hard op de man, hard op de feiten. Soms is dat ook nodig, zeker als het gaat om situaties tussen leven en dood. Maar in het dagelijks leven is feedback geven een kunst die je moet beoefenen, als je feedback goed weet toe te passen creëer je acceptatie bij de ander. Je legt namelijk heel duidelijk uit waarom je iets ervaart en hoe het eventueel, volgens jou, anders zou kunnen. Als je merkt dat het krijgen van feedback niet zo lekker loopt, begin dan met oefenen door te luisteren naar wat de ander te zeggen heeft, zonder het meteen te beoordelen. Zo leer je langzaam de welbekende 'ja maar' de mond te snoeren.

De 'ja maar' is eigenlijk het ego dat zegt: 'Ja maar ik weet het eigenlijk beter.'

Bij de krijgsmacht werk je binnen een hiërarchisch systeem en is er altijd wel iemand met een hogere rang die de beslissingen neemt. Dat zijn niet altijd de beste beslissingen of beslissingen waar je het mee eens bent, maar zo leer je wel je ego beheersen. Want de commandant beslist en de opdracht zal op deze manier worden uitgevoerd. Stel je eens voor dat al die ego's 'ja maar' beginnen te zeggen. Dan valt het systeem in duigen. Toch werkt het bij het KCT anders. We spreken elkaar aan bij de voornaam, niet bij militaire rang en achternaam, wat gebruikelijk is bij defensie. Individuele input vanuit ieder zijn specialisme is essentieel voor het succes van de missie. De traditionele stijfheid van het hiërarchische systeem werkt niet binnen het operationele karakter van het KCT en de intieme relaties die je met elkaar opbouwt. Het zit eerder in de weg. Tuurlijk zal er altijd een teamleider zijn of een commandant die de eindbeslissing neemt, maar iedereen is onderdeel van het proces en levert feedback op elkaar. Na een actie kan altijd worden besproken of het wel of geen goede beslissing was. Maar niet tijdens de actie, dat frustreert de kans op succes. Als commando speciale operaties wordt van je verwacht dat je altijd goede input levert. Zo leer je van elkaar, word je als team sterker en vergroot je de kans op succes.

Success of others

Zo komen we aan bij de laatste component van mindset: success of others. Deze laatste is belangrijk, omdat het bepaalt of je bereid bent te leren van anderen en het succes van een ander ziet als inspiratie om zelf succesvol te zijn. Wanneer je een fixed mindset hebt ten opzichte van het succes van anderen, ben je geneigd om hun succes te zien als een dreiging. Je bent dan niet in staat om vragen te stellen als: waarom is hij of zij succesvol geworden?

In elke eenheid waarin ik diende waren er altijd wel van die gasten waar ik tegenop keek. Meestal waren het militairen die vaak op missie waren geweest en veel ervaring hadden, maar daar niet stoer over deden. Ze droegen hun ervaring met eer en geweten en namen de tijd om minder ervaren jongens op de juiste manier te coachen. Deze mannen waren toegankelijk in de communicatie. Iets wat niet vaak gebeurt binnen de militaire eenheden, waar over het algemeen toch een machocultuur heerst. Maar deze antimacho's bleven zichzelf en vergaten niet dat zij ooit als 'groentjes' waren begonnen. Door naar hen te kijken, een voorbeeld te nemen aan hun gedrag en te luisteren naar hun feedback leerde ik snel.

De eerste groepscommandant die ik kreeg toen ik net paraat kwam bij de Luchtmobiele Brigade was zo'n type. Hij heette Joshua, een Brabander met een postuur waar je niet echt van opkijkt. Hij zag er niet bepaald sterk uit, maar was dat wel. Vooral tussen z'n oren, en dat straalde hij ook uit. Rug altijd recht, zijn kisten altijd netjes gepoetst en zijn tenue in orde. 'Lead by example' paste zeker bij zijn uitstraling. Bij het KCT heb ik meerdere collega's gehad waar ik tegenop keek en die ik als rolmodel zag. Soms zat het in de manier van leidinggeven, soms in de manier waarop ze instructies gaven of zichzelf presenteerden. Soms omdat ze ontzettend goed waren in een bepaalde skill. Kortom: ik koos verschillende collega's die allemaal op hun eigen manier succesvol waren. Door met een groeimindset naar hen te kijken, was ik in staat te leren van hun succes.

Het woord 'mindset' wordt tegenwoordig veel gebruikt. Nu we weten waar mindset uit bestaat en hoe het psychologisch is opgebouwd, wordt het eindelijk een tastbaar begrip en kun je het gebruiken om je mentale kracht te vergroten. Je kunt het begrip mindset gebruiken als een soort kompas. Mindset bepaalt je richting. Een richting van groei of blokkades. Maar omdat het niet een begrip is dat als zwart of wit moet worden beschouwd zijn er nog een aantal belangrijke nuances. Het is belangrijk om je te realiseren dat een fixed mindset niet per se negatief is. Toen ik begon met het zelfonderzoek naar mijn mindset, kwam ik erachter dat ik mijn fixed mindset op bepaalde gebieden moest accepteren en omarmen. Dat is niet altijd prettig, sterker nog, het is confronterend om te accepteren dat je een fixed mindset hebt, maar het alleen maar wegduwen van een fixed mindset zal nooit leiden tot groei. Dit gaat helaas niet van de ene op de andere dag. Het is een lang proces waar je je aan moet committeren en soms kom ik er nog steeds achter dat ik ergens fixed in ben. Maar ik weet ook dat ik het kan veranderen. Ik ben ervan overtuigd dat ik het kan veranderen en overtuigingen spelen een grote rol in het onderwerp mindset. Een overtuiging is een vastgezette gedachte die kan leiden tot positieve veranderingen of cognitieve blokkades. Ze zijn ergens een keer tot stand gekomen, waarschijnlijk met een goede reden. Soms helpen ze je positief of negatief te dealen met het leven. Maar dat betekent niet dat je er de rest van je leven standvastig in moet blijven hangen. Bijvoorbeeld als je overtuigd bent van het feit dat je niet om kunt gaan met uitdagingen, dan zal daar geen verandering in komen. Vaste denkpatronen en cognitieve blokkades weerhouden je ervan een nieuwe weg in te slaan, het onbekende op te zoeken, ze weerhouden je van verandering.

Uiteindelijk gaat het om constructieve actie. Deze actie bestaat uit het analyseren van je eigen denkpatronen, emoties en je eigen mindset op het gebied van uitdagingen, obstakels, inspanning, feedback en het succes van anderen. Je zult de fixed mindset moeten accepteren, omarmen en onderzoeken. Het gaat niet vanzelf en het zal ook niet snel gaan, je zult je moeten committeren aan jezelf en aan verandering, om uiteindelijk over te gaan op constructieve actie.

Toen ik aan de commando-opleiding begon was ik mij totaal niet bewust van mindset en wat het voor mij kon betekenen. Ik was er wel van overtuigd dat ik een goede kans maakte om de opleiding te halen en ik was gecommitteerd aan het behalen van mijn doel. Ik wilde écht commando worden. In mijn intro over mindset beschrijf ik de afmatting en het doorlopen op mijn gebroken voet. Had ik een fixed mindset gehad op dat moment en was ik meegegaan in de cognitieve blokkades die daarbij horen, dan was ik waarschijnlijk niet verdergegaan met de mars. Onbewust paste ik de growth mindset toe in deze zeer uitdagende situatie.

Je wordt tijdens de gehele commando-opleiding geconfronteerd met uitdagende, complexe en zware situaties, dus moet je wel de flexibiliteit hebben van een growth mindset. Dit hielp mij om mijn doel te halen. De andere kant van de medaille is dat er in het 'normale' leven niet van je wordt verwacht dat je tot deze extremen gaat om je doel te behalen. Het zelfonderzoek naar je mindset is er dus op gericht een beter mens te worden en het moet niet ten koste gaan van je gezondheid. Een growth mindset betekent niet altijd maar doorgaan en de pijngrens opzoeken. Leer je enorm veel van grenzen verleggen? Ja, maar dan moet het een bewuste, afgewogen, constructieve keuze zijn die gekoppeld is aan het behalen van een levensdoel. Voor mij was dat doel commando worden. Met een fixed mindset was dit nooit gelukt. Door dit zelfonderzoek toe te passen, heb ik geleerd bewust mindset in te zetten om mijzelf en anderen te helpen groeien.

Ik ben begonnen met mindset omdat het zo bepalend is. Als je erachter komt dat je mindset op bepaalde gebieden een growth mindset is, honderd punten, maar het werk zit in je fixed mindset. Daar valt in eerste instantie de meeste winst te behalen. Mindset bestaat uit een set overtuigingen die richting bepalen. Het bepaalt de richting om je droom en procesdoelen te halen. Voor mij was dat de commando-opleiding. Alleen al bewustwording van het concept mindset zoals hierboven beschreven staat, was voor mij persoonlijk zeer waardevol. Het maakt mindset concreet en overzichtelijk. Daardoor kan ik het bewust inzetten in trainingen en gebruiken voor persoonlijke groei. En dat is iets waar ik altijd naar zal blijven streven, zowel voor mezelf als voor de ander.

Lessons learned

- Mindset bepaalt richting. De richting om je doelen te behalen.
- Een skill of vaardigheid leren kost moeite. Sommigen hebben talent als troef, maar hard werk alleen zal leiden naar meesterschap.
- Een uitdaging aangaan vergt moed en kwetsbaarheid. Je hebt de keuze om een uitdaging te zien als iets waar je energie van krijgt of als iets waar je liever omheen draait. In dat laatste zit geen groei.
- Obstakels kun je overheen, onderdoor, langs en doorheen. De les zit in het nemen van het obstakel.
- Feedback geven ligt soms gevoelig. Soms moet je het juiste moment afwachten om het meeste effect te bereiken.
- Er zit geen groei in afgunst, er zit wel groei in openstaan voor het succes van anderen.

Tips & tools

- Maak gebruik van een journal om je eigen mindset uit te werken.
- Je eigen mindset verkennen heeft tijd nodig en kan soms confronterend zijn. Vraag een vertrouwd persoon of ze jou herkennen in de verschillende componenten van mindset en hoe deze betrekking hebben op je gedrag en keuzes.
- Vraag aan anderen hoe ze het begrip mindset interpreteren en vergelijk deze motivatie met wat je nu weet over mindset.

Persoonlijke missie

Maak gebruik van een journal en maak het jouw eigen mentalekrachtnotitieboek. Op je eerste lege bladzijde schrijf je bovenaan, in het midden: mindset. Maak een linker- en rechterkolom. Eén kolom noem je growth en de andere fixed. Schrijf tussen de kolom, in het midden: skills, challenges, effort, obstacles, feedback en succes of others. Noteer bij elke component één tot drie onderwerpen. Voorbeeld:

Skills:
  Tekenen (growth)
  Boksen (fixed)

Challenges:
  Samenwerken (growth)
  Effort (fixed)
  Studeren (growth)

Wanneer onder alle componenten een voorbeeld staat kun je erachter zetten of je er een growth of fixed mindset in hanteert. Zo heb je bij veel onderwerpen inzichtelijk of je growth of fixed georiënteerd bent en kun je ermee aan de slag.

3

Veerkracht

Geheime missie

Het is avond en we zitten aan onze zelfgebouwde bar een blikje Heineken te drinken. Het is warm en de wind waait zilt en klam tegen ons aan. We zijn hier voor een paar maanden op missie met een klein team. Het werk varieert van verkenningen tot het uitvoeren van verschillende opdrachten in en rondom de stad. Jaren van oorlog in deze stad laten zien dat de kapotte straten en gebouwen veel destructie, geweld en leed hebben gekend. Dat zie je ook aan de mensen die er wonen en leven. Het leven gaat door, ook al zijn er dagelijks aanvallen, zelfmoordaanslagen, moorden en bermbommen die afgaan. Aan ons de taak om daar onopvallend tussendoor te manoeuvreren en tot nu toe gaat dat goed. In de afgelopen maand hebben we de stad goed leren kennen.

Ik ben de lead medic van het team en ben verantwoordelijk voor alle medische zaken, van ernstige verwondingen tot de standaarddiarree, splinters en wondjes. Ik organiseer de medische afvoer en als er iemand gewond raakt ben ik verantwoordelijk. Kortom: de hele medische keten. Dat doe ik samen met mijn maatje Hondo, die ook medic is. Daarnaast moet ik het team voorzien van de meest recente informatie over de stad, de dagelijkse dreigingen, de gebeurtenissen en de verschillende groeperingen die actief zijn. De meeste informatie haal ik uit openbare bronnen. Twitter is verbazingwekkend snel met nieuws over zaken die voor ons een dreiging kunnen vormen. Soms krijg ik rapportages doorgestuurd van internationale partners die hier ook op het kamp rondlopen. Daar staat vaak een opsomming in van alle aanslagen die zijn geweest en aanslagen die mogelijk nog gaan komen. Waar deze informatie vandaan komt weet niemand, maar je kunt er moeilijk niets mee doen, dus dat soort informatie wordt gedeeld. Soms komen er zo veel meldingen binnen over een mogelijke aanslag dat je bij wijze van spreken niet één stap buiten het kamp durft te zetten. Maar het is niet voor niets dat wij hier zitten, dus is het aan mij om het team te briefen en een inschatting te maken over de ernst van de dreiging. Als dat zo is, passen we onze route daarop aan. Zeker wanneer we een route hebben gepland langs een hotel of een overheidsgebouw waar een hoge dreiging geldt. Hotels zijn targets, omdat er vaak lokale politici samenkomen, en overheidsgebouwen zijn sowieso de sjaak. Het laatste wat wij willen is op zo'n locatie aanwezig zijn wanneer er een aanslag plaatsvindt, iets wat helaas dagelijks voorkomt.

De modus operandi van onze vijand is meestal als volgt: één voertuig met bestuurder rijdt naar het target. Wanneer hij zich voor het target bevindt, blaast hij zichzelf en het voertuig op. Meestal laden ze het voertuig vol met explosieven zodat er een gigantische explosie plaatsvindt en er zo veel mogelijk schade wordt aangericht. Het stof van de explosie is nog niet neergedaald en het tweede element van de aanslag begint. Een klein team van meestal twee of drie schutters maakt gebruik van de chaos en treedt al schietend binnen. Aan de schutters de taak om zo veel mogelijk slachtoffers te maken. Dit team houdt het target bezet tot er een lokale speciale eenheid arriveert om de aanslag te beëindigen. Dat duurt meestal een paar uur, omdat de schutters zich verstoppen en vechten tot de dood. Om die reden rijden wij liever een stukje om wanneer er een specifieke dreiging binnenkomt en vandaag is zo'n dag.

We hebben ervoor gekozen om de route te veranderen wegens een binnengekomen dreiging en zijn op de terugweg naar het kamp. Als we zo'n tien minuten verwijderd zijn van het kamp en een drukke straat verlaten, horen we uit de richting waar we vandaan komen een enorme explosie. 'Wat de fuck was dat?' zegt mijn maatje die op de bijrijdersstoel zit. Ik zit in het achterste voertuig, achter in onze gepantserde pick-uptruck en kijk achterom door het raam of ik iets kan zien. Maar ik zie alleen maar verschrikkelijk druk verkeer. Daarna hoor ik wat schoten en ik draai mij snel om, om door de voorruit naar het naderende verkeer te kijken. Maar het verkeer is zo chaotisch en de mensen om ons heen lijken zich er niets van aan te trekken. Ze zijn onderweg naar hun bestemming en dat is het enige wat telt. Mensen vinden het zo normaal om een explosie en schoten te horen, dat tenzij het voor hun neus gebeurt ze gewoon doorgaan met het dagelijks leven. Toeterend, schreeuwend, zingend, lopend, rennend en rijdend gaat hun leven door, ze moeten wel.

Ondertussen komen wij ongeschonden het kamp op rijden. Wanneer we terug zijn op onze eigen compound kijk ik op Twitter of ik iets kan vinden over een aanslag. De lokale accounts die ik volg staan vol met meldingen als: 'Bomb went off at hotel on... street' of 'Huge explosion, many wounded in... neighbourhood'. Ik zoek het desbetreffende hotel op. Het is precies op de route waar wij reden, sterker nog: we zijn erlangs gereden! Als we eerder waren vertrokken, dan was er een grote kans geweest dat we midden in deze ellende terecht waren gekomen. Ik brief de jongens over wat ik nu over de aanslag weet en het einde van de middag nadert. Tijd om even te sporten.

Na het sporten en de dagelijkse briefing aan het einde van de dag gaan we met elkaar een biertje drinken. Ik sta achter de bar wanneer Hondo en een ander maatje uit mijn team komen aanlopen. Ze hebben net onze honden gevoerd. Twee 'waakhonden', maar niet heus. Kleine 'vuilnisbakkenrashondjes' zijn het, die wel blaffen als onbekende mensen naderen, maar dat is dan ook het enige. 'Pilsje, jongens?' vraag ik terwijl ze beiden een kruk pakken en aanschuiven aan de bar. 'Zeker, we hebben er wel weer eentje verdiend!' zegt Hondo, terwijl hij een peuk opsteekt van een of ander vreemd merk. Ik pak drie Heineken uit de koelkast en zet ze op de bar. We hebben geluk met de Heineken. Normaal hebben we dat niet, maar ik heb een tray gekregen als cadeau van een contactpersoon op het kamp. Ik kijk ze beiden aan en zeg met een glimlach op mijn gezicht: 'Zo, jongens, dat was weer een dag. Scheelde weinig vandaag.' Hondo kijkt mij aan en grinnikt. Hij pakt zijn biertje van de bar en zegt: 'Cheers, op de dood of de gladiolen.'

*

Wanneer je dagelijks wordt geconfronteerd met gevaarlijke situaties en de dood, heb je een heel goede dosis optimisme, humor en veerkracht nodig. Zeker als je hebt gekozen om te werken in dit soort omstandigheden. Optimisme betekent dat je altijd gelooft in een goede afloop en als commando speciale operaties lijkt mij dat een heel gezonde instelling. Zolang je daarnaast maar realistisch blijft. Voor mij is optimisme een van de belangrijkste drijfveren achter veerkracht. Optimisme kun je meten en dat doe je middels de Life Orientation Test (inmiddels de hernieuwde versie LOT-R). Uit onderzoek blijkt dat mensen die hoog scoren op optimisme beter tegen stress kunnen, omdat ze geloven dat de toekomst positief is.

Over het algemeen zien optimisten problemen als een uitdaging. Pessimisten zien problemen als een dreiging. Als een probleem opduikt vraagt de optimist zich af: waar kan ik controle op uitoefenen en waar heb ik geen controle over? De optimist accepteert de situatie en focust zich op het controleerbare. Hij laat alles wat oncontroleerbaar is links liggen en stapt er voorbij, op naar een betere toekomst. Mensen die met optimisme kijken naar het leven gebruiken humor op momenten dat het tegenzit. Wat kun je anders doen? Het is zoals het is, en lachen is beter dan sip in de hoek staan.

Humor hielp mij de commando-opleiding door. Er zijn genoeg momenten geweest tijdens de opleiding dat ik het echt zwaar had, maar door de humor van de situatie in te zien en te lachen met elkaar valt het zware ineens weg. Zo gaat het ook op missie. Ik moet eerlijk toegeven dat de humor bij het KCT wel een tintje donker is. Maar dat is logisch, het is een vorm van coping. In conflictgebieden gebeuren nou eenmaal verschrikkelijke dingen en de kans is aanwezig dat deze dingen ook met jou gebeuren. Hier soms een grap over maken en lachen zet dingen in een ander perspectief.

Tijdens missies gebruikte ik humor en optimisme om te dealen met extreme situaties. Dat optimisme vasthouden was soms wel moeilijk. Als je van dichtbij meemaakt wat voor verschrikkelijke dingen mensen elkaar aandoen, wordt het steeds moeilijker om de wereld te zien als een fijne plek. Door alle ervaringen in conflictgebieden was er een periode dat ik niet meer in staat was het goede van de mens te zien. Inmiddels kan ik dat weer. De meeste mensen willen het gewoon goed hebben en zorgen voor elkaar in barre tijden. De mensen die, om wat voor reden dan ook, zorgen voor chaos en conflicten vormen maar een klein percentage. Daar ben ik van overtuigd.

Optimisme is gekoppeld aan veerkracht omdat het je in staat stelt moeilijke tijden positief te benaderen. Als je in moeilijke tijden op de grond gaat zitten en je alleen maar concentreert op de problemen, zal de situatie nooit veranderen. Uiteraard bestaan moeilijke momenten soms uit rouw en verwerking en deze zijn nodig om verder te gaan. De optimist zal beter in staat zijn veerkrachtig uit een situatie te komen dan een pessimist.

Tegenslagen zullen er altijd zijn en hoe men daarmee omgaat bepaalt de mate van veerkracht. Veerkracht is voor mij de mate van flexibiliteit waarover een mens beschikt om om te gaan met veranderende stressvolle situaties. Ben je in staat om na een tegenslag jezelf af te stoffen en te groeien door de uitdaging die op je wacht? Het leven zit vol met tegenslagen en hoe veerkrachtiger je bent, des te beter ga je ermee om. Variabelen die bijdragen aan veerkracht zijn bijvoorbeeld:

1. Fysiologie, hoe ga ik om met stress, ademhaling en hartslag?
2. Gedachten, ben ik mij bewust van mijn gedachten en welke emoties ik daaraan koppel?
3. Gedrag, ben ik mij bewust van mijn eigen gedragingen tijdens tegenslag?
4. Zelfkennis, ben ik mij bewust van mijn krachten en mijn zwaktes?
5. Controle, heb ik een growth mindset wanneer ik het overzicht verlies?
6. Connectie, voel ik mij verbonden en weet ik waar ik mij gehecht aan voel? Durf ik gebruik te maken van mijn omgeving?
7. Spiritualiteit, voel ik mij verbonden met iets groters dan mijzelf zoals geloof, natuur en een goed doel?

Op al deze variabelen kan ik invloed uitoefenen. Ik kan mij bekwamen in wat stress is en hoe ik mijn ademhaling kan gebruiken om mijn hartslag te controleren. Ik kan mijn gedachten analyseren of laten analyseren om inzicht te krijgen in welke emoties ze oproepen om ze vervolgens te veranderen. Ik kan reflecteren op mijn gedrag na een tegenslag, om er de volgende keer anders op te reageren. Ik kan hulp en connectie zoeken bij vrienden, familie en collega's.

Tijdens de commando-opleiding word je getest op veerkracht, vaak individueel en soms in teamverband. Alleen ga je het niet redden, maar je moet de connectie aangaan met anderen. Zo is het leven ook. We hebben als mensheid niet voor niets duizenden jaren overleefd op deze aarde. Dat hebben we samen gedaan. Eerst in kleine groepen en later in grote steden. We hebben elkaar nodig voor alle tegenslagen die komen gaan. Het is aan jou om te bouwen aan je eigen veerkracht en aan die van anderen.

Lessons learned

- Optimisme is een van de belangrijkste drijfveren achter veerkracht.
- Humor kan soms helpen de zware momenten in het leven weg te lachen. Soms is een lach het enige wat overblijft.
- Kennis hebben over waar veerkracht uit bestaat zal bijdragen aan het vergroten van je veerkracht.

Tips & tools

- Optimistisch zijn en blijven wanneer je het echt moeilijk hebt is soms ontzettend moeilijk. Tijdens de commando-opleiding hielp het mij om te denken in 'momenten'. 'Aan alles komt een eind.' Deze zin bracht mij in het hier en nu. Het bracht mij acceptatie en in die acceptatie vond ik weer de motivatie om door te gaan.
- Humor kun je goed inzetten om pijn en verdriet te verlichten en dat doe je door het met een ander te delen. Tijdens de commando-opleiding gebruikte ik het om mezelf en anderen op te vrolijken en als ik in de put zat, letterlijk en figuurlijk, hielpen mijn maatjes mij om het allemaal even te 'humoriseren'.

Persoonlijke missie

Schrijf in je mentalekrachtjournal waar veerkracht voor jou uit bestaat en hoe je denkt het te integreren in je leven. Beschrijf een situatie uit je verleden waarin je veerkrachtig moest zijn en hoe je het hebt gedaan. Verbind de verschillende componenten van veerkracht aan je verhaal. Dat doe je door achter elke component te schrijven waarom het jou veerkrachtiger maakte in die situatie. Zo kun je in de toekomst terugblikken op jouw persoonlijke veerkrachttools.

4

Pijn

'Pijn is fijn en bloed moet,' zei de ex-vriend van mijn moeder vaak tegen mij. Zoals ik eerder al schreef heeft hij een grote rol gespeeld in mijn keuze voor een militair leven. Ik heb lang geleefd met deze zin als motivator.

Er zitten waarheden in zijn les. Pijn voelen als je gewond bent geraakt in een vuurgevecht is in eerste instantie niet prettig. Als medic wilde ik graag weten of iemand die gewond was nog in staat was een pijnscore te geven. In zo'n geval zou ik vragen of hij op een schaal van 1 tot 10 kan aangeven hoeveel pijn hij heeft. 1 is geen pijn en 10 is maximale, helse pijn. Het is belangrijk om te vragen omdat het iets zegt over de mentale en fysiologische status van lichaam en geest. Als iemand serieus gewond is en bijvoorbeeld een amputatie heeft van arm of been maar er rustig en bleek bij zit, dan weet je dat het foute boel is. Hoogstwaarschijnlijk heeft hij een shock. Het bloedverlies zorgt ervoor dat alleen de vitale delen van het lichaam worden voorzien van bloed. Hoofd, hart en longen. Dus als iemand er rustig bij zit met een ernstige verwonding en je vraagt of hij een pijnscore kan geven, waarbij het antwoord 3 is, dan moet je snel in het ziekenhuis zijn. In dit geval laat pijn je weten dat je nog leeft.

Pijn leren inschatten op basis van een schaal is niet eens zo'n gek idee. Pijn is er namelijk met een reden. Pijn is niet zwakte die het lichaam verlaat, zoals ook wel eens stoer wordt geroepen, of: 'Pijn is een emotie, en die kun je uitschakelen.' Poehataal. Nogmaals, pijn is er met een reden. Hij signaleert ergens iets schadelijks voor je lichaam. Het zou raar zijn als je een vinger in een pan kokend water steekt en erin gaat roeren, en blijft roeren tot je vinger eraf valt. Zo zijn mensen over het algemeen niet gemaakt.

Om beter met pijn te leren omgaan kun je het op twee manieren labelen: fysieke pijn en mentale pijn. Fysieke pijn is zoals ik in het voorbeeld hierboven heb beschreven. Vinger tussen de deur: au! Mentale pijn is de pijn die je voelt door boosheid, verdriet of schaamte. Het zijn de negatieve gedachten die je koppelt aan een vervelende situatie. Je vriendin of vriend maakt het abrupt uit. Een naast familielid overlijdt. Je grote geheim wordt verklapt. Allemaal situaties die leiden tot heftige emoties. Emoties die de meeste mensen moeilijk vinden een plekje te geven en die op hun beurt fysieke pijn kunnen veroorzaken.

De Acceptance & Commitment Therapie (ACT) stelt dat pijn een onderdeel is van het leven en we er meestal geen controle over hebben. Waar we wel controle over kunnen uitoefenen is de manier waarop we omgaan met pijn en dat zijn de emoties en gedachten die gekoppeld zijn aan pijn. Pijn is subjectief. We kunnen het niet objectief meten, omdat iedereen een andere pijngrens heeft. Sommige mensen kunnen langer hun hand op een hete plaat houden dan andere en er zijn mensen die bij het minste of geringste stootje schreeuwen van de pijn. Het helpt om een cognitief model van pijn te leren hanteren als handvat voor alle toekomstige momenten van pijnbeleving.

ACT gebruikt de termen 'schone' pijn en 'vuile' pijn. Schone pijn is de pijn die je voelt omdat je scheenbeen gebroken is. Vuile pijn is de pijn die je voelt omdat je aankomend weekend niet meer naar het eindexamenfeest kunt, waar je zo graag heen wilde. Het zijn je gedachten en emoties. Je denkt aan je klasgenootjes die straks staan te dansen zonder jou en dat maakt je verdrietig. Het feit dat je hieraan denkt maakt de situatie niet beter, sterker nog, het maakt de pijn die je voelt erger.

Uiteindelijk gaat het om acceptatie. Accepteer de schone pijn zodat de vuile pijn langzaam minder wordt en verdwijnt. De pijn accepteren betekent niet dat je de pijn niet mag voelen, dat zorgt waarschijnlijk voor meer frustratie. De pijn is er nou eenmaal en dat is oké. Inmiddels weet ik gelukkig dat ik de quote van mijn ex-stiefvader ook anders kan formuleren: 'De pijn mag er zijn.'

Pijn en ademhaling

De eerste keer dat ik mijn ademhaling bewust ging gebruiken was tijdens de schietopleiding waar ik eerder over schreef. Ik had de eerste keer de Contra Terreur-opleiding niet gehaald en mocht een jaar later herkansen. Het feit dat ik deze opleiding niet had gehaald deed pijn. Het was een mentale pijn. Rond deze tijd had ik ergens iets gelezen over 'tactical breathing'. Tactical breathing is het functioneel toepassen van ademhalingsoefeningen die je kunt leren gebruiken voor allerlei tactische situaties. Tijdens stressvolle gebeurtenissen kun je leren je ademhaling tactisch in te zetten. Zo gebruikt Delta Force, de Special Forces van het Amerikaanse leger, deze ademhalingsoefeningen tijdens schiettrainingen en Hostage Release Operations. Voor de voorste man een kamer in stormt waar gijzelaars en gijzelnemers binnen zitten, haalt hij bewust een aantal keer diep adem om zijn hartslag naar beneden te krijgen en zijn concentratie te optimaliseren. Twee dingen die je zeker nodig hebt als je een kamer binnenstormt waar je heel precieze schoten moet gaan lossen.

Het feit dat Delta Force ademhalingsoefeningen gebruikte, inspireerde mij om de techniek uit te proberen tijdens mijn schietexamen. Bewust je ademhaling inzetten als tool voor stressmanagement was toen nog geen onderdeel van de commando-opleiding. Tegenwoordig wordt er geïnvesteerd in Mental Development en heeft het KCT een Human Performance Team. Je leert al vroeg in de opleiding een aantal tools om met stress om te gaan. Ik ga een aantal van deze tools met jullie delen in het hoofdstuk 'Stress'.

Tijdens mijn schietexamen merkte ik dat het mij enorm hielp om in de aanloop naar het schietpunt toe een paar keer goed diep adem te halen en net voor de buzzer van een instructeur het startschot inluidde hetzelfde te doen. Ik was behoorlijk gespannen, aangezien een groot deel van mijn militaire carrière hiervan afhing, en omdat ik een tweede kans had gekregen wilde ik het niet verpesten. De focus op mijn ademhaling hielp mij me te concentreren op de taak die voorhanden lag, het bracht mijn hartslag omlaag. De zoemer ging; ik haalde de trekker over en schoot.

Deze focus en het feit dat ik een goeie instructeur had, maakten dat ik als een van de beste schutters de opleiding haalde. Later paste ik ademhalingsoefeningen toe tijdens parachutespringen en andere stressvolle situaties. Gewoon geconcentreerd ademhalen. Zo kun je ook leren om 'door de pijn heen' te ademen.

Pijn zal er altijd zijn, mentale pijn en fysieke pijn. Maar hoe je ermee omgaat is aan jou.

Soms is het nodig om pijn te lijden. In het geval van de commando-opleiding is dat zeker zo. Maar waarom moet het pijn doen? Waarom moet je lijden tijdens zo'n opleiding? Het antwoord is simpel. Het moet een goede voorbereiding zijn op hetgeen je tegenkomt in oorlogsgebied, en wat je daar kunt verwachten is inherent aan pijn en lijden. De kapitein van mijn ECO zei ooit tegen ons: 'De ECO is zo zwaar omdat het een referentiekader moet worden in je geheugen. Je moet pijn lijden en het moet zwaar zijn. Zodat alles wat je hierna gaat meemaken in het niet valt.'

Wat is het verschil tussen pijn en lijden? Pijn heeft een directe oorzaak. Je ergens aan stoten. Het einde van je relatie, et cetera. Lijden komt voort uit de gedachten die je hebt over deze pijn. Ontberingen beleven en er levend uit komen doet wat met je. Het zorgt ervoor dat je het leven meer gaat waarderen.

Mijn ervaring met pijn en lijden is dat ik er veel van heb geleerd. Uiteraard zijn het niet altijd fijne ervaringen. Maar voor mij zijn ze achteraf wel waardevol geweest. Zeker als je in staat bent om te reflecteren op het proces van pijn en lijden. Wat daarbij kan helpen is het maken van een gedachteschema door een aantal vragen voor jezelf op te schrijven:

1. Wat gebeurde er?
2. Wat voelde ik tijdens de gebeurtenis?
3. Wat waren mijn gedachten tijdens de gebeurtenis?
4. Wat heb ik geleerd van de gebeurtenis?

Door antwoord te geven op deze vragen en het fysiek op papier te zetten zet je een proces in gang dat heel waardevol is. In plaats van niets te doen ga je actief aan de slag met reflecteren.

Een zaadje planten

Een mooie vergelijking over pijn en lijden gaat over een zaadje planten: een zaadje planten doe je door diep genoeg een gaatje te maken in de aarde en het zaadje erin te leggen. Vervolgens dek je het gaatje af met aarde. Als je het zaadje niet bedekt, zal er nooit een mooie stevige plant uit groeien. De kiem die uit het zaadje groeit heeft weerstand nodig om volledig te kunnen ontkiemen. In weerstand zit groei.

We hebben soms de keuze in het leven om te kiezen voor pijn. De vraag is of het nodig is. In mijn geval was het nodig. Ik wilde commando worden en wist dat het pijn ging doen. Maar ik wist ook wat het mij zou brengen: heel veel zelfkennis. Zo kom ik terug op mijn verhaal over de afmatting. Waarom zou je in hemelsnaam 200 kilometer lopen op een gebroken voet? Maar dat is precies waar de keuze voor pijn en lijden over gaat. Er zijn momenten in het leven dat je een keuze moet maken. Of het de pijn waard is moet iedereen voor zichzelf beslissen. Om die beslissing te helpen maken is het zaak dat je er goed over nadenkt, de pijn en lijdensweg weet te ontleden en een helder plan formuleert. Accepteren dat de pijn er is, jezelf committeren aan je plan en bewust een beslissing maken.

Het is belangrijk om het concept van pijn en lijden dat ik hier heb beschreven in context te plaatsen. Pijn en lijden zijn moeilijke onderwerpen omdat ze zijn gebonden aan veel verschillende factoren. Er zitten verschillende gradaties in pijn en lijden en iedereen bewandelt zijn of haar eigen pad in het aangaan en verwerken van pijn. Over het algemeen wordt pijn gezien als iets wat we moeten vermijden, maar als we pijn blijven zien als iets wat we moeten vermijden en niet als een onderdeel van het leven, dan blijft het pijn doen. Dit zijn mijn lessen over pijn en lijden en de tips & tools die mij helpen in het aangaan en verwerken van pijn.

Lessons learned

- Pijn kun je onderverdelen in fysieke pijn en mentale pijn.
- Fysieke pijn accepteren is de eerste stap van pijn reguleren.

- Pijn voel je met een reden. Het is bedoeld als waarschuwing voor je lichaam.
- Pijn is geen emotie die je kunt uitschakelen, je kunt er wel mee leren omgaan.
- Kiezen voor pijn om een doel te halen is een optie. De vraag is: is het de pijn waard?

Tips & tools

- Leer je pijn in te schatten door middel van een pijnschaal.
- Je kunt je pijngrens opzoeken door middel van sport of andere uitdagingen. Vergeet niet dat pijn aangaan veel energie kost en dat er consequenties zijn verbonden aan 'altijd doorgaan'. Tip: geef voor je aan een uitdaging begint een subjectief oordeel aan hoeveel energie het gaat kosten en hoeveel het gaat opleveren.
- Tijdens de commando-opleiding hielp het mij altijd om pijn te zien als iets tijdelijks. Ik wist dat er een einde zou komen aan de opleiding. Het hielp dan altijd om te leven van moment naar moment en letterlijk 'door de pijn heen' te ademen.
- Een manier van mentale pijn verwerken is om het te delen met een ander of het op te schrijven.
- Is de pijn te groot? Zoek dan hulp bij een professional.

Persoonlijke missie

Schrijf in je mentalekrachtjournal op of je pijn ziet als iets wat je liever vermijdt of als iets wat je durft aan te gaan. Nu je weet waar je voorkeur ligt kun je opschrijven waarom je denkt dat dit zo is. Probeer een situatie in je huidige leven te beschrijven waarin je pijn ervaart en waarom dat zo is. Bepaal of het fysieke of mentale pijn is, of een combinatie van beide. Nu je weet in welke situatie je pijn ervaart, waarom dat zo is en wat voor soort pijn het is, bepaal dan voor jezelf of de pijn tijdelijk is of eindeloos. Door deze pijnanalyse te maken leer je je eigen pijn te ontleden en in veel gevallen te accepteren.

5

Discipline

Als ik mensen vertel dat ik militair ben geweest zeggen ze vaak: 'O, daar moet je zeker veel discipline voor hebben?' Vroeg uit bed komen, rangen, hiërarchie, je schoenen poetsen, op tijd komen en je bed opmaken. Ze vragen mij waar dat allemaal voor nodig is. Ik bedoel, je kunt toch ook prima je werk doen met vieze schoenen en een ongeschoren gezicht. Dat kan zeker, en ik zal de laatste zijn die zegt dat het niet zo kan, maar er is een reden dat alle militaire opleidingen vol zitten met regels. Dat is waar discipline uit bestaat. Volgens de Dikke Van Dale is de betekenis van discipline: een regime van strenge gedragsregels. Dat betekent dat deze strenge gedragsregels worden opgelegd, of je kunt ze jezelf opleggen.

Ik kan mij een moment herinneren tijdens de Luchtmobiele Opleiding: we kwamen terug van een zware oefening waarbij we veel aan het graven waren geweest en alles onder het zand zat, echt alles. We kregen de hele avond om onze persoonlijke uitrusting te onderhouden. Geweer, schep, lepel, zakmes, gasmasker, magazijnen voor je kogels en alles moest zandvrij zijn. Zandvrij betekent geen enkele korrel.

Ik was tot laat bezig geweest met alles zo goed mogelijk schoonmaken. Toen ik zag dat alles zandvrij en schoon was, besloot ik het netjes uit te hangen of neer te leggen. Mijn magazijnen had ik uit elkaar gehaald om de veer te ontspannen en vanbinnen schoon te maken. Daar had ik water voor gebruikt en een natte doek. Dus de magazijnen waren nog wat vochtig. Ik dacht: weet je wat, ik leg ze gewoon te drogen in mijn kast en dan zet ik mijn wekker iets eerder om ze in de ochtend in elkaar te zetten. Klaar voor inspectie. Moe maar voldaan ging ik in mijn bed liggen.

Midden in de nacht werden we gewekt door het geschreeuw van onze instructeur. 'Reveille! Opstaan! NU! Over vijf minuten staat iedereen in zijn gevechtspak, helm, vest compleet en gasmaskertas buiten opgesteld!' Ik schrok mij te pletter. We hadden die week niet bepaald veel geslapen en dit was een onbeleefd ontwaken. Ik strompelde uit bed en begon in de chaos van het nog niet helemaal wakker zijn mijn kleren aan te trekken. Met mijn T-shirt half over mijn hoofd geslagen rende ik naar mijn kast. Daar lag alles netjes uitgelijnd, droog en klaar voor inspectie. Kut, dacht ik. Ik ga het nooit redden om nu alles in elkaar te zetten en op tijd beneden te zijn. Dan maar slechts twee van de vijf magazijnen meenemen.

Toen we allemaal buiten stonden kwam de sergeant voor ons staan. Iedereen was halsoverkop naar buiten gerend en sommigen misten bepaalde uitrusting. Dat viel de sergeant meteen op. 'Jullie krijgen zo twee minuten om uitgekleed in bed te liggen. Start!' We renden weer als een stelletje gekken naar binnen om zo snel mogelijk uitgekleed in bed te springen. Toen we allemaal in bed lagen hoorden we de sergeant op de gang roepen: 'Over drie minuten staan jullie in gevechtspak en volledige uitrusting beneden. Start!'

We stonden allemaal weer netjes beneden toen de sergeant zei: 'Laat je magazijnen zien!' De sergeant liep langs de voorste rij om alle magazijnen te controleren op compleetheid en achtergebleven zand of vuil. Ik zag hem een aantal goed inspecteren en vervolgens over zijn schouder weggooien. Deze waren dus niet goed schoon. Toen kwam hij voor mij staan. Ik hield de twee magazijnen vast, gereed voor inspectie. 'Waar zijn de andere drie, soldaat Carter?' 'Die liggen nog boven in mijn kast, sergeant.' 'Waarom liggen die nog boven in je kast, soldaat Carter?' Ik wist dat geen enkel antwoord nu nog een goed antwoord zou zijn. 'Ik heb ze open laten liggen om te drogen en deze twee kon ik nog net op tijd in elkaar zetten, sergeant.' Hij keek mij serieus aan en zei: 'Wat nou als jij onderdeel uitmaakte van de Quick Reaction Force (QRF) en er nu op de knop werd gedrukt om maatjes van een andere eenheid te redden uit een vuurgevecht?' Deze les kwam binnen.

Om ons deze les duidelijk te maken werden we een aantal uur flink beziggehouden en daar ging onze nachtrust. Uiteindelijk hadden we het aan onszelf te danken. Ik had de verkeerde aanname gedaan dat er een inspectie zou zijn in de ochtend. Het was weer een harde en wijze les. Ik had mijn dekking laten zakken, terwijl ik juist nu, tijdens vermoeidheid, mijn dekking hoog had moeten houden. Zodat ik niet zou verslappen en een rake klap mij zou treffen met een knock-out tot gevolg. Dit was voor mij de eerste les in het operationaliseren van mijn gevoel, gedachten en gedrag. Wat ik daarmee bedoel te zeggen is dat telkens als ik in een situatie kom waarbij ik word geconfronteerd met de gedachte of ik wel of niet nu iets moet doen, dan stel ik mijzelf de vraag: wat zou ik doen als ik op missie ben? Op missie heb je niet de luxe om dingen uit te stellen.

Door dit te doen voorkom ik uitstelgedrag. Uitstelgedrag zorgt ervoor dat ik een taak niet doe op het moment dat ik het eigenlijk wel zou moeten doen. Op missie is dat bijvoorbeeld onderhoud aan je wapen of ander materiaal. Om uitstelgedrag tegen te gaan heb je discipline nodig. Op missie kan het zomaar zijn dat je maanden rondloopt of rondrijdt in een stoffige omgeving, zoals de woestijn. De opleiding is allang voorbij en niemand verplicht je om je wapen schoon te maken of om onderhoud te plegen aan je voertuig omdat je toevallig chauffeur bent. Het wordt verwacht dat je dit zelfstandig doet. Niet om je leidinggevende te pleasen maar omdat het van levensbelang is. Het kan zo stoffig zijn in sommige gebieden dat er een grote kans is dat er een storing optreedt als je niet elke dag je wapen poetst. Een storing in je wapen precies op de momenten dat je het niet wilt. Dat kan de beroemde 'deadmans klick' zijn: je haalt je trekker over maar er gebeurt niets, of na een aantal keer schieten stopt mijn wapen met vuren, terwijl ik nog steeds probeer de trekker over te halen. Deze situatie resulteert vaak in een bijzonder vervelend einde, met mogelijk de dood tot gevolg. Ik geef hierboven een extreem operationeel voorbeeld van hoe regels opleggen wel of geen consequenties kan hebben voor jezelf en de omgeving. De instructeur die mij vroeg wat ik zou doen als er op de knop werd gedrukt legde zijn vinger op de zere plek en dat was nodig om zijn les volledig te begrijpen. Soms moet je het voelen om iets te begrijpen.

We leven in een wereld vol afleiding, sociale media, Netflix, televisie, gamen, YouTube. Prikkels die ons vanuit alle kanten stimuleren en die ons mogelijk zelfs overprikkelen. Ik denk dat het belangrijk is om te leren hoe we deze stimuli kunnen beperken en dat we tools moeten krijgen om hiermee te leren omgaan. Je hebt een regime van strenge gedragsregels nodig om een doel te behalen. Om jezelf naar de sportschool te sturen, je studie af te maken, gezond te eten. Kortom: je hebt discipline nodig in het leven. Ik denk zelfs om een gelukkiger leven te leiden, en dat ga ik in dit hoofdstuk uitleggen. Laten we beginnen met het ontleden van discipline en hoe het werkt voor mij.

Zelfbeheersing

Er is een beroemd psychologisch experiment waarbij onderzoekers jonge kinderen in hun eentje op een stoel zetten in een kamer. Voor het kind ligt een bord met daarop een marshmallow. Zo'n wit, zoet, schuimig snoepje waar je snel een zak van leegeet. Het kind krijgt van een volwassene het volgende te horen: 'Ik ga nu even naar buiten. Als ik zo terugkom en deze marshmallow ligt er nog, krijg je een tweede.' De volwassene loopt weg en het kind blijft achter met de marshmallow. Het kind wordt gefilmd zonder dat hij of zij het weet. De reacties die volgen zijn zeer vermakelijk om te zien. Er staat een filmpje van op YouTube: 'The Marshmallow Experiment'.

De meeste kinderen kijken eerst om zich heen en proberen zichzelf af te leiden. Sommige beslissen toch even met hun vinger de marshmallow aan te raken of er een paar keer in te prikken. Na verloop van tijd vinden de meesten het moeilijk om zichzelf in te houden. Er zijn een paar kinderen die een likje nemen of eraan ruiken. Heel dichtbij eraan ruiken. Het lukt een aantal kinderen om niet aan de marshmallow te zitten. Ook lukt het een aantal kinderen om de marshmallow niet op te eten en weg te komen met een klein likje of een paar porren in het zachte schuimige snoepje. Er zijn ook kinderen die zodra de volwassene de deur dichtdoet zonder blikken of blozen de marshmallow verorberen. Geen twijfel te bezien, ze denken vast: nu of nooit.

De kinderen uit het experiment zijn gevolgd tijdens hun leven en het blijkt dat kinderen die in staat waren om de marshmallow te negeren een gezonder en succesvoller leven leiden dan kinderen die zonder twijfel de marshmallow naar binnen schrokten.

Het is een experiment waarbij wordt gekeken of de kinderen in staat zijn tot zelfbeheersing.

Zelfbeheersing is het vermogen om weerstand te bieden aan verleidingen

Zelfbeheersing is een essentieel onderdeel van discipline. Wanneer je wordt geconfronteerd met een verleiding en ingaan op de verleiding niet in lijn is met het strenge regime van gedragsregels, dan heb je zelfbeheersing nodig om de verleiding te weerstaan.

Dat is alleen makkelijker gezegd dan gedaan. Als het gaat om zelfbeheersing hebben we te maken met iets wat verankerd zit in onze fysiologie: het beloningssysteem. Veel verleidingen, of het nou te veel eten is of iets doen waarvan je weet dat het eigenlijk niet mag, leveren een bepaald gevoel op. Vaak is dat een lekker gevoel. En het effect van dit lekkere gevoel wordt veroorzaakt door dopamine. Dopamine is een stof die hoort bij het beloningssysteem van de hersenen en een verband heeft met motivatie (Wise, 2004). 'Het is een neurotransmitter. Dat zijn een soort "boodschapperstofjes" in de hersenen die informatie van de ene naar de andere zenuwcel overbrengen. Dopamine zorgt ervoor dat we ons tevreden en beloond voelen. Dopamine wordt niet constant geproduceerd maar komt vrij bij bepaalde handelingen of situaties zoals eten, sporten, seks of drugs,' aldus het Nederlands Herseninstituut.

Het is moeilijk om je daartegen te wapenen en dat zie je terug in verschillende soorten verslaving. Zelfbeheersing is een complex onderwerp en wat voor de een werkt, werkt niet voor de ander. Discipline heeft mij geholpen in het proces van zelfbeheersing. Dat doe ik door afspraken te maken met mijzelf, met mijn partner, vrienden, collega's en elkaar eraan te houden. En soms mag dat best op een strenge manier. In elk geval de ander aanspreken op zijn of haar gedrag en accepteren als zij dit ook bij mij doen. We hebben allemaal wel eens een terugval. Daarvoor zijn we mens. Het is fijn als er dan iemand naast je komt staan en je een hand geeft om weer op te staan. Zo doen we dat ook in een Special Forces-team.

Wilskracht

Wilskracht is een woord dat veel wordt gebruikt in het leger. Maar naar mijn mening wordt wilskracht te vaak verward met doorzettingsvermogen: de kracht om door te zetten. Doorzetten tijdens een zware militaire opleiding zoals de commando-opleiding betekent: doorgaan waar anderen stoppen (meestal als je heel erg moe bent en overal pijn hebt). Die kracht komt voort uit het willen halen van een doel en vanuit intrinsieke motivatie. Als je dan toch tegen iemand zegt dat hij zijn wilskracht moet gebruiken, moet je eerst uitleggen wat wilskracht is en daar zijn verschillende meningen over. Wilskracht vertaalt zich voor mij naar: 'niet de kantjes ervan af lopen' of 'kies niet de weg van de minste weerstand'.

Voor mij werkt wilskracht zo: om verleidingen te weerstaan heb ik een reden nodig. Een reden die sterk genoeg is en vanuit intrinsieke motivatie mij ervan weerhoudt toe te geven aan dat stemmetje dat zegt: 'Ah fuck it, doe het gewoon, het kan wel.' Dit stemmetje leidt over het algemeen tot impulsieve acties, en impulsieve acties leiden meestal tot schaamte, boosheid of verdriet. Het is zaak dat ik dit stemmetje ga herkennen en de nek omdraai. Ik moet in staat zijn het gevoel van beloning uit te stellen of te breken. Met breken bedoel ik: het weerstaan van de verleiding zien als de beloning.

In de psychologie wordt wilskracht ook wel zelfcontrole genoemd. De psycholoog die het originele marshmallowexperiment meer dan veertig jaar geleden uitvoerde, Walter Mischel, bedacht een systeem om beloning uit te stellen als wilskracht niet werkt. Hij gebruikte het *hot-and-cool*-systeem. Het is een systeem dat gebruikmaakt van zelfkennis in plaats van sensatie, gevoel, acties en doelen. Waarbij je jezelf blijft herinneren aan de reden waarom je de marshmallow niet moet eten. Het coolsysteem is cognitief en reflectief, en het hotsysteem is emotioneel en impulsief. Je zou het kunnen vergelijken met de stemmetjes van de engel en duivel op je schouder. De engel is cool en het stemmetje van de duivel is hot. Op deze manier wordt het een tastbaar cognitief systeem waarbij je sensatie, gevoel, acties en doelen leert bestempelen als cool of hot en zo actief verleidingen leert weerstaan.

Zonder dat ik het wist maakte ik vaak gebruik van het hot-and-cool-systeem. Ik noemde het alleen niet zo. We kennen allemaal de momenten dat het engeltje en de duivel op onze schouders zitten. Het zijn de momenten dat je voor comfort of plezier wilt kiezen terwijl je eigenlijk beter weet. Dan is het belangrijk dat je het duivelse stemmetje tegengaat, door reflectief en op koele wijze antwoord te geven op de vraag: waar leidt deze verleiding naartoe? Het kan moeite kosten om de mentale verleiding te weerstaan omdat het mentale inspanning eist. Sommige onderzoekers noemen dit fenomeen egodepletie, en of het daadwerkelijk energie kost, in de vorm van glucose, daar zijn de meningen over verdeeld.

Ook al zou wilskracht energie kosten, dan nog is het mijn keuze of ik het de energie waard vind en wilskracht te zien als een onuitputtelijke bron van energie of als een spier die na te veel inspanning opbrandt. Dit inzicht maakt wilskracht voor mij een kracht die ik moeten leren tactisch in te zetten voor doelen waarvan ik weet dat het de energie waard is. Ik geloof dat wilskracht mij helpt bij het maken van keuzes en het behalen van doelen.

Wilskracht en de kracht van het opschrijven

Iets wat voor mij goed werkt is: maak een uitdaging van alledaagse taken. Vroeger opstaan, sporten, tijd voor jezelf, mediteren, schilderen, zingen. Doen. Daar zit de kern van mijn boodschap. Doen. Beginnen. Je bed opmaken en gaan. Een bekende speech van de Amerikaanse admiraal William McRaven, die inmiddels miljoenen keren is bekeken, opent met de tekst: 'Als je de wereld wilt veranderen, begin dan met het opmaken van je bed.' Hier moet de zaal om lachen, maar hij gaat door. 'Als je elke dag in de ochtend je bed opmaakt, heb je de eerste taak volbracht. Het zal je een klein gevoel van trots geven en het zal je aanmoedigen om nog een taak te volbrengen. En nog een. En nog een. Je bed opmaken zal ook het feit versterken dat de kleine taken in het leven belangrijk zijn. Als je de kleine taken niet goed doet, zul je nooit de grote taken goed doen.' Nu lacht niemand meer.

Je hebt regels, betekenis en een doel nodig om op deze manier te leven. Zonder deze elementen ga je het grote experiment niet overleven. Je zult keer op keer in de marshmallowkuil vallen. Het moeten regels zijn die je jezelf oplegt en ze moeten vanuit intrinsieke motivatie komen. Het 'waarom' moet duidelijk zijn om een gedisciplineerd en betekenisvol leven te leiden. Dat begint met het opschrijven van je eigen levensregels.

Toen ik dit voor het eerst deed was ik vijftien jaar. Het was een chaotische periode in mijn leven. Ik zag mijn vader nauwelijks, en mijn moeder en ik kwamen net uit een lange en stressvolle periode die zo'n twee jaar had geduurd. Ik besloot regels te bedenken en deze op te schrijven, om zo structuur en rust te creëren. Toen ik klaar was met het opschrijven van de regels voelde het alsof er nog iets miste. Ik schreef mijn 'waarom' op. Ik schreef zo twee A4'tjes vol.

Het hielp. Los van het feit dat ik harde regels had opgesteld voelde het schrijven als een uiting van emotie. Door de regels fysiek op te schrijven hadden ze zich op papier gevestigd en werd het heel concreet, wat mij rust gaf. 'Ik ga mij aan deze regels houden. Ik daag mijzelf uit mij aan deze regels te houden en ik ga genieten van de uitdaging.' Het idee van militair worden zat al in mijn hoofd, dus het waren vrij simpele disciplinaire regels:

1 Ik zet mijn wekker om 06.00 uur en sta op zodra hij gaat. Niet snoozen.
2 Ik begin de dag met vijftig push-ups en vijftig sit-ups.
3 Ik poets elke ochtend mijn tanden.
4 Ik ontbijt gezond.
5 Ik help mijn moeder in het huishouden en houd mijn kamer schoon en netjes.
6 Ik ga drie keer in de week kickboksen en twee keer per week hardlopen.

Dit zijn maar een paar voorbeelden van de regels die ik opschreef. Het lijkt zoiets simpels, en voor sommige mensen is het misschien onnodig. Maar het is bewezen dat het opschrijven van doelen bijdraagt aan je neurologische vermogen om ze te onthouden. Dat noemen we *encoding*. In alle oude culturen is er een vorm van te vinden en veel grote denkers hebben het gedaan.

Een van de meest recente boeken over de regels van het leven is het boek van Jordan B. Peterson: *12 regels voor het leven*. In het boek staan regels die aanzetten tot positief gedrag en gezonde gewoontes. Peterson is ook in staat om heel goed uit te leggen waarom precies deze regels leiden tot een beter leven. De regels bieden houvast in deze chaotische wereld. Net zoals mijn eigen opgeschreven regels rust en structuur creëerden tijdens een chaotische periode in mijn leven.

Zelfdiscipline

Tijdens de commando-opleiding wordt er continu getest of je over zelfdiscipline beschikt. Dat gebeurt vaak op een manier die je als cursist niet meteen doorhebt. Tijdens de ECO kan het voorkomen dat je een kaartleesopdracht krijgt waarbij je een aantal coördinaten moet opzoeken. Als je alle coördinaten hebt gevonden op de kaart, dan vertelt de instructeur de volgorde waarin je naar die punten moet. Dit kaartje moet je meenemen als bewijs dat je er bent geweest. Het is een heel simpele opdracht, maar ook een heel belangrijke. Het kan zomaar gebeuren dat het eerste punt waar je heen dient te lopen het meest verre punt is en het dichtstbijzijnde punt het laatste punt is waar je heen moet. Houd je je aan de opdracht of ga je voor de shortcut? Het is een marshmallowmoment: ben je in staat de verleiding te weerstaan?

Het is heel makkelijk om je niet aan de volgorde te houden en gewoon naar het dichtstbijzijnde punt te lopen, zeker als jouw eerste punt misschien wel 25 kilometer lopen is. Als je bijna niet hebt geslapen, weinig hebt gegeten en moe bent, kan deze verleiding groot zijn. De focus op jezelf en je eigen prestaties wordt versterkt, omdat je de opleiding moet halen. Er bestaat een grote kans dat je gaat denken in de 'ik red mezelf'-modus. Dat is precies niet waar ze naar op zoek zijn. Ze zoeken mensen die niet kiezen voor de shortcut en zich houden aan de gestelde regels. Dat heeft een reden.

De thuisbasis van de elementaire commando-opleiding is het tentenkamp Bakhuis Roozeboom. Het is vernoemd naar de Nederlandse commando die sneuvelde in de Tweede Wereldoorlog, tijdens de Slag om Arnhem. Er zijn een aantal regels die gelden op het kamp. Een van de belangrijkste regels is dat er tijdens de ECO niet gelopen mag worden. Alle cursisten dienen zich in versnelde pas over het kamp te verplaatsen. Deze versnelde pas wordt de 'commando shuffle' genoemd.

De ECO duurt acht weken en zit vol met zware momenten. Het is niet raar als je op een dag 60 kilometer moet marsen en in de nacht nog allerlei opdrachten moet uitvoeren. Ook na zo'n afstand en alle andere zware momenten in de week dien je nog steeds met gepast tempo, in de 'commando shuffle', over het kamp te bewegen. Wanneer je een mars van 60 kilometer in de benen hebt zitten, wil je het liefst gewoon zitten. Op de bank met een zak chips en Netflix kijken. Helaas, je volgt de commando-opleiding en al het comfort van je dagelijks leven is weg.

Op zo'n moment is het makkelijk om te verslappen en gewoon even een klein stukje te wandelen. 'Ah joh, het kan wel. Het is drie uur 's nachts. De instructeurs liggen vast in bed. Niemand gaat het zien of merken als je nu gewoon een klein stukje wandelt.' Het is weer dat duiveltje op je schouder, en hij vindt het heel erg fijn om langs te komen op de momenten dat je het zwaar hebt. Juist op die momenten moet je hem zijn mond snoeren. Dat deed ik door er keihard tegen in te gaan en mijzelf er continu aan te blijven herinneren dat er altijd iemand kijkt. Daarmee bedoel ik niet de instructeur die stiekem in de bosjes lag met een nachtkijker, er is altijd iemand die kijkt hoe je het doet en die daar een oordeel over heeft. Die persoon, of beter gezegd, die kracht, zit in jezelf. Daar vind je trots.

> Zelfdiscipline is de eigenschap die jou in staat stelt om steeds te doen wat je moet doen, ook als je daar geen zin in hebt.

Als discipline een regime is van strenge gedragsregels, dan heb je zelfdiscipline nodig om je aan deze regels te houden. Zelfbeheersing en wilskracht zijn daarin essentieel. Het zijn de regels die je jezelf oplegt en de afspraken die je met jezelf maakt.

Toen ik aan mijn eerste militaire opleiding begon, werd ik geconfronteerd met allerlei nieuwe regels: schoenen poetsen, scheren, exercitie, wapenonderhoud, et cetera. Er werd dagelijks gecontroleerd middels een inspectie of je ook in staat was om je aan deze regels te houden. Het enige wat je in staat stelt om je aan deze regels te houden is zelfdiscipline. In de loop der tijd leerde ik zelfdiscipline te koppelen aan trots, waardoor het steeds makkelijker werd om mezelf te houden aan mijn zelfopgelegde regels. Ik was trots op mezelf als ik iets deed waar ik eigenlijk geen zin in had. Geen zin hebben en vermoeidheid liggen dicht bij elkaar. Moe van het rennen, vliegen, springen en alle andere capriolen die ze bedenken tijdens een zware militaire opleiding. Bij echte vermoeidheid, en dan bedoel ik nachten nauwelijks slapen en fysiek en mentaal tot het uiterste gaan, wordt de keuze tussen het schoonmaken van je bestekset of naar bed gaan een serieuze verleiding. Toch moet je die bestekset schoonmaken. Door gebruik te maken van zelfbeheersing en wilskracht bouw je zelfdiscipline op en kweek je trots. Niet omdat je de instructeur tevredenstelt met een schone uitrusting, maar omdat je jezelf trots maakt door je te houden aan je eigen regels.

Als ik discipline zou moeten ontleden, dan bestaat het voor mij uit deze drie hoofdcomponenten: zelfbeheersing, wilskracht en zelfdiscipline. Door discipline op deze manier te ontleden wordt het overzichtelijk en tastbaar. Het maakt het strenge regime van gedragsregels een onderdeel van een groter geheel. Iets waar je moeite voor wilt doen en waar je energie voor nodig hebt. Zo wordt discipline onderdeel van mentale kracht. Het bestaat uit fysieke, cognitieve, emotionele, spirituele processen en vaardigheden die invloed hebben op mijn gedrag en die de potentie hebben mijn mentale kracht positief te beïnvloeden.

Naast de drie hoofdcomponenten zijn er nog een aantal factoren die in elk geval voor mij een belangrijk onderdeel zijn van discipline. Bijvoorbeeld de spirituele kant van discipline en de gedragingen die daarbij passen. Dat kan ik het best uitleggen door voorbeelden te gebruiken van oude en moderne krijgers. Hoe verhoudt het leven volgens een code zich tot discipline en kunnen we vrijheid vinden in discipline door gebruik te maken van een routine?

Discipline en de code van een krijger

Regels volgen en leven volgens een bepaalde gedragscode heeft al eeuwen een verbintenis met het bestaan van de krijger. Bijvoorbeeld bij de samoerai, waar ze leefden volgens Bushido, de weg van de krijger. Een strikte code van eer en loyaliteit, waarin de dood een grote rol speelt. Er was zelfs een regel voor het plegen van seppuku of harakiri: met een mes jezelf in je buik steken om schande en verlies van eer te voorkomen. Tegenwoordig zijn deze regels gelukkig wel wat gematigder.

Ook de militaire eenheden van vandaag hebben hun eigen code, hun eigen geschreven en ongeschreven regels. Bij het KCT hebben ze dat ook, en de kernwaarden zijn hier een voorbeeld van. Toen de nieuwe kernwaarden werden geïntroduceerd had ik er nog niet echt een sterk gevoel bij. Dat kwam pas later.

Zeker in het begin en toen ik jonger was, was die code voor mij wat simpeler: ik werk hard, ga voor goud, ik help mijn team en ben loyaal aan mijn commandobroeders. Ik was nog helemaal niet bezig met het doorgronden van de echte kernwaarden en wat ze betekenden. Maar zoals ik al zei gebeurde dat later. Want wat is een krijger zonder regels of gedragscode? In het oude Japan werden samoerai zonder regels en gedragscode 'ronin' genoemd. Sommige waren huurlingen en verkochten hun vechtkunsten aan de hoogste bieder. Eigenlijk is een krijger die leeft zonder gedragscode, kernwaarden en regels niets anders dan een barbaar. Zeker in oorlogsgebied, waar normen en waarden simpelweg vervagen, zijn deze kernwaarden en regels belangrijk voor het navigeren met je moreel kompas.

Kernwaarden Korps Commandotroepen

Moed
De commando doet wat noodzakelijk is, ongeacht de consequenties voor hemzelf.

Beleid
Doortastend handelen, onconventioneel en verrassend. De commando is altijd bereid verantwoording af te leggen voor wat hij doet.

Trouw
Trouw aan je opdracht, trouw aan je kameraden, trouw aan het Korps, trouw aan jezelf.

Eer
Het is onze eer te na op te geven en niet het beste uit onszelf te halen.

Trots
Trots op ons Korps, onze geschiedenis, tradities en daden.

Discipline en vrijheid

Jocko Willink, de Navy Seal die ik al eerder noemde, heeft er een boek over geschreven: *Discipline Equals Freedom*. Discipline staat gelijk aan vrijheid. Toen ik dat voor het eerst hoorde duurde het even voor het kwartje viel. Mijn eerste reactie was: hoezo staat discipline gelijk aan vrijheid? Ik associeer discipline met strenge gedragsregels en hoe kunnen regels überhaupt leiden tot vrijheid? Inderdaad, het concept vrijheid is een boek waard en er zijn vele filosofen die zich hiermee bezighouden. Jonge en oude filosofen. Ik ben geen filosoof, maar ik denk wel dat ik begrijp wat Jocko Willink bedoelt. Ik neem in ieder geval de vrijheid om mijn visie over discipline en vrijheid met jullie te delen.

Hoe je vrijheid interpreteert heeft alles te maken met je perceptie van vrijheid. Vrijheid kan worden gezien als: je aan zo min mogelijk regels en afspraken houden om te doen waar je op dat moment zin in hebt. Op reis gaan, daten, naar bed gaan en opstaan wanneer je wilt. De vrijheid van het niet-gebonden zijn aan andermans regels en afspraken. Misschien een beetje egocentrisch, ook al klinkt het heerlijk. Het is alleen voor de meeste mensen geen realistisch bestaan. We hebben verantwoordelijkheden naar kinderen, familie, vrienden, werk en levensdoelen. Wil je een weg vinden in deze wereld van afspraken en regels, dan is het belangrijk wat je perceptie van vrijheid is.

Ik zie vrijheid in discipline en ik vind dat discipline gelijkstaat aan vrijheid, omdat het mij in staat stelt te doen wat ik diep vanbinnen wil en voel. Ik bepaal het moment, de plek en het tijdstip. Vaak is dit een moment ergens op de dag waar ik even in stilte ga zitten, buiten of binnen. Waar ik even het moment neem om mij bewust te zijn van het feit dat ik leef en dat ik adem. Als ik buiten ben kijk ik naar de natuur om mij heen en concentreer ik mij op mijn ademhaling en het leven boven mij, onder mij en om mij heen. In een wereld van sociale verplichtingen, regels en afspraken is dit een manier voor mij om even bewust stil te staan. Door elke dag bewust even stil te zitten en gebruik te maken van mijn zelfbeheersing, wilskracht en zelfdiscipline, voel ik bewust de vorm van vrijheid die ik associeer met innerlijke vrijheid. En innerlijke vrijheid is iets wat niemand je kan afpakken. Al is het maar voor een paar minuten per dag. Zo worden die paar minuten heel veel waard.

Routine

Elke militaire basisopleiding houdt vast aan een stramien van orde en regelmaat. Elke ochtend begin je vroeg, eerst met zorg voor je eigen lichaam. Ook als je buiten in het bos ligt en het regent of koud is. De routine die past bij een veilige omgeving is anders dan die in een onveilige omgeving. In een veilige omgeving kom je je slaapzak uit en begin je met tanden poetsen. Je wast je lichaam met een klein beetje water en een handdoek. Je scheert je als het nodig is en als je klaar bent met je hygiënische routine begin je aan je uitrusting. Het belangrijkste eerst: je wapen. Als je wapen schoon is, begin je aan de overige uitrusting. Je zakmes, je stalen mok, je eetgerei en al het andere wat je dagelijks gebruikt. Tijdens de basisopleiding word je geïnspecteerd door instructeurs die controleren of je daadwerkelijk alles hebt onderhouden. Maar op missie controleert niemand of je je aan deze routine houdt, daar wordt het van je verwacht. De zorg voor je lichaam en uitrusting houdt je, zoals ze bij defensie zeggen, inzetbaar. Zeker als je maanden van huis bent en de omstandigheden spartaans zijn, heb je de plicht om inzetbaar te blijven naar de missie, naar het team en naar jezelf.

In een onveilige omgeving is de routine anders. Als je wakker wordt is het belangrijkste: de veiligheid. Je slaapt met kleding aan en hebt al je belangrijke uitrusting naast je liggen voor het geval je er razendsnel uit moet. Wanneer je wakker wordt gemaakt door een buddy, begin je niet met zorg voor je eigen lichaam, maar hang je zo snel mogelijk je kogelwerend vest om, zet je een helm op en houd je je wapen in de aanslag. De eerste vijf minuten van de dag worden besteed aan het scannen van de omgeving. Als alles veilig is wordt er om de beurt onderhoud gepleegd terwijl je buddy de omgeving in de gaten houdt.

Deze routines zijn er niet voor niets. Een missie moet blijven draaien en de enige manier waarop dat gaat, is als het personeel goed voor zichzelf, zijn buddy en het materiaal zorgt. Elke dag. Zeker tijdens een basisopleiding vinden sommige jonge militairen het soms moeilijk te accepteren en te begrijpen. Weer mijn wapen schoonmaken? Weer de kleding in mijn kast nestjes opvouwen? Weer mijn bed opmaken? Het nut van de routine wordt niet altijd gecommuniceerd en dat komt doordat het onderdeel is geworden van het systeem. Het wordt van generatie op generatie doorgegeven en in dat proces gaat de boodschap verloren. Bovendien is het leger een hiërarchisch systeem, dus als de luitenant zegt dat je moet poetsen, dan doe je dat, ook al ben je het er niet mee eens.

Bijna twee jaar na het KCT te hebben verlaten, tijdens de covidlockdown, werd ik op een ochtend wakker en ging rechtstreeks, in mijn joggingbroek, achter mijn laptop zitten. Ik moest thuiswerken. Voor ik het wist werd ik in mijn telefoon en laptop gezogen. E-mails, appjes, bellen en zonder dat ik het doorhad was de hele dag gepasseerd. Ik had de hele dag in mijn joggingbroek gezeten en voelde mij aan het eind van de dag beroerd. Beroerd van achter een scherm zitten en überhaupt van weinig bewegen. Wij als mensheid zijn daar niet voor gemaakt, ook al denken sommige mensen van wel. Ik realiseerde mij dat ik was vergeten hoe waardevol een routine is. Daarom besloot ik weer een routine in mijn leven op te nemen. Om te beginnen een ochtendroutine, die er voor mij zo uit kan zien:

Ochtendroutine

1. Opstaan
2. Stretchen (mobility/yoga flow)
3. Push-ups
4. Coreoefeningen
5. Koude douche of ijsbad
6. Tanden poetsen
7. Aankleden
8. Ontbijten (mag ook later, voor de intermittent-fasters)

Ik zet bewust geen getallen bij stap 2, 3 en 4, omdat die bij mij variëren. Mijn tip is: begin met een laag getal en bouw het rustig op. Het gaat uiteindelijk niet om hoeveel of hoelang, maar dat je het überhaupt doet. Ik sta bijna elke dag op met deze routine. In het weekend geef ik mijzelf de ruimte om daar wat flexibeler in te zijn. Je kunt het oprekken op de dagen dat je meer tijd hebt en je kunt het inkorten op de dagen dat je wat minder tijd hebt. Je bepaalt zelf hoe je de routine inricht. Je kunt creatief omgaan met de routine, bijvoorbeeld door meditatie of lezen toe te voegen.

Ik schrijf dit boek terwijl ik net vader ben geworden. Het boekcontract tekende ik twee weken voor de geboorte van mijn zoontje. Toen hij geboren werd hield ik mij ook aan de routine. Alleen minder streng. In de ochtend geen tijd? Dan in de middag op een moment dat mijn vriendin en zoontje lagen te slapen. Het is mogelijk zolang je goed blijft communiceren. Het is een kwestie van beginnen en doen. Wat doet een ochtendroutine voor mij? Een aantal dingen:

1. Het zorgt ervoor dat ik de dag fit begin
2. Het zorgt ervoor dat ik met een positieve mindset de dag begin

3 Het zorgt ervoor dat ik de dag begin met een gevoel van controle
4 Het zorgt ervoor dat ik met structuur en zonder stress de dag begin

Denk ik soms wel eens: ah, nu even niet? Zeker. Meestal gaat het dan om het ijsbad of de koude douche. Daar kan ik al over nadenken tijdens mijn push-ups. Maar het dan toch doen geeft achteraf een gevoel van overwinning. Bovendien geeft de korte blootstelling aan kou een bepaald soort 'rush' en activeert kou de stressrespons. Een gezonde stressrespons, daarover meer in het hoofdstuk 'Stress'. Dat vind ik lekker, eerlijk is eerlijk. Het voelt alsof ik de nacht er in één keer af spoel. Als je voor een koude douche kiest kun je er ook voor kiezen om het langzaam op te bouwen in plaats van als een 'koude kalkoen' meteen onder een ijskoude douche te stappen. Je begint warm en draait de knop langzaam naar koud, terwijl je focust op je ademhaling.

De dag beginnen met routine heeft voor mij alleen maar voordelen. Ik begrijp dat het moeilijk kan zijn. De kinderen, werk, de huisdieren, maar je hebt altijd zelf de keuze om eerder op te staan en het moment voor jezelf te nemen. Zo kun je ook de dag eindigen met een routine. Voor mijn zoontje geboren werd was ik begonnen aan een avondroutine. Ik merkte dat ik het moeilijk vond om de dag af te sluiten. Ik vond het moeilijk afstand te doen van werk, mijn telefoon, een boek, een serie. Zo bleef ik in de 'waan' van de dag.

Mijn telefoon zet ik op vliegtuigstand. Eerst ga ik mijn tanden poetsen en douchen. Daarna doe ik ademhalingsoefeningen. De ademhalingsoefeningen die ik doe zijn gebaseerd op 'slow breathing' of 'Buteyko breathing'. Deze oefeningen worden ook gebruikt door free-divers. De mannen en vrouwen die minutenlang onder water hun adem inhouden. Ook dat kun je trainen.

Ik merkte dat deze manier van ademhalen een bepaald soort rust genereerde in mijn lichaam en geest. Als je het een aantal minuten doet, word je je bewust van je ademhaling en hartslag, en voel je dat je hartslag omlaag gaat. Deze volgorde werkt het best voor mij. Zo ga ik zonder afleidingen een rustige nachtrust tegemoet.

Nu is het leven anders. De nachten zijn gebroken en een moment vinden voor routine in de avond is moeilijk. Ook omdat mijn vriendin haar eigen routine heeft. Dus moeten we samenwerken om de avond zo rustig mogelijk te laten verlopen. Met een pasgeboren baby heb je daar geen controle over. Ik moet overdag werken, boodschappen doen, soms koken en voor mijn zoontje zorgen. Daarnaast schrijf ik aan dit boek wanneer het kan. Dat is wanneer mijn zoontje op bed ligt. Ik ben tijdelijk veranderd in een 'nightwriter' en dat is prima. Ik omarm het. Maar het betekent wel dat ik mijn avondroutine moet aanpassen. Dus maak ik mijn routine kleiner. Wanneer ik klaar ben met schrijven ga ik onder de douche staan. Een warme douche. Onder de douche doe ik wat ademhalingsoefeningen en zo sluit ik de dag af. Hoe je het ook wendt of keert, er is altijd een weg. Lukt de lange versie van je routine niet door allerlei externe factoren, dan maak je de routine kleiner. Een routine is er om je te helpen, niet om je te breken.

Hoe train ik discipline?

Op nummer één staat routine. Het maken van een routine en daadwerkelijk opschrijven helpt mij in alle facetten van zelfbeheersing, wilskracht en zelfdiscipline. Ik moet de verleiding weerstaan om langer in bed te blijven liggen. Ik moet de verleiding weerstaan om mijn coreoefeningen over te slaan (ik ben geen fan van coreoefeningen, maar naarmate de tijd vordert leer ik ervan genieten). Ik moet de verleiding weerstaan om lekker warm te douchen in plaats van mijzelf onder te dompelen in koud water. Ik moet beginnen aan mijn ochtendroutine, terwijl ik er soms geen zin in heb. In het weerstaan van deze verleidingen train ik mijn vermogen om de beloning te ervaren in het weerstaan, en niet per se in het uitvoeren van de oefening.

Op nummer twee staat sport. Daar maak ik bewust tijd voor. Het inruimen van deze tijd en de discipline om mijzelf daaraan te houden, zorgt ervoor dat ik de vrijheid neem om te doen wat ik wil, op het moment dat ik het wil. Ik weet dat een gezond en fit lichaam belangrijk is voor mijn mentale welzijn. Daarnaast biedt vooral hardlopen of joggen een moment van rust in mijn gedachten. Ik ren om mijn hoofd leeg te maken en zo maak ik ruimte voor nieuwe creatieve gedachten. Er zijn dagen dat ik moe ben en geen zin heb om te sporten. Toch doe ik het meestal wel. Maar op een lagere intensiteit en minder lang. Uiteindelijk hebben de chemische processen in mijn brein tijdens het sporten een behoorlijk positieve impact op mijn mentale welzijn. Mijn fysieke fitheid zorgt ervoor dat ik klaar ben voor morgen, klaar ben voor wat de wereld te bieden heeft.

Op nummer drie staat luisteren naar mijn lichaam. Makkelijker gezegd dan gedaan. De balans vinden en opzoeken. Soms ga ik eroverheen. Soms blijf ik ervoor. Dat is het leven. Dat doe ik door dagelijks een moment te nemen voor mindfulness of meditatie. Door elke dag een moment te nemen en mezelf bewust af te vragen hoe mijn lichaam voelt en wat de status is van mijn mind, leer ik langzaam een inschatting te maken van mijn energiebalans. Het is wellicht een subjectieve inschatting, maar ik heb geleerd deze subjectieve inschatting serieus te nemen. Als het betekent dat ik een dag vroeger naar bed moet, dan doe ik dat. Als het betekent dat ik vroeg moet opstaan, dan doe ik dat. De keuze is aan mij. Nu of nooit.

Routine en balans

Slapen, sporten, eten en drinken. Het gaat om het vinden van balans. Niet te veel en niet te weinig. Ook als je daar geen keuze in hebt. Als je honger hebt en moet leven van kleine hoeveelheden eten is het zaak dat je de honger leert beheersen. Tijdens de survivalweek van de ECO kreeg ik bar weinig te eten. Drie aardappelen, een halve winterpeen en een halve prei: nooit genoeg aan calorieën. Ik verbrandde door de kou en nachtelijke roeiacties meer calorieën dan ik binnenkreeg. Ik maakte de keuze om mijn schaarse voedsel te rantsoeneren, dat deed ik op basis van de inschatting die ik maakte over de duur van de survivalweek. Ik wist dat het een week zou duren (tijdens de commando-opleiding moet je nooit aannemen dat iets 'maar een week duurt').

Een maatje van mij vertelde jaren later een grappig verhaal over hoe hij had gerantsoeneerd. Dat had hij namelijk niet gedaan. De eerste dag had hij alles in z'n kleine stalen emmertje geflikkerd en gekookt. Hij at alles op. Toen ze die nacht terugkwamen van het roeien kreeg hij honger en dacht: kut, wat ga ik nu eten? Zijn redding klonk in de verte: de 'kommer-en-kwelbel'. Iemand was het zat en had opgegeven, dat was zijn redding. Hij rende zijn onderkomen uit, op zoek naar het onderkomen van de ongelukkige ziel die zijn droom, letterlijk en figuurlijk, had laten varen. Daar vond hij een stalen emmertje vol met voedsel en dit nam hij mee. Dat deed hij elke keer als hij de bel hoorde. Uiteindelijk had hij helemaal geen honger, want tijdens deze survivalweek vielen er veel mensen uit. Zo heeft hij de hele survivalweek overleefd. De een zijn dood, de ander zijn brood.

In deze survivalweek en in elke survivalsituatie moet je rantsoeneren. Continu afwegen en balanceren hoeveel energie je verbruikt en hoeveel je nodig hebt om te overleven. In het leven is het vaak niet anders, de situatie is wellicht minder extreem maar het gaat om de juiste verdeling in energie.

Om gezond door het leven te gaan heb je balans nodig. Voor mij ligt het antwoord in discipline. Je hebt zelfbeheersing en wilskracht nodig om verleidingen te weerstaan en zelfdiscipline om je aan het regime van gedragsregels te houden. Betekent dit dat ik nooit een uitschieter heb? Zeker niet. Ik ben een mens. Ik denk ook dat het belangrijk is om discipline soms even los te laten. De boog kan niet altijd gespannen zijn. Dat is iets wat ik leerde tijdens missies. Het is superbelangrijk om zo nu en dan een moment te creëren van rust. Zeker als je maandenlang van huis bent en je in een stressvolle omgeving verkeert. Tijdens missie noemen ze dat een 'low-ops'-dag. Even geen missie. Even geen patrouille. Je mag kiezen of je gaat uitslapen, sporten of gewoon lekker films gaat kijken en chips eet op je bed. De keuze is aan jou. Dat is ook zo in het dagelijks leven. We ervaren allemaal stress van werk en alle andere prikkels. We hebben de keuze om onze boog te ontspannen, op een gezonde manier of op een ongezonde manier.

> De boog is het leven: uit hem komt alle energie. De pijl zal op een dag vertrekken. Het doelwit is ver weg. Maar de boog zal altijd bij jou blijven, en je moet weten hoe je hem verzorgt. Hij heeft periodes van rust nodig – een boog die steeds paraat is, steeds gespannen staat, verliest aan potentie. Laat hem daarom zich herstellen, zijn stevigheid herwinnen: als je de pees dan aantrekt, zal de boog tevreden zijn, zijn kracht intact.
>
> Paolo Coelho, *De weg van de boog*

Lessons learned

- Discipline is een regime van strenge gedragsregels.
- Zelfbeheersing is het vermogen verleidingen te weerstaan.

- Wilskracht betekent: niet kiezen voor de weg met de minste weerstand.
- Zelfdiscipline is de eigenschap die je in staat stelt te doen wat je moet doen, ook als je er geen zin in hebt.
- Maak in de ochtend je bed op. Punt.
- Discipline staat gelijk aan vrijheid omdat het je in staat stelt te doen wat je diep vanbinnen wilt. Jij bepaalt het moment, de plek en het tijdstip.
- Routine traint discipline.
- Een routine is er om je te helpen, niet om je te breken.

Tips & tools

- Schrijf in een journal of een ander boekje van waarde waarom discipline voor jou belangrijk is. Het helpt om je eigen regime van strenge gedragsregels op te schrijven. Dan veranker je ze in je systeem.
- Werk met 'cues' of visuele signalen. Bijvoorbeeld door op je spiegel in de badkamer een post-it te plakken waarop staat: 'discipline' of 'cold shower'. Een routine beginnen gaat vaak gepaard met gedragsveranderingen. Een visueel signaal helpt mij het gewenste gedrag te herinneren en motiveert om het te doen.
- Probeer je bewust te zijn van welke dingen je beloningssysteem activeren. Schrijf ze desnoods weer op. Stap voor stap word je je dan bewust van je eigen conditioneringen. Wanneer je deze inzichtelijk hebt kun je bepalen of ze je in balans houden of eruit slingeren.
- Wanneer je voelt dat een routine je te veel energie kost, en dan bedoel ik niet het 'ik heb geen zin'-moment maar dat je daadwerkelijk voelt dat je fysiek en mentaal te moe bent, pas dan je routine aan. Maak het kleiner en ga bijvoor-

beeld alleen voor een beetje rekken en strekken. Begin met warm douchen en draai de knop langzaam naar koud in plaats van gelijk onder een koude douche te stappen.
- Als je een koude douche of ijsbad wilt proberen, check dan altijd eerst even bij je huisarts of je er fysiek toe in staat bent. Je hartslag zal omhooggaan en adrenaline gaat je lichaam rond. Focus op je ademhaling en probeer rustig door te ademen.

Persoonlijke missie

Maak voor jezelf een ochtendroutine. Als er een vorm van sportieve oefening in zit, begin dan met een laag aantal herhalingen of een korte sessie en bouw het langzaam op. Dat geldt ook voor een koude douche of een koud dompelbad. Mijn advies is beginnen met dertig seconden. Als je een vroege vogel bent, probeer dan lezen of meditatie een keer in je ochtendroutine. Wil je ook ontspannen de nacht in gaan? Probeer dan ook een avondroutine uit.

6

Broederschap

Het is vroeg in de ochtend en ik stap in de auto om naar werk te gaan. Inmiddels ben ik een jaar weg bij het KCT en mijn beste maatje Hondo is op missie in Afghanistan. We hebben geregeld contact met elkaar en heel soms bellen we om te praten, maar de verbinding is niet supergoed, dus houden we het kort. Daarnaast kost internet hem in eigen woorden 'klauwen vol met geld'. Appen is de meest efficiënte en goedkoopste manier van communiceren. Hij heeft aan het begin van de week een berichtje gestuurd: 'He bro, ik ben de komende week minder goed bereikbaar. Spannende tijden.' Ik weet dat zijn bericht betekent dat er een missie gepland staat en ik weet ook dat als hij zegt dat er 'spannende tijden' aankomen, de missie mogelijk eindigt in een vuurgevecht.

Het was zijn manier van een bericht sturen voor hij op pad ging, zonder in detail te treden over de aard van de missie. Het is onderdeel van onze kernwaarden en code om niet te praten over missies die gepland staan. Ten eerste omdat het de operationele veiligheid kan schaden en ten tweede omdat het vooral thuis onnodige spanning veroorzaakt. In het geval van je commandobroeder is dat een ander verhaal. Ik wist als geen ander wat dit cryptische bericht betekende. Het was een heads-up, een laatste bericht voor hij het gevaar tegemoet zou gaan. Hij wist ook dat ik het graag zou willen weten. Maar wat ik hem niet terugstuurde: dat het pijn deed dat ik er niet bij zou zijn. Dat ik er niet zou zijn om hem te dekken.

Toen hij het bericht stuurde werd ik overvallen door een gevoel van verdriet en plicht. Een vreemde combinatie. Het was ook de eerste keer dat hij op missie ging terwijl ik geen onderdeel meer uitmaakte van de eenheid. Het voelde alsof ik hem en mijn andere commandobroeders in de steek liet. Alsof ik erbij had moeten zijn om hen te helpen, en er te staan als het fout ging. Ik wist dat er best wat jonge, onervaren jongens net de compagnie in waren gestroomd en Hondo een van de weinige ervaren gasten was. Hij droeg die verantwoordelijkheid en ik had er moeten zijn om daar een deel van te dragen. Het ingebakken gevoel van plicht.

Later die week kreeg ik een bericht van hem: 'Alles oké. Iedereen veilig. Het was een lange nacht.' Dat was heel erg goed om te horen. De spanning zakte af nu ik wist dat hij en mijn andere maatjes veilig terug waren. Later zou ik horen dat ze in een uren durend vuurgevecht terecht waren gekomen. Hondo had de leiding over een klein team Nederlandse commando's en een Afghaanse Special Forces-eenheid. Er waren slachtoffers gevallen, aan beide kanten. Maar gelukkig waren Hondo en mijn maatjes ongedeerd gebleven.

Het is een vreemde wens, jezelf willen testen onder vuur. Uit welk hout moet je gesneden zijn om voor elkaar door het vuur te gaan?

Liefde en lijden

Liefde? Wat is dat voor onderwerp om over te schrijven in een boek dat over mentale kracht gaat en het leven van een commando speciale operaties? Er zullen wellicht wat meningen heersen dat dit de zoetsappige kant op gaat, maar gelukkig ben ik niet de enige die over het onderwerp liefde schrijft in het kader van broederschap, kameraadschap, pijn en lijden. Terwijl ik dit boek schrijf doe ik onderzoek naar de verschillende onderwerpen waarover ik schrijf, en toevallig kreeg ik een leestip van een oud-collega. Een oud-collega die ik al eerder noemde in dit boek. Hij was mijn instructeur tijdens de assault-opleiding en leerde mij, door zijn manier van coachen en het overbrengen van zijn kennis en kunde, zo scherp te schieten als een scheermes.

We zien elkaar nu regelmatig op het werk en hij vertelde mij dat het beste boek dat hij ooit gelezen heeft *De zin van het bestaan* is van Viktor Frankl. Frankl is een joodse psychotherapeut die tijdens de Tweede Wereldoorlog zijn ervaringen in concentratiekampen beschrijft, waaronder Auschwitz. In het eerste deel van zijn boek gaat hij in op zijn ervaringen in het concentratiekamp. In het tweede deel introduceert hij: logotherapie, een vorm van psychotherapie die is gebaseerd op het streven van de mens om betekenis aan het leven te geven. Frankl is ondanks zijn ervaringen met de duistere en verschrikkelijke kant van de mens toch in staat optimistisch te zijn over het vermogen van de mens om waarde te zien in pijn en lijden.

Frankl schrijft over de zelfoverstijging van het menselijk bestaan door het dienen van een doel of een ander mens. Hoe meer iemand zichzelf vergeet door een doel of een persoon te dienen waar hij van houdt, hoe meer menselijk hij is en hoe meer hij zichzelf kan actualiseren. Liefde speelt daar een grote rol in. Niet de liefde van seksuele aard, maar de liefde voor een ander mens vanuit compassie en empathie. Een broederlijke liefde. Deze vorm van liefde is volgens mij de reden dat mannen en vrouwen tijdens oorlogssituaties voor elkaar door het vuur gaan en bereid zijn voor elkaar te sterven. Alleen als je een hoger doel dient, en liefde voor de ander voelt, ben je bereid dit hoogste offer te brengen. Plicht speelt daar een grote rol in. 'Hij zou het ook voor mij doen' is de gedeelde consensus. Door hierin te geloven zijn mensen in staat zichzelf te overstijgen. Het is tijdens dit soort acties dat mannen sterven of medailles krijgen opgespeld. In de naam der liefde.

Frankl schrijft over de zin van het leven ontdekken: 'Wanneer een mens wordt geconfronteerd met een onvermijdelijke situatie, wanneer hij het onafwendbare lot onder ogen moet zien, bijvoorbeeld bij een ongeneeslijke ziekte zoals een inoperabele kanker, juist dan wordt hem een laatste kans geboden om op de hoogste waarde te verwezenlijken, de diepste zin te vervullen. Want het belangrijkste is onze houding ten opzichte van het lijden, de wijze waarop wij ons lijden dragen.' De oud-collega, mijn commandobroeder die mij het boek van Frankl aanraadde en mij in het verleden meesterlijk goed leerde schieten, zit nu zelf in zo'n onvermijdelijke situatie. Door te veel in de buurt van explosies te zijn geweest, heeft hij *Traumatic Brain Injury* (TBI) opgelopen. Daardoor is hij niet meer in staat het werk te doen dat hij met zo veel passie en liefde deed. Maar hij kiest ervoor om met waarde zijn lijden te dragen.

Voor mij komen veel van Frankls lessen terug tijdens de commando-opleiding. De piramide van Maslow wordt tijdens de ECO kundig beïnvloed. Fysiologische behoeften zoals slaap, eten, ontspanning en beweging worden je ontnomen. Zekerheid in de vorm van veiligheid, orde, bescherming en stabiliteit wordt je ontnomen. De alledaagse sociale acceptatie van familie en genegenheid valt weg. Je krijgt niet te horen of je het goed doet, de waardering voor je prestaties wordt niet geuit. In de top van de piramide staat zelfactualisatie, en om hier invulling aan te geven moeten de onderste lagen voorzien zijn. Dat zijn ze tijdens de ECO niet.

Nu ik erop terugkijk zie ik de commando-opleiding als een instrument om tot zelfactualisatie te komen. Als je het op die manier ziet, dan is de kans groot dat je zo'n situatie daadwerkelijk op een heel andere manier ervaart. Zo ervaarde ik het toen niet bewust. Maar wat ik wel ervaarde, was het feit dat het wegnemen van de verschillende lagen uit de piramide ons dichter bij elkaar bracht.

Geel, zwart, wit, rood, paars. Het maakt niet uit wat je achtergrond of huidskleur is. Wanneer je samen lijdt en door het slijk gaat, verbind je met elkaar. Tuurlijk zijn er soms broeders die het bloed onder je nagels vandaan halen, maar je houdt wel van ze, en zij houden stiekem van jou, al zullen ze het niet altijd toegeven. Je gaat wel voor elkaar door het vuur. Dat verbond wordt tijdens de commando-opleiding gesmeed en uit zich later tijdens missies. Bij het KCT zitten jongens met verschillende huidskleuren, van verschillende achtergronden en culturen. Maar die diversiteit maakt de eenheid en wat ze met elkaar meemaken verbroedert. Pijn en lijden verbroederen. Dat betekent niet dat de samenleving hier een voorbeeld aan moet nemen en verplicht moet lijden. Maar er zijn lessen te halen uit de wijze waarop het zich manifesteert.

Verbinding

Om een beeld te schetsen van de manifestatie van die broederlijke verbinding, ga ik in een aantal korte verhalen mijn eigen ervaringen toelichten. Dit is volgens mij de enige manier waarop ik kan beschrijven hoe deze hechte verbinding tot stand komt.

Afmatting, ECO, 2009

We zijn halverwege de afmatting en hebben tientallen kilometers gelopen. Mijn voet doet ontzettend veel pijn door de breuk in mijn middenvoetsbeen. Het is vroeg in de ochtend en we staan te wachten onder aan een zandduin ergens langs de Zeeuwse kust. Het waait, regent en het is koud. We wachten op wat komen gaat, maar hebben geen idee. Sommige jongens roken snel nog een sjekkie die ze met bibberende handen hebben gevouwen. Andere jongens maken van het moment gebruik om even hun ogen dicht te doen en vallen staand of zittend in slaap. Onze korte rust wordt wreed verstoord. De grootste en meest angstaanjagende instructeur komt aanlopen en roept in Drents accent dat we moeten opstellen.

We staan netjes in rijen van drie als hij voor ons komt staan. Hij is 2 meter lang en heeft de neiging om te stotteren wanneer hij kwaad is. Dan weet je dat het menens is. 'De opdracht is simpel. Jullie gaan achter mij aan verplaatsen en ik wil niet dat er gaten vallen aan de achterzijde van jullie colonne.' Hij stottert nu niet, dus hij is nog niet kwaad. 'Laten we dat zo houden,' zeg ik stilletjes tegen mezelf. Als we achter hem aan moeten lopen over het strand, dan wordt het pijnlijk. Inmiddels zijn we allemaal bekaf, en voor hen die slecht ter been zijn door blessures, onder wie ik, wordt het niet lopen maar rennen. Eén stap voor hem zijn er vier voor mij. De instructeur draait zich om richting het strand en roept: 'Volgen!'

Het tempo is hoog en ik moet blijven rennen, anders houd ik het tempo niet vol, en dat geldt voor nog een aantal jongens. Ik voel mijn gebroken voet branden in m'n laars. We rennen achter de instructeur aan richting het zeewater. Kut, denk ik. Dat worden natte voeten en zware kisten. Niet echt wat ik nu nodig heb. De instructeur marcheert steevast op de schuimende golven af. Hij draait zich om en ziet onze twijfel om hem te volgen. Dat is genoeg om hem kwaad te krijgen: 'K-k-k-k-om op g-g-g-g-godverdomme! Als ik zeg dat j-j-j-jullie mij moeten v-v-v-volgen dan doe je dat! G-g-g-godverdomme!' We rennen achter hem aan het koude zeewater in. Hij draait naar links en zet grote stappen in de richting van een aantal houten palen. Het zeewater komt tot zijn knieën, bij mij komt het tot m'n heupen. Hij zet grote passen richting de palen die op zo'n 100 meter van ons vandaan staan. Ik heb dit soort palen nog nooit gezien. Ze staan van halverwege het strand tot een aantal meter in zee. Het zijn golfbrekers, en vandaag zullen ze niet alleen de golven breken.

Inmiddels begint er een gat te ontstaan tussen de voorste en achterste mannen. De hoogste in rang, een luitenant vers van de Koninklijke Militaire Academie (KMA), neemt de leiding en roept: 'De sterkere onder ons gaan naar achter, zorg ervoor dat we die jongens achterin naar voren halen!' De instructeur blijft in hetzelfde tempo richting de golfbrekers marcheren. Hij heeft geen dikke jas of uitrusting aan en glipt zo tussen de palen door. Dat is voor ons niet het geval. We dragen een wapen, gevechtsvest, tokkel (een touw dat traditioneel gedragen wordt tijdens de ECO) en onze daypacks op de rug. Dat maakt dat we moeilijk door de paaltjes glippen. Sterker nog, sommige van ons moeten erdoorheen worden geduwd. De golfbrekers zitten onder de scherpe schelpjes en sommige mannen halen hun handen en armen open.

Om de zoveel honderd meter komen we de golfbrekers tegen. Elke keer zorgt het voor een gat in de colonne. Dat maakt de instructeur boos. Net als we allemaal door de golfbrekers heen zijn en aangesloten achter hem aan rennen draait hij om, om nog een keer door de golfbrekers heen te gaan. Het breekt ons op. We hebben al 7,5 week ECO achter ons en we zijn moe. De slaapdeprivatie, fysieke en mentale inspanning slaan hun slag. Om het af te maken draait de instructeur richting het strand en de duinen. Hij loopt richting de hoogste zandduin die ik kan zien en begint aan de klim. Wij rennen en klimmen achter hem aan. Het is een gevecht om hem bij te houden. Wanneer hij boven komt, draait hij zich naar ons om, de kudde vermoeide cursisten, en roept: 'K-k-k-kom op g-g-g-g-godverdomme. Naar boven en e-e-e-e-erover heen.'

Dat doen we niet één keer maar een aantal keer en elke keer hoop ik dat we richting de golfbrekers gaan, omdat elke golfbreker er één dichter bij het eind is. Na de zandduin te hebben overleefd gaan we weer achter de instructeur aan richting het zeewater en de golfbrekers. Hij loopt het zeewater in en passeert door de golfbrekers. De zandduin heeft zijn werk gedaan. Een aantal jongens zijn aan het einde van hun Latijn en worden mee getrokken aan hun tokkel. Op het moment dat we de golfbrekers door zijn, valt er een jongen voor mij recht voorover in het zand en blijft met zijn gezicht naar beneden liggen. Omdat hij voor mij valt duik ik er meteen op af. Ik kniel naast hem neer en draai hem zo snel mogelijk om. Het is een jongen waar ik het de hele ECO al goed mee kan vinden. Zijn ogen staan stijf verstard naar boven. 'Hé, maat! Kom op, man! Bijblijven!' Ik schrik van zijn verstarde blik en het feit dat hij niet reageert. Terwijl ik hem een paar petsen in z'n gezicht geef roepen de andere jongens de instructeur. Als de instructeur bij ons is werpt hij een snelle blik op hem en zegt: 'Oké, raap die vent op en zorg dat hij mee komt.' Een andere jongen en ik tillen hem op en dragen hem een stuk over het strand tot hij weer bijkomt en zelf kan lopen.

Alle golfbrekers, het zeewater en de zandduin hebben mij ook veel energie gekost. Het laatste stuk achter de instructeur aan begin ik achter te raken en een van de jongens komt naast mij lopen en pakt mijn hand vast. 'Kom, Carter, nog een klein stukje.' Hij heeft mij de laatste kilometer aan de hand mee getrokken over het strand. Nu lachen we erom, en we zullen het nooit vergeten. Soms heb je de ander even nodig. De persoon die je aan de hand meeneemt wanneer het zwaar wordt.

Geheime missie

Het is zondag. De dag dat we met z'n allen onze compound schoonmaken. Op z'n ouderwets gezegd corveedag, of zoals de mariniers zeggen: 'schoonschippen'. We zijn met een team van acht en hebben een grote compound te onderhouden. Naast het feit dat we de rest van de week meerdere operaties draaien, moeten we ook zorgen dat de compound netjes en heel blijft. De weersinvloeden in dit gebied hebben hun effect op levende en niet-levende objecten. Als we er niets aan zouden doen, dan roest, smelt, waait of brokkelt alles af. Iedereen krijgt een taak van de dag aangewezen. Soms ben je verantwoordelijk voor één ding en soms doe je het met z'n tweeën. Vandaag mag ik met mijn maatje Stijn onze 'OPS Room' schoonmaken. In de OPS Room plannen we onze operaties en houden we dagelijkse besprekingen.

Stijn en ik kunnen het goed met elkaar vinden. We delen ook een slaapkamer op de compound. Iedereen ligt op een kamer voor twee personen. We zijn inmiddels een maand of drie op missie en hebben elkaar beter leren kennen. Ik kijk tegen hem op. Hij is al meerdere keren op missie geweest en heeft veel kennis over ICT en communicatiemiddelen. Het is een slimme, fijne, grappige en leuke gozer. Het oudere-broertype. Althans, zo zie ik hem. Hij kan ook ontzettend goed boksen en op sommige dagen leert hij Hondo en mij een paar van de fijnere kneepjes van het boksen. Omdat we bij elkaar op de kamer liggen praten we over van alles met elkaar; over onze vriendinnen thuis en hoe onze relaties zijn, over onze ouders en onze jeugd. Hij groeide op in Rotterdam en ik in Amsterdam, maar we houden beiden gelukkig niet van voetbal. We zijn beiden stadse jongens en delen veel interesses.

We lopen samen met onze schoonmaakspullen naar de 'OPS Room' en beginnen aan de grote schoonmaak. Terwijl we samen de vloer aan het dweilen zijn praten we over een documentaire die hij deze week heeft gezien, over kinderen met het aspergersyndroom. Maar telkens als hij het woord asperger zegt, zegt hij 'asperge'. Na een paar keer het woord te hebben gehoord zeg ik: 'Dude, het is niet asperge, hè, het is as-per-ger.' Hij stopt met dweilen en kijkt mij aan met een blik die zegt: heb je hem weer, die wijsneus. Na een aantal maanden op elkaars lip te hebben gezeten, leer je elkaar heel goed kennen. Zo ook iemands mindere kanten, en ik heb soms nog wel eens de neiging om mijn kennis te delen over onderwerpen waar ik eigenlijk niet heel erg veel van afweet. Dit had Stijn allang door, en het begon hem na een paar maanden te irriteren. We delen ook de eigenschap om koppig te zijn.

'Helemaal niet,' zegt hij, 'in die documentaire zeggen ze in het Engels toch ook niet as-per-ger. Ze zeggen asperger.' Waarop hij de g uitspreekt als Engelse zachte g, dus als: 'asper*jher*'. 'Nou, dat is toch in het Nederlands dan asperge!' Nu stop ik ook met dweilen. 'Gast, even serieus. Ik zat op speciaal onderwijs vroeger met kinderen in de klas die asperger hadden. Ik weet echt wel hoe je het woord uitspreekt.' Inmiddels is een teamlid naar binnen gelopen en terwijl hij bezig is met iets achter zijn laptop, luistert hij naar ons gesprek. We zijn gestopt met dweilen en discussiëren door over hoe je het woord uitspreekt. 'Oké, dan gaan we het nu opzoeken,' zegt Stijn en loopt geïrriteerd naar een laptop. 'Zoek maar op. Je zal zien dat het as-per-ger is en niet het syndroom van asperge!' De jongen die net binnen is komen lopen, kijkt op van achter zijn laptop en zegt: 'Waar de fuck hebben jullie het in godsnaam over?'

Google levert geen conclusie op. Omdat Stijn ergens een bron vindt die het woord in fonetisch Engels uitspreekt als 'aspejher', lopen de irritaties hoog op. We willen beiden niet toegeven aan de ander en besluiten maar om stilletjes en kwaad door te dweilen. Ons teamlid heeft de OPS Room verlaten met de laatste woorden: 'Jullie sporen niet.'

Als we klaar zijn met schoonmaken blijven we de rest van de dag uit elkaars buurt. Om de afleiding op te zoeken gaat hij op onze kamer door met zijn online 'blind-leren-typen'-cursus en ik ga sporten. Aan het eind van de dag zitten we met z'n allen in de huiskamer van onze compound. We luisteren naar muziek, drinken een blikje fris, sommigen roken een sigaret en zo sluiten we meestal de dag af. De sfeer is relaxed tot iemand zegt: 'Hé, weet je waar Dai en Stijn vandaag ruzie over hadden? Over het woord asperger!' En hij barst in lachen uit. Waarop Stijn en ik geïrriteerd reageren en de hele discussie opnieuw ontbrandt.

Wanneer je maanden weg bent van huis, letterlijk en figuurlijk op elkaars lip zit, en samen in de flow zit van een missie, is het niet zo gek dat de bom soms barst. Er zijn momenten dat je met elkaar praat over intieme onderwerpen, je relatie, je krachten en mindere kanten, zelfs over de zin van het bestaan. Er zijn momenten dat je met elkaar lacht en grappen maakt over het leven en de situatie waarin je verkeert. En er zijn momenten dat je elkaar soms even niet kunt uitstaan. Kleine irritaties worden groter en ontvouwen zich tot een confrontatie. Maar deze momenten duren nooit lang. Het zijn gebeurtenissen die bij veel families voorkomen.

Tijdens een missie heb je de luxe niet om confrontaties te laten liggen. Ten eerste omdat het belang van het team vooropgaat en confrontaties moeten worden bijgelegd. Ten tweede omdat het de werksfeer beïnvloedt en de werksfeer speelt een cruciale rol in het succes van de missie. De onderlinge broederschap zorgt ervoor dat dit soort confrontaties ontstaan, maar ook worden uitgesproken. De onderlinge verbondenheid zorgt ervoor dat we er altijd samen sterker uitkomen.

Geheime missie

Ik zit naast Johnny op de bijrijdersstoel. De auto waarin we rijden is een oude Toyota Corrola en deze gaat goed op in het straatbeeld, omdat er hier heel veel oude Toyota's rondrijden. We hebben burgerkleding aan en Johnny draagt een oude leren jas die hij heeft gekocht bij de kringloopwinkel in Nederland. Er zitten zelfs gaten in om het plaatje af te maken. We dragen niets wat zichtbaar militair is. Mijn radio is klein en zit verstopt onder mijn kleding. Dat geldt ook voor mijn pistool. Dit is niet zichtbaar aan de buitenzijde maar als ik in nood moet reageren heb ik mijn pistool razendsnel te pakken. We zijn samen bezig met een verkenning.

Johnny heeft Molukse-Nederlandse roots en ziet er echt uit alsof hij hier thuishoort. Mijn half Engelse, half Nederlandse huid is een stuk lichter dan zijn huid. Maar mijn lange donkerblonde haar en baard helpen mee in het creëren van een niet-Europees uiterlijk. Hetzelfde geldt voor mijn keuze in lokale fashion. We manoeuvreren ons door de drukte van het verkeer tot ik iets verder in de straat een checkpoint zie, bemand door lokale politie. Normaal gesproken niet zo'n probleem. We komen er genoeg tegen en meestal wuiven ze ons gewoon door. Maar nu zie ik door de voorruit dat ze iedereen aanhouden en papieren controleren. Het verkeer achter ons stroopt op en aangezien het een eenrichtingsweg is kunnen we niet omdraaien.

Uiteraard hebben we bepaalde documenten bij ons die de doorgang van dit soort checkpoints versoepelen. En ik weet dat zowel Johnny als ik vaardig genoeg zijn in onze communicatieve vaardigheden om ons uit een heleboel situaties te redden, oftewel: ouwehoerskills. We naderen het checkpoint en de politieagent gebaart ons het raampje naar beneden te doen. Ik houd mijn documenten in de aanslag. De agent kijkt eerst naar mijn documenten en daarna naar Johnny. Hij blijft hem lang aanstaren. Hij zegt iets in de lokale taal tegen Johnny en Johnny reageert alsof hij doofstom is. De agent wuift ons naar de zijkant van het checkpoint, waar auto's worden heen gestuurd voor een grondige controle. Ik probeer het nog te redden. 'Mr. I am sorry but I have a very important meeting' en wijs naar mijn horloge en in de richting van de horizon. Tevergeefs, we moeten conformeren. Zijn wil is wet.

Het laatste wat we willen is dat onze auto wordt onderzocht. Aangezien we in de achterbak uitrusting hebben liggen die hij niet mag zien. Dat gaat vragen oproepen. We hebben beiden een eigen tas waar deze uitrusting in zit verstopt. Het is een goed afgewogen risico. In nood moeten we deze middelen bij ons hebben. Met alleen een pistool ga je niet heel erg ver komen, en als het hier losgaat, gaat het goed los. Johnny zet de auto stil en we wachten op wat komen gaat.

De agent gebaart ons uit te stappen en zegt nog eens iets in de lokale taal tegen Johnny. Johnny gebaart iets met zijn handen en dan kijkt de agent mij aan. 'You are not from here,' zegt hij in redelijk goed Engels. 'I want to see the inside of your car.' 'Okay, my friend no problem,' zeg ik en open meteen de achterste twee deuren. Ik probeer het, maar hij heeft mij door. 'Also the back' en hij wuift naar zijn collega om de achterbak te controleren. Johnny kijkt naar mij, ik knik en hij opent de achterbak. De agent veegt de rommel weg die we boven op het kleed hebben gelegd en schijnt met zijn zaklampje op het kleed. Hij is ook niet op z'n achterhoofd gevallen, dus hij tilt het kleed omhoog en ziet onze tassen liggen. Oké, daar gaan we, denk ik bij mijzelf. Het moment dat hij een van de tassen openritst zie ik zijn ogen verwijden, en zijn blik verandert van 'de zoveelste slaperige controle' naar 'Holy Mother'.

De agent roept zijn commandant erbij, dat is de agent die ons als eerste aanhield, en wijst naar onze tassen. De blik van de commandant is niet anders dan de initiële reactie van zijn collega. Hij pakt zijn telefoon erbij en wil gaan bellen. Dat is het moment dat zowel Johnny als ik op hem afstormen en beginnen met onze 'ouwehoerskills'. Het laatste wat we willen is dat hij een melding maakt en dit voorval te veel aandacht krijgt. We zijn immers op een missie van gevoelige aard en willen dit soort situaties zo snel mogelijk de-escaleren. Omdat we hem beiden tegelijk aanspreken weet hij even niet wie hij moet aankijken. Ik neem het woord over en Johnny doet een stapje terug. We zijn op elkaar ingespeeld, in andere situaties zou ik een stapje terug doen maar nu pakt het zo uit. Dat voelen we aan.

Wat volgt is een gesprek waarbij we moeten praten als Brugman om de commandant te overtuigen. Uiteraard helpen bepaalde hulplijnen mee in het proces. Dat is onderdeel van het plan als dingen anders lopen dan gepland. De commandant sluit het gesprek af met: 'The reason I stopped you is because I thought he is your driver', en wijst naar Johnny. 'But when he could not answer in my language, I thought it was strange, because he looks like he is from my country.' Daar kan ik hem geen ongelijk in geven. Meestal was dat juist de kracht van Johnny's uiterlijk, in dit geval blijkbaar niet. We komen ervan af met een sissertje en zetten onze opdracht voort. Terwijl we wegrijden bij het checkpoint zeg ik tegen Johnny: 'Ik ben net gewend aan het feit dat jij mijn "chauff" bent. Laat nu maar zitten. Ik rij de volgende keer wel.' We lachen en rijden samen richting de horizon.

Om zo met elkaar op pad te gaan heb je vertrouwen nodig. Blindelings vertrouwen in elkaar, maar ook in jezelf. Johnny en ik waren zo goed op elkaar ingespeeld, dat we tot op zekere hoogte elkaars gedachten konden lezen. Niet letterlijk uiteraard, maar we zaten in dit soort situaties op één lijn. Dat is een bijzonder gevoel, en het is precies dat gevoel dat maakt dat je in staat bent om gevaarlijk en risicovol werk te doen. Omdat we van elkaar weten uit welk hout we gesneden zijn, omdat we erop vertrouwen dat we samen onszelf uit alle situaties kunnen redden. Dat vertrouwen wordt gesmeed tijdens de commando-opleiding en verankerd tijdens missies.

Toen ik een jaar uit dienst was kreeg ik een fles whisky van Hondo. Achter op de fles staat een tekst die dit vertrouwen niet beter kan uitdrukken. De fles heeft een speciale plek in mijn huis en de ervaringen hebben een speciale plek in mijn hart:

> Brothers don't let each other wander in the dark alone. Because we don't fear the valley, for we are the shadow.

*

Broederschap en zelfopoffering

> op·of·fe·ren
> 1. Als een offer opdragen: *zich opofferen* in het algemeen belang iets doen dat tegen het eigenbelang ingaat.
> (Van Dale)

Wie offert zichzelf op? Wie kiest ervoor iets te doen wat tegen het eigenbelang ingaat? Wie kiest er voor de groep in plaats van voor zichzelf? Dat doen maar heel weinig mensen. In het leger krijg je tijdens de basisopleiding al snel te maken met de keuze voor jezelf of voor de groep. Het leger, anders dan onze samenleving, is een collectivistische cultuur. Dat betekent dat het belang van de groep voor het individu gaat, en omdat onze samenleving, grotendeels een individualistische cultuur is, zorgt dat gelijk voor botsingen. De botsing tussen keuzes die men voor zichzelf maakt en de keuzes die men voor de groep maakt. Voor de meeste mensen is het even wennen. Ze zijn gewend keuzes voor zichzelf te maken, waar ze zelf beter van worden. In het leger werkt dat anders. Al helemaal bij de Special Forces. Even je eigen ding doen zit er niet in, dat kan pas als alle werkzaamheden die het team moet verrichten, zijn gedaan. Het is een bepaald werkethos dat bij weinig eenheden te vinden is en het creëert esprit de corps. Hoe meer men bereid is zichzelf opzij te zetten voor het team, hoe meer de ander het belang voelt om op dezelfde manier bij te dragen. Zo groeit de bereidwilligheid om jezelf voor de ander op te offeren. Dat betekent niet dat je meteen je leven geeft voor een ander, maar het zit meer in de kleine dingen, zoals klusjes doen waar eigenlijk niemand zin in heeft. Dat doe je voor, en met elkaar.

Samen jarenlang ontberingen trotseren en gevaarlijke missies draaien zorgt voor een sterke verbinding. In die verbinding ontstaat liefde. In deze vorm van liefde en connectie is men bereid zichzelf op te offeren voor het algemeen belang, terwijl het tegen het eigenbelang ingaat. Dat kan zover gaan als je leven riskeren of zelfs geven voor de ander. Als je deel uitmaakt van de Special Forces-cultuur maak je deel uit van een collectivistische cultuur. Het belang van de groep gaat voor en het individu komt op de tweede plaats.

Mali, Gao, 2014

'Hé, lange, gaat het nog een beetje?' roep ik naar Joost als ik hem naar de briefingroom zie lopen. We komen net van de eettent, die in de avond iets afkoelt. Overdag is het 60 graden in de eettent, en na de lunch kom je zeiknat van het zweet naar buiten. Nu zijn we minder bezweet en gelukkig is er een nieuwe, koele eetzaal in aanbouw. We lopen richting de DUB (Daily Update Briefing) en Joost loopt mank, zo loopt hij al meer dan een halfjaar. Joost is twee meter lang, en is een beer van een vent. Als we naast elkaar staan moet ik echt omhoogkijken. Wanneer ik naast hem kom lopen, knikt hij met een frons en zegt niet al te vrolijk 'het gaat'. Een halfjaar geleden is er een zeldzame variant van botkanker bij Joost geconstateerd. Daardoor is hij nu kaal en loopt mank. 'Wassup bigman?' en ik geef hem een schouderklop. Hij trekt zijn schouders op en ik besluit hem maar gewoon even te laten. We lopen stilletjes door naar de DUB.

Joost en ik kunnen het goed met elkaar vinden. We houden beiden van vechtsport en gingen voor de uitzending, en voor hij kanker kreeg, vaker met elkaar sparren in de dojo op de kazerne. We deden wat verschillende oefeningen maar eindigden meestal met een vorm van MMA. Dus boksen, kickboksen en worstelen. Voor een buitenstaander zou het er komisch moeten hebben uitgezien, aangezien hij 2,10 is en makkelijk boven de 100 kilogram weegt. Ik ben 1,77 en weeg 80 kilogram. Ik eindigde ook meestal in een houdgreep op de grond, terwijl hij lachend een aantal keer zijn vuist op mijn gezicht liet vallen. Het is mij één keer gelukt om hem over mijn schouder te gooien en een paar seconden te 'ground and pounden'. Maar dat was van korte duur. Zijn grote verschijning en het feit dat hij weinig gezichtshaar had, gaf hem soms een grote babyachtige uitstraling. Maar om Joost op zo'n manier te beoordelen, puur op zijn uiterlijk, zou een grote fout zijn.

De hele SOLTG (Special Operations Land Task Group), een man of zestig, zit in de briefingroom en iedere spreker heeft zijn beurt gehad. Van planning tot logistiek. Het laatste woord is aan onze commandant. Hij gaat op de verhoging staan en kijkt de zaal in. 'All right, zoals de meesten van jullie weten is Joost met ons mee op uitzending. Terwijl hij in Nederland nog chemo kreeg, is het hem gelukt om de basiseisen te halen voor de sporttest. Op basis van deze test, en het feit dat Joost koste wat kost met ons mee wilde, heb ik ervoor gekozen om hem mee te nemen. Joost laat zich regelmatig controleren en de laatste resultaten zijn niet positief. We hebben het zo lang mogelijk kunnen uitstellen, maar het moment is gekomen om Joost naar huis te laten gaan. Joost wil graag nog wat tegen jullie zeggen voor hij vertrekt.'

Joost staat op en loopt naar de verhoging. Ik zie aan zijn gezicht dat hij het erg moeilijk heeft. Hij slikt een paar keer en richt zijn blik op ons. De normaal altijd vrolijke Joost straalt nu uit dat hij lijdt. Hij probeert wat te zeggen, maar moet zijn tranen bedwingen en slikt zijn woorden in. Ik krijg een brok in mijn keel en probeer mijn tranen in te houden. Hij doet nog een poging en met moeite komen de woorden uit zijn mond, tranen vloeien over zijn wangen. 'Ik wil jullie niet in de steek laten. Maar ik moet gaan. Succes de komende maanden.' Hij stapt de verhoging af en gaat weer in zijn stoel zitten. Degene die naast hem zit slaat een arm om zijn schouder en troost hem. Het is even doodstil in de normaal luidruchtige ruimte. Heel even voelen we allemaal zijn pijn. Ik voel het zeker.

Na Joost z'n thuiskomst slaat de chemo niet aan en krijgt hij te horen dat hij nog maar een paar maanden te leven heeft. Als ik terug ben in Nederland bellen we zo nu en dan. Voor de uitzending zou ik eigenlijk bij hem thuis gaan koken. Dat hadden we afgesproken, maar het was er niet van gekomen. De volgende keer dat ik hem spreek zeg ik dat ik graag mijn speciale 'spaghetti meatball marinara' voor hem wil koken. We spreken af dat ik met twee collega's bij hem langsga. Het is een gezellige avond en zonder dat we het eten en de sfeer willen bederven, proeven we dat dit mogelijk de laatste keer is dat we elkaar zien. Dat is ook zo. Kort daarna overlijdt Joost aan kanker.

Het is een mooie begrafenis. Het hele korps is aanwezig en Joost wordt gedragen door zijn maten uit de ECO. Omdat Joost bij mij in het team zat, geven wij het laatste geweersalvo en lopen voor de kist. Het hele korps staat in een erehaag naar het uitvaartcentrum opgesteld. Voor we naar binnen gaan voeren we de wapenexercitie uit en vuren we zijn laatste schoten. Joost wilde gecremeerd worden en z'n as hebben zijn ouders en zus op het tentenkamp van de commando-opleiding uitgestrooid.

Tijdens mijn carrière bij defensie heb ik de dood van dichtbij meegemaakt en zo ook een aantal militaire begrafenissen. De eerste was net voor mijn eerste uitzending naar Afghanistan. Een jonge militair van de luchtmobiele brigade was omgekomen in Afghanistan, hij was op een bermbom gaan staan. Ik was toen achttien en de realiteit van op missie gaan kwam toen hard binnen. Ik kan mij goed herinneren dat zijn voetbalelftal huilend 'You never walk alone' voor hem zong.

De eerstvolgende was een 'rampceremonie', op z'n Engels uitgesproken, van een Australische Special Forces-militair. Hij was omgekomen tijdens een vuurgevecht toen we net aankwamen op Kamp Holland in Tarin Kowt. Bij een rampceremonie wordt de overleden militair voor het laatst met eer begroet. Een lange erehaag vormt zich naar de 'ramp' van het vliegtuig en de omgekomen militair vliegt met eer weg uit het gebied richting zijn of haar laatste rustplaats.

In de tijd dat ik bij het KCT diende, maakte ik drie begrafenissen mee van commandobroeders. De dood van een commandobroeder heeft een grote impact op de eenheid en op de mens. Op de een meer dan op de ander, maar het blijft een broeder die uit hetzelfde hout gesneden is en als dat stuk er eenmaal is uitgekerfd, dan laat dat littekens achter.

Afmatting, Bielzenmars, 2009

Elke stap doet pijn. De befaamde bielzenmars. Als jongen uit de stad wist ik eerst niet eens wat bielzen waren. Ik had geen idee. Nu zal ik ze nooit meer vergeten. Bielzen zijn de dwarsliggers op het treinspoor. Houten dwarsliggers in dit geval. Ze dragen de spoorstaven waar de trein overheen rijdt en op dit moment liggen ze mij ook dwars. Tussen de bielzen liggen stenen, van groot en klein formaat. De stenen zorgen ervoor dat het spoor in een rechte lijn blijft liggen, dempen trillingen en voeren overtollig water af. Normaal gesproken hebben deze stenen dus een belangrijke functie. Op dit moment hebben ze nog een functie: pijn veroorzaken. De breuk in mijn voet is nog steeds aanwezig en de zwelling neemt toe. Het lukt mij niet om grote stappen te zetten. Mijn beenspieren zijn verkrampt en verstijfd. Anders zou ik van biels naar biels kunnen stappen en zou het een stuk vlotter gaan. Nu zet ik stappen op de losse stenen en dat vertraagt mijn tempo aanzienlijk.

Aan de start van de bielzenmars kregen we alleen maar een tijd te horen. De afstand van de bielzenmars werd niet verteld. 'Je hebt 2,5 uur de tijd. Start!' Terwijl ik aan het lopen ben kijk ik naar het spoor. Het is mistig en het miezert koude regen. Langs het spoor groeien dichte struiken en de bomen zijn rond deze tijd van het jaar nog kaal. Het spoor kronkelt de bocht om. Het einde is voorlopig nog niet in zicht. Kutzooi. In dit tempo ga ik het niet halen. Ik begin een berekening te maken van hoeveel kilometer per uur ik nu ongeveer loop en hoe ver het zou kunnen zijn. Daar gebruik ik de opgegeven tijd voor. Als de instructeurs ons 2,5 uur geven en uitgaan van een tempo van ongeveer 5 kilometer per uur, dan moet de afstand ongeveer rond de 12,5 kilometer zijn. Shit, ik loop nu misschien 3 kilometer per uur! Zo ga ik het niet halen.

Terwijl ik aan het balen ben van mezelf en het niet meer lukt om uit m'n hoofd te komen word ik ingehaald door een andere cursist. Dit meen je niet. Hij geeft mij nog wat aanmoediging en loopt door. Goed bedoeld, maar ik trek het slecht.

De tijd boeit mij niet meer. Ik moet gewoon blijven lopen en alles geven wat ik heb. Stap voor stap. Biels voor biels. Steen voor steen. Ik neem af en toe een slok water uit mijn veldfles. Zet om de zoveel bielzen even mijn mutsdas af om te luchten (de mutsdas wordt net als de tokkel traditioneel gedragen tijdens de ECO. Beide vinden hun oorsprong in de Tweede Wereldoorlog). Na tientallen minuten hoor ik achter mij weer een cursist, die na mij is gestart en mij komt inhalen. Prima, het is wat het is. Wanneer hij naast mij komt lopen zie ik wie het is. Het is de jongen die op het strand vooroverviel en die ik te hulp schoot. Hij kijkt mij aan en ziet in mijn ogen dat ik nu degene ben die het moeilijk heeft. 'Man, het is niet niks, hè,' terwijl hij mij een schouderklop geeft. Op dat moment voel ik tranen opkomen en ik kijk hem aan. 'Ik ga gewoon even janken, man,' zeg ik lachend en huilend tegelijk. Ik zie bij hem ook tranen opwellen. Stilletjes, maar met tranen over onze wangen lopen we verder op het spoor. Na ongeveer een minuut zegt hij: 'Oké, man, ik ga weer door, ben je oké?' Ik glimlach en veeg de laatste tranen weg. 'Ja, thanks, maat. Ik ben oké. Zie je straks.'

Er komt een moment tijdens de ECO dat je jezelf tegenkomt. Voor sommigen komt dit moment vroeg, voor sommigen komt dit moment later. Het kan ook zo zijn dat dit meerdere keren gebeurt. In mijn geval is dat zeker zo. Maar de bielzenmars is wel een van de meest memorabele momenten. Na de ECO, en nu nog steeds, roept de herinnering veel bij ons op. We zijn nog steeds bevriend. Wat ik ook leerde tijdens deze bielzenmars: soms moet je de emotie even laten gaan om verder te kunnen. Daar was in dit geval ook ruimte voor. We lieten beiden even de tranen lopen en dat luchtte op. En het hielp dat hij er was om even de emotie te delen.

Ik coachte twee jaar geleden een jongen voor een bokswedstrijd. Hij had mij gevraagd of ik hem wilde helpen in de mentale voorbereiding voor deze wedstrijd. Een paar weken voor de wedstrijd waren we aan het sparren en ik besloot er net even wat harder tegen in te gaan, om zijn randje op te zoeken. Dat lukte. Een goed geplaatste stoot op zijn lever deed hem naar de grond toe zakken. Hij zat op één knie en snakte naar adem. 'Kom op, opstaan. Je tegenstander wacht straks ook niet op je. Sta op en laat zien dat de stoot geen effect heeft,' zei ik streng tegen hem. Ik wist dat ik hem aan het pushen was, maar ik wist ook dat het even nodig was. Hij stond op en de bel klonk om door te wisselen van partner. We wisselden door en ik ging verder met een andere tegenstander. Halverwege de ronde hoorde ik achter mij een doffe klap en weer zag ik hem naar de grond toe zakken. Ik gebaarde naar mijn partner even te stoppen. Ik bleef naar mijn 'coachee' kijken en ik zag dat hij zijn handschoen voor zijn ogen deed. Ik liep gelijk naar hem toe en nam hem mee naar buiten. Zodat we even alleen konden zijn.

Buiten zag ik aan hem dat hij behoorlijk geëmotioneerd was. 'Wat is er, man, wat speelt er in je hoofd?' vroeg ik hem. Terwijl hij probeerde te praten kwamen de tranen tevoorschijn. Hij vertelde dat hij al wekenlang trainde en het voelde alsof het niet genoeg was. Dat één stoot genoeg was om hem neer te halen. Hoe moest dat dan tijdens de wedstrijd gaan? Ik zei tegen hem dat iedereen een keer neergaat en dat het beter nu kan gebeuren tijdens de training dan tijdens de wedstrijd. 'Nu weet je hoe het voelt. Nu herken je het gevoel en kun je er straks beter mee dealen. Ik zoek expres juist nu het randje bij je op en ik weet dat het een paar zware weken zijn geweest. Het wordt spannend. Daarom kun je beter nu de emotie eruit laten dan straks in de ring, terwijl er duizend man naar je staan te kijken en er een tegenstander voor je staat. Laat het maar gewoon even gaan.' Dat deed hij. Het laten lopen van zijn tranen luchtte op. Er was een barrière weg en hij knokte later een bijzonder mooie wedstrijd. Niet alle situaties laten het toe, maar soms moet je het gewoon even laten gaan en elkaar ondersteunen.

Ik was van jongs af aan op zoek naar broederschap. Een oudere broer die het voor mij zou opnemen tegen de jongens op het pleintje, of waar ik mee zou kunnen voetballen en stoeien. Ik heb een halfzus aan mijn moeders kant die zes jaar ouder is en we verschillen behoorlijk in persoonlijkheid, al houden we wel van elkaar. Daarnaast heb ik een halfzusje aan mijn vaders kant die tien jaar jonger is en ik geniet van het feit dat ik haar oudere broer ben. Ik heb geen broers, althans geen DNA-delende broers. Ik vond het broederschap waar ik naar verlangde bij defensie. Zeker ook bij de Luchtmobiele Brigade, waar ik van mijn zeventiende tot twintigste diende, maar het meest bij het Korps Commandotroepen. Het zijn de intense ervaringen die zorgen voor verbinding. Je maakt dingen mee, ziet dingen die een handjevol mensen op deze aarde zien of meemaken. Je komt op plekken waar maar heel weinig mensen komen en daar doe je gevaarlijk werk. Deze ervaringen en het feit dat je in sommige gevallen de verantwoordelijkheid hebt over elkaars leven maken dat je verbroedert en elkaar blindelings leert vertrouwen.

De lessen die ik haal uit het thema broederschap gaan voor mij over connectie, verbinding en familie. We zijn als mensen niet gemaakt om alleen door het leven te gaan. We hebben elkaar nodig. Zo houden we het al heel wat jaren vol op deze planeet. Door weer en wind. Van oorlog naar oorlog en van ramp naar ramp. We zijn sociale wezens die verlangen naar verbinding. Voor vele jaren was het KCT mijn familie, buiten mijn echte familie om. Maar de steun van mijn familie en vriendin was essentieel voor het uitvoeren van mijn taak. Het thuisfront, zoals ze bij defensie zeggen, is de hoeksteen van je fundament. Als het op het thuisfront niet goed gaat, dan ga je niet goed op missie. Sterker nog, de vraag is of je überhaupt op missie gaat. En als er tijdens de missie iets thuis gebeurt kun je moeilijk optimaal functioneren. Vaak word je dan ook naar huis gestuurd. Bij een eenheid als het KCT weten ze als geen ander hoe belangrijk het thuisfront is en daar wordt veel aandacht aan besteed. Vrienden, familie of zelfgekozen familie: uiteindelijk gaat het erom dat je jezelf omringt met mensen die je energie en liefde geven, die je vertrouwt en waar je op kunt rekenen wanneer het even tegenzit.

Lessons learned

- Het is niet altijd makkelijk te zien of voelen maar er zit waarde in pijn en lijden.
- Liefde, compassie en empathie creëren verbinding.
- Gedeelde pijn en leed verbroedert.
- Broederschap of connectie op een dieper vlak creëert vertrouwen.
- Soms moet je de schouders zijn die de lasten van een ander dragen.
- Connectie maken en verbinding zoeken is de essentie van broederschap.

Tips & tools

- In moeilijke tijden jezelf afzonderen en denken dat je het alleen moet doen werkt vaak averechts. Er is bijna altijd iemand die een helpende hand wil zijn. Dat werkt twee kanten op. Steek je hand omhoog als je hulp nodig hebt en wees een keer de helpende hand door niet te vragen of iemand hulp nodig heeft; bied zonder te vragen actieve hulp.
- Hoe creëer je broederschap of verbondenheid? Door met elkaar uitdagingen en discomfort te overwinnen.

Persoonlijke missie

Maak een lijst van mensen in je directe omgeving. Familie, vrienden en collega's. Zet achter elke naam of hij of zij je energie geeft of energie kost. Met andere woorden: krijg ik energie van deze persoon of loop ik leeg in zijn of haar nabijheid. Juist bij familie en heel goede vrienden kan dit een lastige opdracht zijn. Het is confronterend als je ziet dat een van je ouders of beste vrienden niet bijdraagt aan een positieve energieflow. Maar zo kun je het wel ervaren. Het betekent ook niet dat je het contact met deze persoon moet verbreken, het zegt alleen iets over hoe je in de toekomst je energie kunt verdelen. Het opbouwen en onderhouden van sociale relaties kost nou eenmaal energie. In sommige gevallen heel erg veel energie. Op deze manier maak je op een simpele manier inzichtelijk van wie je in jouw omgeving energie krijgt. Vaak zijn dat ook de schouders waar je in moeilijke tijden even op kunt leunen.

7

Leiderschap

> It is not the critic who counts; not the man who points out how the strong man stumbles, or where the doer of deeds could have done them better. The credit belongs to the man who is actually in the arena, whose face is marred by dust and sweat and blood; who strives valiantly; who errs, who comes short again and again, because there is no effort without error and shortcoming; but who does actually strive to do the deeds; who knows great enthusiasms, the great devotions; who spends himself in a worthy cause; who at the best knows in the end the triumph of high achievement, and who at the worst, if he fails, at least fails while daring greatly, so that his place shall never be with those cold and timid souls who neither know victory nor defeat.

Deze tekst las ik voor het eerst op mijn zestiende. Ik was op internet op zoek naar inspirerende woorden als voorbereiding op mijn eerste militaire opleiding: de Algemene Opleiding Luchtmobiel. Het is een speech van Theodore Roosevelt en hij is voor de meeste mensen bekend als 'The Man in The Arena'. Ik besloot om de woorden uit te printen en op te hangen op een plek in mijn kamer waar ik het altijd zou zien. Ik haalde er veel motivatie uit en besloot de woorden als een reminder te gebruiken voor de momenten dat ik het zwaar zou krijgen. Zo zou ik ernaar streven om niet de persoon te zijn die met zijn vinger wijst en aan iedereen vertelt hoe het allemaal beter kan, zonder mijn eigen handen vies te maken. Ik wilde de arena in. Ik wilde het zweet op mijn voorhoofd voelen, het stof in mijn ogen voelen branden en als ik moest bloeden, dan zou ik bloeden. Ik wilde mijn leven wijden aan een waardig doel. Ik zou durven falen, en als ik faalde, dan had ik er alles aan gedaan om niet een timide ziel te worden die het gevoel van overwinningen en nederlagen niet kent. Ik heb het uitgeprinte papiertje met de tekst nog steeds en ik bewaar dit goed.

Toen ik besloot militair te worden, wilde ik niet meteen een leidinggevende functie. Ik wilde vooral eerst ervaring opdoen. Anders dan andere jonge militairen die besluiten om meteen naar de Koninklijke Militaire Academie (KMA) in Breda te gaan en officier te worden. De hiërarchie van defensie in het kort: manschappen (soldaten en korporaals), onderofficieren (sergeant tot adjudant) en officieren (luitenant tot generaal).

Officieren worden opgeleid voor leidinggevende functies. Je kunt ook onderofficier worden en dat doe je op de Koninklijke Militaire School (KMS). Na mijn missie in Mali ging ik naar de KMS om sergeant te worden. Ik was toen al een paar jaar korporaal bij het KCT en het werd tijd om omhoog te gaan in rang. Om naar de KMA te mogen had ik een hbo-diploma nodig. Dat had ik niet en ik had op dat moment geen aspiratie om officier te worden.

Het voordeel van omhooggaan in rang, ten opzichte van korporaal blijven, is dat er meer deuren voor je opengaan. Je hebt meer carrièremogelijkheden en krijgt over het algemeen meer verantwoordelijkheid. Dat geldt voor onderofficieren en officieren. Bij de reguliere infanterie-eenheden begint de sergeant als groepscommandant en heb je meestal de leiding over een groep van zeven man. Bij het KCT werkt dat anders. De groepscommandant wordt ploegcommandant genoemd en is een officier. Ook wel teamleider te noemen.

Zijn plaatsvervanger, of 'second in command', is meestal een ervaren 'sergeant der eerste klasse'. Ik zeg meestal, omdat het in enkele gevallen ook kan afwijken. Om het makkelijk te houden ga ik niet verder in op rangen en de hiërarchie. Wat het belangrijkst is om mee te geven is dat bij het KCT wel op papier wordt gewerkt met rangen en hiërarchie, maar in de praktijk gaat het er anders aan toe. Bij het 'reguliere' leger was ik gewend om hogere rangen eerst aan te spreken met de rang, gevolgd door een achternaam. Of alleen bij rang, zoals 'sergeant' of 'luitenant'. Wanneer je elkaar wat langer kende werd 'sarge' of 'LT' ook geaccepteerd.

Bij het KCT spraken we elkaar aan bij de voornaam en kan het zo zijn dat een ervaren sergeant-1 ploegcommandant wordt gemaakt, en korporaals op politiek gevoelige missies worden gestuurd. Bij de rest van defensie werkt dat zeker niet zo. Het feit dat je commando bent en opgeleid voor speciale operaties maakt dat er niet wordt gekeken naar rang, maar naar ervaring en de kwaliteiten van het individu. Naar mijn mening is deze manier van werken ook nodig binnen een SOF-eenheid. Als ik kijk naar de buitenlandse SOF-eenheden die ik op missie tegenkwam, werkte het bij hen niet anders. Je werkt vaak te lang en te intiem met elkaar om het 'correct' te houden. Er heerst een ontspannen sfeer, maar iedereen is zich wel bewust van de hiërarchie en deze wordt gerespecteerd.

Dit hoofdstuk gaat over leiderschap. Ik heb in mijn carrière bij defensie genoeg voorbeelden gezien van 'functionele leiders'. Ik gebruik de term 'functionele leider' voor hen die vanuit een functionele rol een leidinggevende functie krijgen toegewezen. Ik heb lessen gehad over verschillende leiderschapsstijlen en heb deze ook mogen toepassen. Maar het beeld van de leider die voor of boven een groep mensen staat is niet waar ik dit hoofdstuk te diep op in wil gaan. Ik ga wel voorbeelden geven van verschillende leiders, goede en minder goede, om een beeld te schetsen van hoe leidinggeven invloed heeft op je omgeving en vooral hoe je persoonlijk leiderschap kunt toepassen in je eigen leven. Elke commando heeft zijn eigen specialisatie: medic, sniper, communicatiespecialist, demolitiespecialist, en in het vervullen van deze taak draagt hij persoonlijk leiderschap. Dat is de verantwoordelijkheid die hij heeft naar de mannen in zijn team, de missie en naar zichzelf.

In de militaire planningcyclus wordt een vast gedeelte gewijd aan kansen en mogelijkheden, zodat deze nooit over het hoofd worden gezien. Persoonlijk leiderschap betekent voor mij: de mogelijkheden zien in kansen die het leven je biedt en de moed hebben om deze kansen te grijpen. Kansen leren zien is als het leven: vallen en opstaan. Soms gaan ze aan je voorbij, omdat je ze niet ziet en soms laat je ze gaan, omdat je ze niet durft te nemen. In beide gevallen mis je een kans. Wanneer je eenmaal bent gefocust op kansen, zul je ze sneller leren zien en durf je ze eerder te nemen. Het leerproces dat volgt is waardevol. Het is de kunst om niet meer los te laten tot je de volle potentie van een kans hebt bereikt. Anders gezegd zie ik kansen nemen als invulling geven aan je eigen betekenis. Voor iedereen is dat een ander proces, maar door jezelf te committeren aan dit proces zul je anderen inspireren. Zo leid je de weg, eenieder op zijn of haar eigen manier. Door dit zelf toe te passen, ontwikkelde en ontdekte ik de leider in mijzelf en dat is een voortdurend proces, waarin kwetsbaarheid een belangrijke rol speelt.

Kwetsbaarheid

Misschien niet het eerste wat je zou verwachten van een commando om een hoofdstuk over leiderschap mee te beginnen. 'Zijn commando's dan niet van steen? Ze kunnen toch hun emoties uitschakelen? Wat heb je aan kwetsbaarheid in deze harde wereld? Een commando moet in staat zijn harde en moeilijke beslissingen te nemen. Een commando moet in staat zijn geweld toe te passen en kalm te blijven onder zeer stressvolle omstandigheden.' Wellicht kloppen een aantal van deze statements, maar een commando is bovenal ook mens. Een mens van vlees en bloed. Een mens die in staat moet zijn om bijzondere missies uit te voeren die gepaard gaan met emotie en empathisch vermogen. Daar hoort kwetsbaarheid bij.

In mijn schrijfproces over leiderschap lees ik het boek van Brené Brown, een Amerikaanse onderzoekster. Grappig genoeg lees ik in haar boek *Dare to Lead* dezelfde quote van Theodoor Roosevelt. Ook voor haar hebben de woorden van 'The Man in The Arena' veel betekend. Ze schrijft in haar boek over het belang van jezelf kwetsbaar opstellen, als mens, maar zeker als leider, om beter te kunnen verbinden met de mensen om je heen. Haar definitie van een leider is:

> A leader is anyone who takes responsibility for finding the potential in people and processes, and has the courage to develop that potential.

Door het lezen van haar boek ga ik nadenken over de moed die nodig is om jezelf kwetsbaar op te stellen en hoe zich dat weerhoudt tot de kernwaarden: moed en beleid. Twee kernwaarden van het Korps Commandotroepen. Wat betekent het om verantwoording te nemen voor het vinden van de potentie in mensen en processen en die potentie te helpen ontwikkelen? Om dat te kunnen doen moet je eerst beschikken over een gezonde dosis zelfkennis. Het begint bij jezelf en je eigen kwetsbaarheid.

Als commando ben je gewend om een kogelwerend vest te dragen. Het vest is gemaakt om je zo veel mogelijk bewegingsvrijheid te geven, maar tegelijkertijd zit er uiteraard een plaat in die de meest vitale organen in je torso beschermt: je hart en longen. Aan zowel de voor- als achterzijde zit deze plaat in je vest. Een vest met kogelwerende platen, volle magazijnen, radio en andere operationele attributen kan rond de 20 kilogram wegen, en tijdens trainingen en missies begin je te wennen aan het pantser dat je draagt.

Er zijn commando's die geraakt zijn door kogels op hun pantser en dat hebben overleefd. Maar het pantser is geen garantie om de kogels van een vijand te overleven. Het beschermt alleen de vitale delen en biedt vooral mentale bescherming. Je loopt rond met het idee dat je enigszins bent beschermd. Dit pantser is niet veel anders dan het pantser dat we allemaal dragen. Het pantser dat ons beschermt tegen invloeden van buitenaf maar ook het pantser dat ons weerhoudt van onze eigen potentie. Het bestaat uit het mentale pantser dat we vaak van jongs af aan opbouwen. Om zelfkennis op te bouwen moet je durven jezelf open te stellen, durven het pantser af te zetten om je eigen potentie in te zien en anderen dat inzicht te geven. Dat is niet makkelijk, het kan zeer confronterend zijn, maar blijf je het pantser dragen, dan zul je nooit openstaan voor wat anderen zeggen, voelen of doen.

Een maatje van mij was officier en leidinggevende bij het KCT. Hij besloot na een aantal jaar dat het tijd werd voor een nieuwe fase in zijn leven. Hij zou stoppen bij het KCT en eerst op reis gaan. Een jaar lang naar Zuid-Amerika. Met zijn toenmalige partner zouden ze eerst drie maanden op de motor door Zuid-Amerika rijden om vervolgens in Californië te voet te beginnen aan de Pacific Crest Trail. De totale lengte van het pad is 4286 km. Ze trokken er uiteraard een aantal maanden voor uit. Over deze reis en alle avonturen die ze meemaakten kan hij waarschijnlijk een boek schrijven, maar dat is voor een andere keer.

Hij vond wel het antwoord op twee belangrijke vragen tijdens deze reis. Waar wil ik mijn leven aan wijden? En waar ga ik mijn betekenis in vinden? Een van de redenen dat hij commando werd is om bij te dragen aan een betere wereld. Hij kwam tot de conclusie dat hij tijdens missies en het reizen te veel ellende had gezien die door mensen werd veroorzaakt. Hij besloot dat hij wilde bijdragen aan een betere wereld, maar niet door zich op mensen te richten, maar op ecosystemen en landbouwkunde.

Na zijn reis kwam hij terug in Nederland en begon aan een master op de landbouwuniversiteit in Wageningen. Dat ging niet zonder slag of stoot. Omdat hij geen universitaire bachelor had afgerond, maar alleen een hbo-opleiding, mocht hij niet meteen beginnen aan de master. Maar door zijn motivatie, mindset en commitment lukte het hem toch een plek te krijgen en zo aan zijn studie te beginnen. Voor iemand die al behoorlijk wat jaar bij defensie werkte en respect had opgebouwd bij het KCT was dit een behoorlijke stap. Inmiddels is hij bijna afgestudeerd en twijfel ik geen seconde aan zijn missie om de wereld een betere plek te maken door zich te focussen op landbouw en ecologische systemen.

Los van het feit dat ik zijn persoonlijk leiderschap bewonderenswaardig vind, vertelde hij mij de laatste keer dat we elkaar zagen een mooi verhaal over kwetsbaarheid: hij kwam als jonge officier net van de KMA en was commando geworden. Na de VCO werd hij bij de 105 Commandotroepencompagnie geplaatst.

De toenmalige commandant van deze compagnie zag het als noodzaak om de nieuwe jongens zo snel mogelijk met de ervaren gasten te verbinden. 'Back to the basics', ook voor de mannen die net terug waren van een heftige missie in Afghanistan, Task Force 55. Met elkaar basis-gevechtsdrills beoefenen op het oefenterrein in Roosendaal.

Terwijl ze vanaf de verzamellocatie naar het oefengebied liepen kwam hij erachter dat hij zijn Glock (pistool) was vergeten. Die was hij vergeten in zijn tas op de verzamellocatie. Dat is voor elke commando een pijnlijke fout. Zeker als je nieuw bent bij een eenheid. Om nu terug te rennen zou zonde zijn van de tijd. Het was een behoorlijk stuk lopen. Hij besloot het tegen zijn plaatsvervanger te vertellen. Ze kenden elkaar maar net. 'Shit, ik ben mijn Glock vergeten bij de verzamellocatie,' zei hij. 'Uhm, oké. Zeg het nog maar even niet tegen de anderen,' zei zijn plaatsvervanger.

Het oefenen van de drills liep supergoed. De nieuwe jongens konden goed meekomen en de ervaren jongens namen hun rol als coach en begeleider serieus, waardoor het niveau snel steeg. De dag werd als zeer positief ervaren. Maar het zat hem niet lekker. Hij besloot toch bij de eindevaluatie te vertellen dat hij zijn Glock was vergeten. 'Jongens, het was echt een heel goede dag maar ik moet jullie wel bekennen dat ik al de hele dag drills oefen zonder mijn Glock. Ik ben deze vergeten bij de verzamelplaats in mijn tas. Ik vind het belangrijk dat jullie dit weten omdat ik geen cultuur wil waar we fouten onder het kleed vegen.' Iedereen in het team waardeerde zijn eerlijkheid en zijn nieuwe plaatsvervanger, die initieel zei dat hij het nog even moest laten, kwam er later ook op terug. Hij zei dat hij het respecteerde dat hij eerlijk was geweest en zich kwetsbaar had opgesteld. Later vertelde hij mij dat het een van de belangrijkste lessen was die hij leerde over leiderschap. Door zich op dat moment kwetsbaar op te stellen won hij het respect van zijn team. Daarna was er altijd ruimte om te praten over gemaakte fouten. Hij had het goede voorbeeld gegeven.

Jezelf kwetsbaar opstellen betekent niet dat je bij het minste of geringste kwaad wordt of in tranen uitbarst. Al is het soms best goed om een traan of twee eruit te laten. Het is alleen niet altijd het juiste moment. Dat geldt ook voor boosheid. Een stoel naar iemands hoofd gooien wanneer je op iets persoonlijks wordt aangesproken kan misschien wel lijken als de beste oplossing, maar dat is het vrijwel nooit. In het geval van zelfverdediging kan het mogelijk je enige redding zijn. Maar zolang dat niet zo is, helpt het jezelf zo nu en dan om je kwetsbaar op te stellen. Even je dekking laag, even dat pantser af, zodat je kunt luisteren naar wat de ander te zeggen heeft. Zodat je kunt leren van de situatie of boodschap van een ander. Kwetsbaarheid is geen zwakte, want om jezelf kwetsbaar op te stellen heb je moed nodig. Brené Brown geeft in haar boek een definitie van kwetsbaarheid:

> Vulnerability is the emotion that we experience during times of uncertainty, risk and emotional exposure.

Ze schrijft in haar boek dat ze tijdens een lezing aan Amerikaanse Special Forces-militairen een vraag stelt na deze definitie te hebben gegeven. Ze vraagt de militairen of ze haar één voorbeeld kunnen geven van moed dat ze zelf hebben meegemaakt of gezien hebben bij een andere militair, waarbij het niet nodig was jezelf kwetsbaar op te stellen. Een jonge man steekt zijn hand op: 'No ma'am. Three tours. I can't think of a single act of courage that doesn't require managing massive vulnerability.' Als kwetsbaarheid de emotie is die we ervaren in tijden van onzekerheid, risico en emotionele blootstelling, dan worden we vaak in ons leven geconfronteerd met kwetsbaarheid. Uiteraard wordt dit uitvergroot als je op missie gaat naar een conflictgebied en gevaarlijke opdrachten uitvoert, maar hoe je het ook wendt of keert, in het dagelijks leven heb je moed nodig om jezelf kwetsbaar op te stellen.

Als jonge militair merkte ik vooral dat ik in tijden van onzekerheid mijzelf niet kwetsbaar durfde op te stellen, omdat ik het gevoel had dat ik een fout zou maken. Het heeft best lang geduurd voor ik dat helemaal los kon laten. Zelfs toen ik net bij het KCT zat was ik hier nog niet helemaal vanaf. In een omgeving waar bepaalde fouten je duur kunnen komen te staan, is het belangrijk dat je scherp blijft, maar ook openstaat om te leren van je fouten en onzekerheden.

Dat stond ik eerst niet. Ik was veel te bang om fouten te maken, waardoor ik ze juist maakte en er mega van baalde. Toen ik eenmaal de keuze maakte om dat los te laten, ervoer ik sterke persoonlijke groei. Zo was ik in staat meer te genieten van het werk en veel bewuster beslissingen te nemen. Door mezelf kwetsbaar op te stellen groeide mijn zelfvertrouwen. Ik durfde een beginner te zijn.

De beginner staat open voor alle nieuwe informatie die hem wordt toegespeeld. De beginner accepteert zijn rol als nieuweling en is bereid fouten te maken, hij ziet fouten als een kans om te leren. Een beginner is wendbaar en flexibel en houdt zich niet vast aan geconditioneerde denkprocessen, hij denkt in oplossingen. De beginner is bereid de eerste stap te zetten in de arena. De man of vrouw die bereid is zichzelf in de arena te testen, die bereid is fouten te maken, die bereid is om woord bij daad te voegen, die bereid is zichzelf aan een waardig doel te committeren, stelt zichzelf per definitie kwetsbaar op.

Luisteren

ECO, overlevingsweek, 2009

‘Haal op, gelijk. Haal op, gelijk.’ De woorden zingen door in mijn hoofd en ik probeer aan niet veel anders te denken dan aan de manier waarop ik de roeispaan vasthoud en stevig door het water duw. Het is van groot belang dat we dit allemaal tegelijk doen en met dezelfde kracht. Anders komt de boot waar we op zitten niet vooruit. Het is de zoveelste nacht van de overlevingsweek en we hebben honger. Het is koud en nat. Er waait een koude wind over de Bergse Maas, de rivier die langs het natuurgebied de Biesbosch loopt.

We zijn onderweg om een route te peddelen die de hele nacht zal duren. Na een halfuur peddelen staat de jongen die links tegenover mij zit opeens op. Omdat hij linksachter zit en ik rechtsachter, zitten we dicht bij de jongen die het roer bedient en ons van het mantra van het roeien voorziet. Deze persoon heeft even rust van het peddelen en dat rouleren we door, zodat iedereen aan zijn rust kan komen. De jongen die net is opgestaan zegt uit het niets: ‘Zal ik even het roer overnemen?’ en voor ik kan knipperen met mijn ogen raakt hij uit balans en valt recht achterover met alles wat hij aanheeft overboord. Ik spring gelijk naar hem toe, steek mijn peddel in het water en roep: ‘Man overboord!’ Hij komt snel met zijn hoofd boven en begint wild om zich heen te slaan, het is winter en het water is nu ijskoud. Ik hoor hem snakken naar adem. Het lukt mij om hem bij zijn tokkel te grijpen en inmiddels helpen andere jongens hem op de boot.

Met deze temperaturen en onze fysieke gesteldheid ligt onderkoeling op de loer, zeker als je net in ijskoud water bent geflikkerd. ‘Roep naar de instructeursboot dat er een man overboord was. Hij moet zo snel mogelijk warme kleding aan.' Er vaart altijd een bootje mee met instructeurs die de veiligheid waarborgen. Ze hebben ons gehoord en komen snel aanvaren. We helpen de jongen bij hen aan boord, inmiddels is hij al oncontroleerbaar aan het rillen. Dat is een goed teken. Als hij nu niet meer zou rillen moeten we ons zorgen maken. De instructeurs nemen hem mee. We zijn nu met één man minder.

De hoogste in rang op onze boot is een sergeant-1. Hij heeft de opdracht gekregen ons veilig door de Biesbosch heen te navigeren en houdt zijn kaart nauwlettend in de gaten. Na een uur in de Biesbosch peddelen vraagt hij ons even te stoppen. Ik zie hem zijn kaart bestuderen en pak mijn eigen kaart erbij om te oriënteren. Meerdere jongens op de boot maken gebruik van het moment om even te ontspannen en hun kaart te bekijken. In de nacht kun je snel verdwalen in de Biesbosch. 'Oké, we kunnen weer, bij de eerstvolgende mogelijkheid gaan we naar rechts.' Ik kijk naar mijn kaart en volgens mijn oriëntatie klopt dat niet. Meerdere jongens zeggen in koor: 'Dat klopt niet, sergeant. We moeten een afslag verder nemen.' De sergeant kijkt geïrriteerd op zijn kaart. 'Dat klopt wel en we nemen de eerstvolgende afslag rechts.' We roeien stilletjes verder.

Bij de eerstvolgende mogelijkheid rechts pakt hij weer zijn kaart om te oriënteren. Hij schijnt met een rode hoofdlamp op zijn kaart. Ik zie dat zijn gezicht gespannen is en hij kijkt twijfelend om zich heen maar in de duisternis vindt hij niet de punten van herkenning waar hij naar op zoek is. 'We gaan hier rechts,' zegt hij en een aantal van ons protesteren tegen zijn beslissing. Hij houdt voet bij stuk. Hij heeft deze nacht de leiding en hij weet echt wel hoe hij moet kaartlezen. We kunnen niets anders dan instemmen en kijken waar we uitkomen. Na een uur peddelen wordt de sloot waar we op varen steeds smaller. We proberen het nog één keer. 'Sergeant, dit klopt niet. Als we zo verder varen komen we op een doodlopend stuk uit.' 'Jongens, echt waar. Geloof me, we zitten op de goeie weg.'

Nog een uur verder en het watertje houdt op. Een doodlopend eind. Dit is een serieus probleem. We hebben veel tijd verloren en komen nu nooit op tijd aan op ons eindpunt. Alle zekerheid die de sergeant uitstraalde, is verdwenen. Hij weet dat hij dit moet gaan uitleggen aan de instructeurs en ziet de toekomst somber in. Wij ook, althans, voor hem dan. Links van ons zien we in de verte een huisje staan. Omdat we toch moeten omdraaien stel ik voor met een aantal jongens te gaan kijken of we iets van eten kunnen vinden bij het huis. 'Oké, maar over vijf minuten zijn jullie terug,' zegt de sergeant. Ik en nog twee andere jongens hollen richting het huisje. Daar aangekomen zien we dat het een halve ruïne is en niemand maakt gebruik van dit huisje. Zo te zien is hier de afgelopen honderd jaar niemand geweest. Teleurgesteld rennen we terug naar de boot. Als we aankomen hangt er een sippe sfeer. Een aantal jongens zijn ingedut en slapen terwijl ze rechtop zitten. 'Uhm, oké boys. We varen terug naar onze laatst bekende locatie en pakken vanaf daar weer de route op.' No shit, Sherlock, denk ik stilletjes terwijl ik weer in de boot ga zitten.

Na tien minuten begint de jongen voor mij te rillen. 'Gaat het, baas?' vraag ik hem. 'J-j-j-j-ja, ik h-h-h-h-heb het ge-w-w-woon k-k-k-koud.' Hij begint steeds harder te rillen en ik besef dat dit foute boel is. Als we er niets aan doen kan hij onderkoeld raken en zo ver verwijderd van hulp is dat het laatste wat we kunnen gebruiken. We hebben geen extra warme jassen of kleding bij ons, aangezien het de overlevingsweek is. Ik trek hem van de rand af en ga boven op hem zitten. 'Sergeant, we moeten hem warm houden. Anders is hij echt de sjaak.' Mijn lichaamswarmte is het enige wat hem nu warm kan houden. Dat zijn twee man minder om te roeien, min de man die overboord ging. Drie man die nu niet meer meeroeien.

Terwijl ik over zijn rug wrijf probeer ik hem warm te houden. Het rillen is minder geworden en dat is geen goed teken. Hij sukkelt zo nu en dan even weg en dan houd ik hem wakker door hem in zijn gezicht te porren. Achter mij zit Hondo. Hij is nog aan het roeien. Wanneer ik achteromkijk roeit hij niet in het water maar in de lucht. 'Wakker blijven, ouwe,' zeg ik tegen hem. Hij reageert geïrriteerd. Dat kan ik hem niet kwalijk nemen. Dan begint de volgende oncontroleerbaar te rillen. Het is een jongen die linksvoor zit. Ik wijs de persoon naast hem aan en zeg dat hij ook boven op hem moet gaan zitten zodat hij warm blijft. Weer twee man die niet meeroeien. Dat maakt in totaal vijf man die niet kunnen meeroeien. De boot gaat nauwelijks vooruit. Er zijn nu nog twee of drie man aan het peddelen en voor mijn gevoel duurt het een eeuwigheid voor we op de splitsing van waterwegen komen waar we verkeerd zijn gevaren.

De jongens die onderkoeld zijn kunnen nog wel praten. Al snel komt er een instructeursboot aanvaren en die haken een touw aan onze boot. Ze schijnen een licht op ons en zien in wat voor staat we verkeren. 'Waar komen jullie in hemelsnaam vandaan!? De uitleg komt straks wel. Eerst moeten we die lui opwarmen.' Ze varen ons met hoge snelheid naar een haventje dat vlakbij ligt. Daar mogen we uitstappen en worden de jongens die nog kunnen lopen meegenomen door een sergeant die ons allerlei oefeningen laat doen om warm te worden. De twee die onderkoeld waren worden opgewarmd in de militaire ambulance en verzorgd door de verpleegkundige en zijn assistent. Terwijl we starjumps maken hoop ik dat we zo terug mogen naar ons onderkomen, zodat ik een vuurtje kan maken en in slaap kan vallen onder mijn zelfgemaakte deken van stro. Ik hoop dat ze het hierbij laten. We hebben genoeg te verduren gehad deze nacht.

We worden beziggehouden tot de jongens in de ambulance zijn opgewarmd. Een van hen moet langer opwarmen en de ander mag zich weer bij ons aansluiten. We worden terug naar de boot gestuurd. Ik hoop dat de instructeurs ons meeslepen terug naar de vaarschool. De hoop die ik had wordt weggevaagd als een instructeur de opdracht geeft aan de sergeant die verantwoordelijk was voor onze route en het veilig navigeren. 'Je weet waar je nu bent. Dat betekent dat je ook de weg terug weet naar de vaarschool. Succes.' De sergeant heeft de opleiding niet gehaald.

Ik denk niet dat deze sergeant een slechte militair was. Ik denk ook niet dat deze sergeant, die een leidinggevende taak op zich kreeg geworpen, niet in staat was te navigeren. Hij was er misschien niet heel erg goed in. Dat geldt ook voor zijn leiderschapskwaliteiten. Maar ik denk vooral dat het ego van deze sergeant hem in de weg zat. Hij was niet in staat om toe te geven dat hij verkeerd zat. Omdat zijn ego hem in de weg stond, was hij niet in staat naar ons te luisteren. Zijn ego zorgde voor stress, de stress zorgde voor tunnelvisie en zijn tunnelvisie liep letterlijk en figuurlijk naar een dood eind. De situatie ging in enkele minuten over in een echte survivalsituatie. Had hij even het moment genomen om naar ons te luisteren en zijn ego opzijgezet, dan was het nooit zover gekomen.

Als meer dan twee mensen tegelijk beginnen te protesteren tegen een beslissing die je maakt, moet je toch even achter je oren gaan krabben. Ongeacht of het een goede beslissing is of niet, die onvrede komt ergens vandaan. Stoïcijns doorgaan op zo'n moment, daar scoor je geen punten mee. Als ik hem was geweest, met de kennis die ik nu heb, zou ik mezelf kwetsbaar opstellen door aan te geven dat ik niet weet waar ik ben. Om vervolgens even het moment te pakken om goed te oriënteren, dat te laten bevestigen en van daaruit richting te bepalen.

Cultural understanding

Geheime missie

Een peuk opsteken in de verkeerde wijk kan je hier duur komen te staan. Niet omdat roken ongezond of verboden is, maar omdat ze in sommige wijken strenger zijn in het geloof. Daarnaast is het ramadan en zou het voor veel mensen onbeschoft overkomen als ik het wel zou doen. Dat geldt ook voor eten en drinken. Het is de bedoeling dat ik hier niet opval. Eten en drinken op klaarlichte dag, in het zicht van mensen die dat van hun geloof niet mogen, is een no-go. Althans, dat vind ik. Dus zonder dat ik er echt aan wil meedoen, doe ik toch een beetje mee met de ramadan.

Het is meer dan alleen niet willen opvallen in het straatbeeld. Het gaat ook om respect. Ik respecteer de mensen hier. Ze leven een hard leven en doen elke dag hun best om voor zichzelf en hun familie te zorgen en dat na jaren van oorlog. De kans dat je hier op de verkeerde plek en op het verkeerde moment verwikkeld raakt in een vuurgevecht of omkomt bij een aanslag, is behoorlijk aanwezig. En dat terwijl je onderweg bent naar school of werk. Het minste wat ik kan doen is mijn respect tonen aan de mensen die hier wonen.

Ik moet mezelf een tijdje ophouden in deze omgeving. Op dit moment weet ik genoeg over de stad om aan te geven waar bepaalde bevolkingsgroepen wonen. Ik weet in welke wijk je moet zijn om auto-onderdelen te kopen en waar je medisch materiaal koopt. Ik weet welke restaurants relatief veilig zijn en ik weet waar ik het best boodschappen kan doen. Maar om een stad echt goed te leren kennen moet je er jaren wonen. Die luxe hebben we niet. Ook al oogt het rustig, de kans op onvoorziene dreigende situaties is altijd aanwezig. Even verslappen zit er niet in. Dus ik blijf goed om mij heen kijken. Dat doe ik niet door continu mijn hoofd van links naar rechts te draaien, maar daarvoor gebruik ik de spiegels van mijn auto en ik doe alsof ik hier thuishoor. Alsof ik elke dag in deze wijk kom en ik even wacht op een vriend.

Terwijl ik continu en onopvallend de omgeving scan, ben ik bezig met mijn situational awareness. Ik ben alleen en de kans dat slechte mensen mij hier zien zitten is aanwezig. Dus ik ga zo goed als ik kan op in de omgeving. Dat doe ik door mijn kleding en gedrag aan te passen. Ontvoering en moord op klaarlichte dag zijn hier niet vreemd, zeker als je geld kunt opleveren ben je een target. Daarom moeten we opgaan in de omgeving. De missie verlangt van ons dat we op deze manier optreden en daar zijn we goed voor getraind.

Ik speel in mijn hoofd af wat ik moet doen of zeggen als ik nu word aangehouden. Lokale politieagenten zijn niet te vertrouwen en militieleden al helemaal niet. Ik visualiseer de handelingen die ik moet uitvoeren als het nu echt fout gaat en ik mijn auto moet verlaten. Als ik moet schieten, wat een laatste optie zou zijn, moet ik snel handelen. Ik ben alleen en de eerste schoten moeten agressief en doeltreffend zijn. Ik visualiseer dat ik met één hand mijn gordel losmaak en gericht blijf op de dreiging. Ik open de deur met één hand en kies de beste en snelste weg uit de auto, weg van het gevaar. Ik plan de best mogelijke route terug naar een 'veilige' locatie en onthoud de meest opvallende objecten op mijn route. Als ik te voet ben is het zaak dat ik zo snel mogelijk wegren van de dreiging en zo snel mogelijk opga in het straatbeeld. In enkele seconden van maximale escalatie naar maximale de-escalatie.

Uit het niets wordt er op mijn raam getikt. Het halve gezicht dat voor mijn raam verschijnt is alleen zichtbaar van neus tot voorhoofd. De rest van zijn lichaam staat onder het raam en is niet zichtbaar. Het is een jong ventje. Hij tikt nog een keer en gebaart naar een stapel gele dingen die hij vasthoudt. Zijn lichaamslengte en kleine postuur zorgen ervoor dat hij mijn auto goed kon besluipen. Ik moet bekennen dat ik zijn ninja-sluipskills wel respecteer. Hij wil dat ik iets van hem koop. Het is een kind dat waarschijnlijk wees is, of door zijn ouders de straat op is gestuurd om geld te verdienen. Ik zou hem graag een paar dollar geven, maar dan blijf ik de hele dag bezig. Ik zet een streng gezicht op en wuif hem weg. Dat heeft weinig effect. Hij zet een triest gezicht op en gebaart dat hij honger heeft of iets wil drinken. Ik moet mijn empathisch vermogen even uitschakelen. Voor ik het weet staan er nog drie andere kinderen aan mijn raam te bedelen.

Tijd om te verplaatsen, ik sta hier te lang en aan hun gezichtjes te zien gaan ze mijn auto niet loslaten. Het trekt ook aandacht, die ik niet kan gebruiken. Het liefst geef ik ze allemaal een paar dollar. Maar ik weet dat dit hun situatie niet echt verbetert en ik weet ook dat ze dan nog langer blijven plakken. Eén dollar geeft de hoop op twee. Ik zet mijn auto in drive en rij terwijl ze aan mijn spiegel hangen weg van de plek waar ik geparkeerd stond. Op naar een andere locatie om vervolgens daar weer het hele rijtje opnieuw af te spelen: onopvallend de omgeving scannen, visualiseren, plan maken.

Het fragment hierboven beschrijft een missie waarbij het mogelijk is dat mijn beslissing of die van een van mijn teamleden grote gevolgen kan hebben. Beslissingen leiden tot gevolgen. Deze gevolgen kunnen in dit geval leiden tot internationale en politieke consequenties. Dat kunnen heel simpele beslissingen zijn zoals een verkeerde afslag nemen en terechtkomen in een onvoorziene situatie, een ongeluk veroorzaken in het verkeer, of escaleren terwijl je moet de-escaleren. Het zijn missies met een hoog politiek afbreukrisico.

Tijdens dit soort missies is het essentieel dat een commando speciale operaties goed op de hoogte is van de lokale cultuur, de verschillende strijdende partijen kent en weet wat er op politiek niveau speelt, nationaal en internationaal. Op de hoogte zijn van de lokale situatie draagt bij aan je situational awareness.

Tijdens een grote internationale oefening in West-Afrika, Flint Lock, maakte ik voor het eerst echt kennis met mijn leiderschap, coaching en instructievaardigheden. Ik was 23 en zat 2,5 jaar bij de 104 Commandotroepencompagnie. Het was ook mijn eerste keer in Afrika. De oefening Flint Lock vindt plaats in meerdere West-Afrikaanse landen en is onderdeel van een grote Amerikaanse missie die erop gericht is dit deel van de wereld te stabiliseren.

Wij gingen naar Burkina Faso. Het was onze taak de speciale eenheid van het Burkinese leger te trainen. De parachutisteneenheid en tevens presidentiële garde. De rode baretten van het Burkinese leger. Een compagnie bestaande uit drie pelotons van dertig man met aan het hoofd een jonge kapitein. Een Burkinees van goede komaf en opgeleid aan de Franse militaire academie: de Saint-Cyr. Ik kreeg een groep toegewezen van het tweede peloton. De groepscommandant was een kleine Burkinees met een vriendelijk gezicht: korporaal Gouba. De groep bestond verder uit zes soldaten.

Het was mijn taak om samen met een collega deze groep jonge Burkinabé, wat 'oprechte mensen' betekent, te onderwijzen in basisinfanterieoptreden. We moesten ze tactisch leren vechten. We hadden een maand de tijd om ze bij te schaven en te verbeteren in hun tactische vaardigheden zoals schieten, patrouille lopen, kaartlezen, gevechtsdrills en uiteraard: fysieke en mentale weerbaarheid. We leerden ze medische skills en verschillende manieren van verplaatsen in hun voertuigen. We leerden ze deze vaardigheden met een goede reden. Deze eenheid zou snel worden uitgezonden naar Mali, waar ze deel uit zouden maken van de MINUSMA-missie om het land te stabiliseren.

Het was een uitdaging om ze op een acceptabel niveau te krijgen. Die uitdaging zat in de taalbarrière en de fysieke en mentale grens van de groep. Sommigen spraken Frans, de voertaal van Burkina Faso, en anderen spraken alleen een lokaal dialect. De meesten konden niet lezen of schrijven. Dat betekende dat wij ons moesten aanpassen om kennis over te dragen. We hadden een tolk mee en die konden we gebruiken voor lessen aan het hele peloton, maar als je alleen met je groep in de rimboe bezig was, kwam dat neer op gebroken Frans en gebarentaal.

Ik heb altijd een diepe interesse gehad voor andere culturen en ik wilde veel weten van de mannen in mijn groep. De meesten wisten hun exacte leeftijd niet, maar ik schatte die tussen de zeventien en veertig. Ze gaven elkaar bijnamen die iets te maken hadden met hun uiterlijk of karaktereigenschap. Er zat een oude soldaat bij. Ze noemden hem de opa van de groep: de *grand-père* of *pépé*. Maar pépé had de ogen van een sniper. Hij kon op honderd meter afstand een slang spotten die ergens tussen de bosjes slidderde. Dan riep hij ineens vanuit de voorste positie in de patrouille 'un serpent!' en keek erbij alsof hij de duivel zag.

Er heerste een goede sfeer in de groep en dat was grotendeels te danken aan korporaal Gouba. Hij was geen autoritaire leider, zijn rust en vriendelijkheid zorgden voor een natuurlijk overwicht. Uiteraard was hij hoger in rang dan zijn soldaten, maar dat leek hij niet nodig te hebben. Bovendien leerde hij ontzettend snel. Alles wat ik hem leerde wist hij gelijk toe te passen en uit te leggen aan de groep. Daardoor respecteerden ze hem nog meer. We werkten goed samen.

Ik vond het mooi om ze gedurende de weken beter te leren

kennen. Soms gingen we na een lange dag trainen met een paar jongens naar de bar op hun kamp. Daar zaten de Burkinabé oude Rambo- en Jean-Claude Van Damme-films te kijken. Ze schonken ons graag de lokale biertjes in: *Brakina Bière du Burkina.* Na een aantal *Brakina's* daagden ze ons uit voor een eerste krachtmeting: armpje drukken. Het was zeer vermakelijk om deze uitdaging aan te gaan. We genoten er allemaal enorm van. Het feit dat een aantal van ons ook 's avonds naar hun kamp kwam en daar ging socializen, resulteerde in een goede band. Dat waren ze niet gewend van andere militairen die hun training hadden gegeven.

Een aantal biertjes verder werden we voor de volgende krachtmeting uitgedaagd. Iets anders waar de Burkinabé echt van houden: dansen. Om de beurt werden er nummers opgezet van Burkinese muzikanten en als er geen muziek opstond, zongen ze zelf en trommelden op alles wat los en vast zat om maar een beat te creëren. We hielden om de beurt een dance battle. Er werd gejoeld, gelachen en gefloten. Het waren mooie avonden. De ochtenden waren voor ons alleen wat brak, na een paar liter Brakina Bière du Burkina.

Het is zeer belangrijk dat een commando speciale operaties kennis heeft van de lokale cultuur, normen en waarden. Dat begint met het bestuderen van de geschiedenis van het land waar hij naar wordt uitgezonden. De geschiedenis van een land kennen, zeker van landen waar een conflict speelt, geeft inzicht in de huidige situatie.

Naast de geschiedenis is het belangrijk dat je kennis hebt van de verschillende bevolkingsgroepen en hun specifieke normen en waarden. Als je langere tijd in een land bent en laat zien dat je de lokale manier van doen wilt begrijpen, win je respect. Dat respect win je niet als je bij elke afspraak met de lokale politiecommandant of dorpsoudste de lunch blijft weigeren. Ook als die lunch bestaat uit de meest exotische gerechten die je ooit in je leven hebt gezien. Voor sommige culturen is het weigeren van aangeboden eten een grote belediging.

Het begrijpen van de lokale cultuur, of in elk geval laten zien dat je het wilt begrijpen, is wat mij betreft essentieel. Dat is in de zakenwereld dan ook niet anders. Je kunt een grote deal mislopen, omdat je niet genoeg aandacht hebt besteed aan de gebruiken van je zakenpartner. De Chinese krijgsheer Sun Tzu schreef in zijn boek *The Art of War*:

> If you know the enemy and know yourself, you need not fear the result of a hundred battles. If you know yourself but not the enemy, for every victory gained you will also suffer a defeat. If you know neither the enemy nor yourself, you will succumb in every battle.

De wijze woorden van Sun Tzu zijn tijdloos. Daarom wordt zijn wijsheid nog steeds gebruikt. Maar de conflicten van nu zijn anders, we hebben te maken met een grijs gebied in oorlogsvoering. Het is niet meer land A tegen land B met duidelijke fronten. Een Oost- of Westfront. We hebben te maken met een scala aan middelen waarmee een conflict kan worden beïnvloed. Er hoeft niet eens een officieel conflict tussen twee landen te zijn.

Deze vorm van oorlogsvoering wordt hybride oorlogsvoering genoemd en precies in deze vorm ligt de rol van de SOF-militair. De definitie van hybride oorlogsvoering volgens de MIVD (Militaire Inlichtingen en Veiligheidsdienst) luidt als volgt:

> Het bereiken van politiek-strategische doelen door gebruik te maken van alle politieke, militaire, economische, informatie, inlichtingen en cybermiddelen, zonder dat er sprake is van een openlijk conflict tussen twee staten. (MIVD jaarverslag 2016)

Om gebruik te maken van al deze middelen heb je mensen nodig op de grond. Goed getrainde mannen en vrouwen. Deze mensen kunnen niet alleen maar opereren vanaf een veilige basis. Ze moeten de straat op en leven onder de bevolking. Ze moeten de ogen en oren zijn en aanvoelen wat er speelt. Ze zijn de sensoren die je nodig hebt voor deze ingewikkelde en complexe manier van oorlog voeren. Om dit soort werk te kunnen doen moet je de geschiedenis van een land willen begrijpen en de lokale cultuur bestuderen. Zonder deze vorm van, op z'n Amerikaans gezegd, *Understand and Engage* is het nauwelijks haalbaar om bovengenoemde middelen effectief in te zetten.

Wat je óók nodig hebt om dit soort werk te verrichten is empathie. Zonder empathie maak je geen connectie. Daar zit ook de moeilijkheidsgraad. Doelen bereiken die politiek, militair, informatie- en inlichtingen-gestuurd zijn komen in de knel met je empathisch vermogen. Dat is een vreemd contrast en maakt het werk vaak nog complexer dan het al is. Empathie is onlosmakelijk verbonden met Cultural Understanding en empathie is onlosmakelijk verbonden met persoonlijk leiderschap.

Empathie en Emotionele Intelligentie

Na het eerste seizoen van *Kamp van Koningsbrugge* werd ik gevraagd voor de podcast *Kennis is Kracht* van Wouter Middelbos. De podcast ging over leiderschap. Hij begon de podcast met een stelling: een leider moet zichzelf kennen om te kunnen leiden. Deze stelling mocht ik alleen beantwoorden met ja of nee. Ik koos voor nee en ik ga uitleggen waarom.

In mijn tijd bij defensie en het KCT heb ik veel leiders in actie kunnen zien. Ik heb verschillende leiderschapsstijlen als voorbeeld gehad en zelf mogen toepassen. Een leider bij defensie wordt plat gezegd gedefinieerd door rang. Het hiërarchisch systeem werkt met wat ik noem 'functionele leiders'.

Vanaf de rang van korporaal kan men te maken krijgen met een functioneel leiderschap. Dat je deze functie of een andere leiderschapsfunctie krijgt toegewezen, maakt je niet meteen een goede leider. Ik wil het verschil benadrukken tussen een leider en een goede leider. Tussen slecht leiderschap en goed leiderschap. Om dat te verduidelijken gebruik ik een aantal voorbeelden van hoe het bij defensie werkt.

De korporaal is de plaatsvervanger van de groepscommandant, en bij de infanterie is de groepscommandant meestal een sergeant. Het is de taak van een korporaal om de soldaten aan te sturen als de groepscommandant wegvalt of er niet is. Dat betekent in elk geval dat de korporaal zijn zaken voor elkaar moet hebben voor hij een soldaat aanspreekt op houding, gedrag en functioneren. Dat is lang niet altijd het geval.

Toen ik bij de Luchtmobiele Brigade werd geplaatst op zeventienjarige leeftijd, waren er korporaals die altijd ouder waren dan ik. Het waren jongens die al een paar jaar in de compagnie zaten en al een keer op uitzending waren geweest. Dat gaf ze aanzien en respect. Sommigen wisten daar goed mee om te gaan. Maar er leefde ook een oude cultuur van Machismo en Sadismo, twee goede vrienden van elkaar. Het was cultuurgebonden dat de korporaals van generatie op generatie de streken van Machismo en Sadismo aan elkaar doorgaven. Gedrag dat niet vreemd is voor plekken waar groepen mannen met elkaar voor langere tijd zitten opgescheept. Het gedrag dat een korporaal laat zien kan bepalend zijn voor de hele groep.

Hier werd ik voor het eerst geconfronteerd met het concept 'lead by example'. Tegenwoordig wordt er bij defensie veel strenger gelet op gedrag dat niet door de beugel kan en dat is maar goed ook.

Bij het KCT is de functioneel leidinggevende een ploegcommandant met de rang van luitenant.

Ik heb een aantal ploegcommandanten gehad. Een luxe als ik erop terugkijk. Zo heb ik enorm veel kunnen leren van hun leidinggevende kwaliteiten en ook kunnen ervaren wat minder goed werkt. Ik ben zelf geen ploegcommandant geweest, dus kan ik niet spreken vanuit die ervaring, maar ik weet wel dat het een enorm uitdagende job is, en ik heb respect voor allen die het doen of proberen.

Commando speciale operaties zijn is ook een uitdagende job, en zeker als het je verantwoordelijkheid is om aan een groep commando's leiding te geven. Daar zit meteen ook de uitdaging. Commando's worden geselecteerd op zelfstandigheid en zelfredzaamheid. Als je een team hebt dat bestaat uit zeer zelfstandige en zelfredzame persoonlijkheden, dan is leidinggeven misschien niet het juiste woord. Het komt eerder neer op sturing. Een individu en een team de juiste richting in sturen, zonder dat je het roer bij de kleinste deviatie vastgrijpt. Dat vraagt moed, beleid en vertrouwen.

In de podcast met Wouter vroeg hij mij: 'Wat is voor jou een leider?' en mijn antwoord was: 'Een leider is iemand die emotioneel intelligent sturing kan geven aan een groep individuen.' De beste ploegcommandanten waren in staat om gebruik te maken van hun emotionele intelligentie en namen niet de leiding over een groep individuen, maar gaven sturing aan een groep individuen. Dit beeld van een leider is sterk verbonden met het beeld van de functionele leider. Maar leiderschap is veel groter dan dat en leidinggeven begint bij persoonlijk leiderschap. De vraag is dan: wat is emotionele intelligentie en hoe weerhoudt het zich tot persoonlijk leiderschap?

Daniel Goleman schrijft dat emotionele intelligentie bestaat uit vier domeinen en meerdere competenties. De vier domeinen zijn: *self-awareness*, *self-management*, *social awareness* en *relationship management* (Goleman, 2017). In zijn boek *Emotional Intelligence. Why It Can Matter More Than IQ* focust hij op leiderschap en waarom het essentieel is voor een leider om emotioneel intelligent te zijn.

Onder het domein social awareness (sociaal bewustzijn) valt empathie. Er zijn verschillende definities van empathie te vinden en uiteraard wordt er kritiek geleverd op Golemans definitie. Dat gaat nou eenmaal zo in geleerde kringen. Maar ik vind zijn visie op emotionele intelligentie en empathie zeer belangrijk voor de ontwikkeling van persoonlijk leiderschap. Hij beschrijft drie soorten empathie: cognitieve empathie, het vermogen de ander zijn standpunt te begrijpen – emotionele empathie, het vermogen te voelen wat een ander voelt – en iets wat hij *empathic concern* noemt, het vermogen te voelen wat de ander van je nodig heeft. Hij stelt dat het ontwikkelen van alle drie de vormen van empathie belangrijk is voor het opbouwen van sociale relaties. Voor mij is empathie een van de belangrijkste onderdelen van persoonlijk leiderschap. Je eigen emoties leren kennen en die van anderen leren zien, met het doel te verbinden.

De beste ploegcommandanten onder wie ik diende, waren hier erg goed in. Ze maakten goed gebruik van hun emotionele intelligentie en waren zich bewust van de sociale structuren binnen het team en de compagnie. Zo gaven ze sturing aan het team door eenieder in hun kracht te zetten, maar ze boden ook hulp in het ontwikkelen van minder sterke kwaliteiten. Ze gaven duidelijke kaders en lieten ons binnen die kaders zelfstandig werken.

Je zou kunnen stellen dat om op deze manier leiding te geven een hoge mate van vertrouwen, vaardigheden en zelfstandigheid nodig is. In het geval van een Special Forces-team is dat ook zo.

Maar dat neemt niet weg dat leiders die sterk ontwikkeld waren in hun emotionele intelligentie, goed konden verbinden met hun omgeving. En juist omdat zij zich bewust waren van de sociale structuren, groeide het vertrouwen in hen als leider.

Dienstbaar leiderschap

Geheime missie

Het is voor het eerst dat verschillende diensten met elkaar in een crisisgebied samenwerken. Ik ben als enige vertegenwoordiger van het KCT aangewezen om mee te gaan. De reden dat ik word meegestuurd en waarom Nederlandse SOF-militairen worden ingezet bij dit soort missies, is omdat ze gewend zijn in kleine teams te werken, de mate van dreiging en het politiek afbreukrisico zijn te hoog voor een ander soort eenheden. Die druk voel ik wel, maar ik ben klaar om het te dragen. Het doel van de missie is meervoudig: contact leggen met de lokale overheid, het inschatten van de veiligheidssituatie en de mogelijkheden onderzoeken om (heimelijk) te werken en te verblijven in het gebied. Het gebied is een land waar veel chaos en instabiliteit heerst. De situatie op de grond verandert dagelijks. Verschillende milities vechten om de macht. Dat zet zich voort in de stad waar wij moeten opereren. Er breken dagelijks gevechten uit tussen milities en vaak gaat het om het winnen van een straat of twee. Ze vechten een paar uur en daarna keert de rust weer terug, alsof er niets aan de hand is. Verder zijn er vaak 'carjackings' en is het verschil tussen militie of criminele bende lastig te onderscheiden.

We zullen met een klein team naar het gebied vertrekken. Eenieder met zijn eigen specialisme en achtergrond. Tijdens de voorbereidingen trek ik zo veel mogelijk werkzaamheden naar mij toe. Overal waar ik de kansen en mogelijkheden zie iets te kunnen betekenen voor het team neem ik de verantwoordelijkheid. Van het kopen van telefoons tot het maken van de communicatieplannen. Ik regel zo veel mogelijk randvoorwaarden en als er iets moet worden uitgezocht, zoek ik het uit of ga op zoek naar antwoorden. Het is een missie waarbij de voorbereidingstijd minimaal is. Er is weinig bekend over het gebied. Van de informatie die we nodig hebben is maar 50 procent beschikbaar, maar er wordt 100 procent inzet en output verwacht.

Het team bestaat uit zeer ervaren gasten, waarvan ik de jongste ben. Dat kan voor sommigen van oudere leeftijd een ding zijn. Ik weet echter dat mijn sociale vaardigheden en de ervaring die ik heb op het gebied van Low Visability Optreden (LVO) mijn rol in het team versterken. Ik besluit om mijzelf dienstbaar op te stellen.

De aankomst in het gebied loopt vrij soepel, behalve dat bij aankomst mijn radio's worden ingenomen. Op de luchthaven is een vipaankomst, waar wij gebruik van maken. We verwachten een soepele doorgang aangezien het voor vips is. Maar zodra we het vliegtuig uit komen en de ruimte in stappen worden onze tassen door de scanner gehaald. In een van de tassen zitten vier kleine radio's. Het zijn geen militaire radio's, maar gewone Motorola's, uiteraard voorzien van encryptie. Elk securityteam maakt er gebruik van, dus ik begrijp niet zo goed waarom ze in beslag worden genomen. Ik moest ze meenemen, aangezien we hier met meerdere voertuigen gaan verplaatsen. Een must om met elkaar te kunnen communiceren, zeker tijdens noodgevallen.

We bellen onze fixer. Iemand die lokaal zaken voor je regelt en in sommige situaties onmisbaar is. Na een minuut of tien komt hij angstig ogend, zwetend en bleek de vipruimte binnen. Hij gaat voor ons de onderhandeling aan maar neemt duidelijk de onderdanige rol. Ik versta niet wat hij zegt tegen de zogenaamde douanebeambte, maar ik lees aan de situatie af dat hij snel weg wil en de radio's wil achterlaten. Ertegen ingaan heeft op dit moment geen zin. *Accept, adapt, overcome.*

Onze fixer zegt dat we over een paar dagen een telefoontje kunnen verwachten en dan te horen krijgen waar we de radio's mogen ophalen. Gelukkig heb ik een plan B bedacht zodat we alsnog tijdens de verplaatsing van het vliegveld naar onze locatie contact kunnen houden. Wanneer we buiten de vipruimte staan vraag ik aan onze fixer of alles goed met hem gaat. Hij oogt nog steeds zeer gestrest: 'I thought they were going to put me in a cage, mate,' zegt hij met een Brits accent. Ik hoor dat hij uit de omgeving van Londen komt. 'These guys are not from my clan and just being here puts me in danger. I wanted to get out as quickly as possible. These guys put people in cages, you know. Small cages. They leave them for hours to burn in the sun.'

Ik begrijp nu waar zijn angstige indruk vandaan komt en zeg terwijl ik hem een schouderklopje geef: 'Well, then let's get out of here, mate. You won't get paid for sitting in a cage all day.' Er verschijnt een zenuwachtig glimlachje op zijn gezicht. Gelukkig waardeert hij mijn humor.

De dagen bestaan uit wat afspraken her en der en de tijd die over is gebruiken we om het gebied in kaart brengen en onze situational awareness te vergroten. Ik zorg dat alle informatie goed wordt gedocumenteerd in het geval dat ik het over moet dragen aan een opvolgend team. Als we een rit maken bepaal ik in overleg wat de samenstelling wordt en geef een korte briefing. Het is van belang dat ik mijzelf flexibel opstel, aangezien we een samengesteld team zijn en niet gewend met elkaar te werken. Hier de strenge militair uithangen heeft niemand behoefte aan. Het is een kwestie van aanvoelen, prioriteiten stellen, essentiële zaken doornemen en taken verdelen. De periode verloopt rustig en we komen veilig thuis.

De eerstvolgende keer reizen we met z'n tweeën naar het gebied en deze keer maken we geen gebruik van de vipaankomst. Natuurlijk kunnen we zonder problemen doorlopen. Iets met Murphy en Law. Het moment dat we een stap buiten de aankomsthal zetten wordt er vlak achter ons met zwaar geschut geschoten. Het zijn drie korte salvo's en het klinkt als een groot kaliber wapen. Vanuit een natuurlijke reactie krimpt mijn nek ineen en ik zoek naar een dekking. Dan stopt het vuren. Ik kijk mijn maatje aan, hij reageert hetzelfde en zegt: 'Nou, we zijn weer welkom.' Achteraf blijkt een soldaat van een of andere militie op een vliegtuig te hebben geschoten. Hij zag het toestel aan voor een vijandelijk vliegtuig. Het was maar een paar uur vliegen, maar dan stap je meteen uit in de harde realiteit.

Niet alle missies van het KCT bestaan uit deuren trappen, schieten en bommen gooien. Iets wat vaak wordt gedacht. Het gebeurt zeker en het kan een onderdeel zijn van de missie, maar er zijn ook missies waarbij je onder de radar moet blijven. De-escaleren in plaats van escaleren, omdat de situatie daarom vraagt. Low Visability Optreden. Een term die de Amerikanen hebben bedacht. De woorden zeggen genoeg: lage zichtbaarheid, verminderd zichtbaar of onopvallend zichtbaar. Het is een keuze van camouflage in het repertoire van de SOF-militair. Het wil niet zeggen dat LVO altijd geheim is. Het is een wijze van optreden. In sommige gevallen komt het beter uit wanneer je geen militair uiterlijk hebt. Dat betekent geen camouflagekleding en wellicht het aanpassen van je algehele verschijning. Sommigen zijn hier van nature beter in dan anderen, maar veel kun je leren.

Bij dit soort optreden past een persoonlijkheid die hoog scoort op sociale vaardigheden. Omdat je simpelweg moet kunnen communiceren met mensen die uit een andere cultuur komen en vaak een andere taal spreken. De douanebeambte, de corrupte agent, de soldaat, de militieleider, de lokale inlichtingenofficier, de checkpointcommandant en de lokale politicus. Je komt ze allemaal tegen en je bent altijd in de minderheid. Je komt in situaties terecht waarbij je altijd kunt terugvallen op je *fighting skills*, maar het zijn juist de *soft skills* die je redden. Je moet sociaal, correct, vriendelijk en dienstbaar zijn en rekening houden met de lokale cultuur, maar je hebt altijd een plan om op te schalen en in nood geweld toe te passen. Emotionele intelligentie in een notendop.

De missie die ik hierboven beschrijf was een geheime missie. Ik kan dus niet in detail treden over locaties, namen en andere zaken die de operationele veiligheid schaden. Het was ook mijn laatste missie voor het KCT. Het feit dat ik in eerste instantie als enige van het KCT werd meegestuurd was voor mij een eer. Ik kreeg de mogelijkheid om het KCT te vertegenwoordigen en het was een mooie kans om te laten zien wat ik in mijn mars had. Ik was 28 en het voelde voor mij alsof dit het moment was waarop ik kon laten zien waar jaren van trainingen en missies naartoe hadden geleid. De hoge mate van zelfstandigheid en verantwoordelijkheid creëerde ruimte voor de leider in mijzelf. Uiteraard zorgde deze verantwoordelijkheid voor spanning, maar het voelde als gezonde spanning. Het was een belangrijk onderdeel om invulling te geven aan mijn eigen betekenis.

Tijdens dit soort missies heb ik geleerd dat met name zelfstandigheid en zelfredzaamheid ervoor zorgen dat persoonlijk leiderschap naar boven komt. Daarvoor hoef je niet naar een conflictgebied af te reizen, want je kunt dit ook oproepen door alleen op reis te gaan. Wanneer je op jezelf bent aangewezen, in een vreemd land, word je gedwongen zelf beslissingen te maken en te communiceren met onbekenden. Dat leidt tot nieuwe inzichten en nieuwe ervaringen. Deze ervaringen maken je rijker als mens. Bij een reis waar alles vaststaat en alles voor je wordt geregeld, zul je veel minder over jezelf te weten komen. Om kwetsbaarheid en persoonlijke groei te vinden, moet je uit je comfortzone stappen.

Ik koos er in dit geval bewust voor om mezelf dienstbaar op te stellen, omdat ik wist dat die houding mij het meest zou brengen in deze situatie. Er zijn verschillende leiderschapsstijlen en je bewust zijn van je voorkeursstijl is belangrijk. Mijn voorkeursstijl is een inspirerende en motiverende leiderschapsstijl. Door te weten welke verschillende stijlen er zijn, kun je gaan experimenteren. Het is een onderdeel van invulling geven aan je eigen betekenis.

The Dark Triad

Als we het hebben over leiders en leiderschap vind ik het belangrijk om voorbeelden te geven van goed leiderschap en slecht leiderschap. Bestaat er zoiets als slecht leiderschap en wanneer is het dan slecht? Leiders bij defensie kunnen in mijn optiek worden beschouwd als functionele leiders. De functie die ze vervullen is gekoppeld aan het hiërarchische systeem van rangen. Een hogere rang betekent meer verantwoordelijkheid en meer mensen waar je verantwoordelijk voor bent. De organisatie doet haar best om deze leiders zo goed mogelijk op te leiden. Ze worden klaargestoomd voor een functie als leidinggevende, maar dat maakt ze niet meteen goede leiders.

Defensie is een groot bedrijf en daarom is het nodig eisen te stellen aan haar werknemers. Zeker omdat je als militair in bijzondere situaties terecht kunt komen. Het vergt fysieke en mentale fitheid. In één functie meer dan in de andere. Een soldaat van de technische dienst hoeft niet aan dezelfde eisen te voldoen als een commando speciale operaties. Dat is maar goed ook. Defensie heeft een hoop technici nodig en als elke techneut de commando-opleiding zou moeten doen, houden ze geen technici meer over. Eisen zorgen voor een sterke basis en als je hier niet aan voldoet haal je de opleiding niet of word je uit je functie ontheven. Dat geldt ook voor de leiders bij defensie. Er zullen functionele leiders zijn die de eisen makkelijk halen of zelfs overtreffen, maar er zijn ook functionele leiders die met de hakken over de sloot de opleiding halen. Gelukkig mag dat en krijgt iedereen de ruimte om zich te ontwikkelen.

Het voldoen aan de eisen begint al bij de keuring. Om militair te worden moet je gekeurd worden. Je legt medische, psychologische, fysieke testen af. Het is een systeem dat goed werkt. Maar in elk systeem zit een foutmarge. De verschillende militaire opleidingen zijn hier een filter in. Tijdens de opleiding tot militair begin je met een basisopleiding waarin je getest zult worden op verschillende vlakken. Je krijgt de kans om meerdere keren te laten zien dat je de aangereikte stof beheerst en dat je in staat bent om de fysieke eisen te halen. Zit hier geen vooruitgang in, dan houdt het op een gegeven moment wel op.

Toch is het mogelijk dat een enkeling door de selectie heen glipt. De eisen haalt, de opleiding fixt, militair wordt en te werk wordt gesteld binnen het bedrijf. Een enkeling die eigenlijk niet uit het juiste hout gesneden is, maar zo goed is in zichzelf voordoen als de perfecte militair, dat het de meeste anderen niet opvalt. Ze zijn fysiek sterk, intelligent, weten precies hoe ze zich moeten gedragen en wat ze moeten zeggen. Dat doen ze altijd op het juiste moment. Ze zijn zich bewust van de hiërarchie en de sociale structuren en weten daar goed op in te spelen, ze verzamelen mensen om zich heen die invloed kunnen uitoefenen op de groep. Vaak zijn ze geneigd om leiding te willen geven. Ze willen controle uitoefenen op het systeem en de mensen binnen het systeem. Maar dat doen ze niet op empathische wijze. Ze gebruiken angst om te leiden.

De kans dat je dit type mens tegenkomt op de werkvloer of binnen een organisatie is aanwezig. Naar mijn ervaring zijn het er niet veel. In mijn carrière ben ik er maar één echte tegengekomen. De mensen waar ik het over heb scoren hoog op iets wat wordt samengevat als de Dark Triad. Je zou bijna denken dat het uit *Star Wars* komt of een oosters crimineel syndicaat is, maar dat is niet zo. De Dark Triad bestaat uit drie componenten: narcisme, machiavellisme en psychopathie (Paulhus & Williams, 2002).

De eerste component, narcisme, is niet altijd makkelijk te herkennen. In de DSM-5 (Diagnostic and Statistical Manual for Mental Disorders) wordt narcisme aangeduid als een persoonlijkheidsstoornis. Narcisten zijn goed in zich groots voordoen en zijn vooral gericht op zichzelf. Ze hebben een gebrek aan empathie en zijn daardoor niet in staat zich in te leven in anderen.

Machiavellisme is vernoemd naar de Italiaanse denker en militair strateeg Niccolò Machiavelli. Machiavellisme wordt beschreven als 'sociale gedragingen die betrekking hebben op het manipuleren van anderen voor persoonlijk gewin en vaak tegen het belang van de ander. Machiavellisten hebben een cynische blik op de wereld en de mens. Ze richten zich op haalbare doelen en we kunnen concluderen dat een hoge mate van machiavellisme vaak gepaard gaat met een lage mate van empathie en dat deze personen emotioneel afstandelijk zijn.' (Wilson, 1996)

Tegenwoordig worden mensen niet meer psychopaat of sociopaat genoemd. In de DSM-5 wordt het aangeduid als een antisociale persoonlijkheidsstoornis. Mensen met een antisociale persoonlijkheidsstoornis kunnen impulsief zijn, houden geen rekening met anderen en zijn 'onbetrouwbaar, zoals blijkt uit herhaaldelijk liegen, gebruik van schuilnamen of het duperen van anderen voor persoonlijk profijt of plezier', volgens de DSM-5.

De reden waarom ik hierover schrijf is omdat ik het extra belangrijk vind dat mensen zich bewust zijn van deze persoonlijkheden. Ik realiseer mij dat de persoonlijkheid hierboven, iemand die voldoet aan alle drie de persoonlijkheden, een beetje de eindbaas is van slecht leiderschap, maar daarom gebruik ik het ook als voorbeeld. Deze persoonlijkheden in de vorm van een leider hebben de macht om grote schade aan te richten binnen een bedrijf, organisatie of groep. Ze zijn voor mij de definitie van slecht leiderschap. De vreemde keerzijde is dat ze het soms voor elkaar krijgen verandering door te voeren, verandering waar al jaren op wordt gewacht. Daardoor worden ze soms op handen gedragen.

De kans dat iemand alle eigenschappen van de Dark Triad heeft is aanwezig. Maar het herkennen van narcisme, machiavellisme en antisociale persoonlijkheidsstoornis als losse componenten lijkt mij een nuttige skill. Dit zijn over het algemeen geen fijne mensen en ze dragen negatieve energie. Vanuit mijn eigen ervaring wil ik meegeven dat je deze personen niet de kans moet geven om zich te voeden met jouw boosheid, angst of verdriet. Dat kost namelijk ontzettend veel kostbare energie. Energie die je liever stopt in positief leven en invulling geven aan je eigen betekenis. Als je dit leest en iemand in je omgeving herkent in de beschrijving van de Dark Triad heb ik de volgende tips:

- Dagelijkse ontmoetingen en confrontaties met deze persoon leren zien als een oefening in zelfbeheersing.
- Het ego van deze mensen is zeer groot en aanwezig. Weglopen of ze uit de weg gaan is vaak de beste optie. Als dat niet kan, probeer dan voorbij hun ego te kijken en dat wat hen mens maakt te zien. Achter de façade zit een mens die onderdeel is van dezelfde energie als waar wij allemaal deel van uitmaken. Ja, deze is moeilijk. Mijn ervaring is:

lukt het je om ze zo te zien, dan word je niet meegezogen in hun negatieve flow.

In sommige gevallen worden deze personen gezien voor wie ze echt zijn en word je verlost van hun aanwezigheid en alle ellende die ze meebrengen. Soms is dat niet het geval. Soms schoppen dit soort personen het zelfs tot president. Het universum werkt op mysterieuze wijze. Maar daar te lang over peinzen levert geen positieve gedachten op. Het enige waar je controle over kunt uitoefenen is de manier waarop je zelf reageert en in die reactie mensen om je heen inspireert hetzelfde te doen.

Slecht leiderschap is ook leiderschap en het is belangrijk om te leren van goede leiders en slechte leiders. Een goede leider hoeft niet te leiden vanuit angst, omdat hij persoonlijk leiderschap weet toe te passen in alle situaties. De goede leider ziet kansen en durft ze te nemen. De goede leider durft de betekenis van zijn bestaan te verkennen en in dit proces inspireert hij anderen. Niet om hetzelfde te doen, maar om mensen de eerste stap te laten zetten in de richting van hun eigen reis naar betekenis.

Spiritualiteit

Invulling geven aan je eigen betekenis gaat voor mij gepaard met spiritualiteit. Het is voor mij een belangrijk onderdeel van persoonlijk leiderschap. Tijdens verschillende missies heb ik gezien dat spiritualiteit houvast en rust biedt. Zowel bij de lokale bevolking als bij militairen die op uitzending waren. Alle commando's die ik ken passen een vorm van spiritualiteit toe in hun dagelijks leven. Dat kan op religieuze wijze of in een andere vorm van geestelijke beschouwing. Ik ken geen enkele commando die op de vraag 'waar geloof jij in?' geen antwoord heeft. Soms moet je er misschien een beetje aan trekken, maar een antwoord zul je krijgen.

Ik zie spiritualiteit als een combinatie van wat je gelooft, voelt en verbindt met een diepere betekenis van het bestaan. Al op jonge leeftijd was ik geïnteresseerd in allerlei religies en wereldbeschouwingen. Dat begon met oosterse filosofie en boeddhisme. Het feit dat ik aan kungfu deed, de Chinese vechtsport, opende mijn wereld voor zen, meditatie en het idee van reïncarnatie. De weg naar verlichting leek mij een mooi pad om te bewandelen, voor zover ik wist wat het betekende. Maar jaren onder een boom zitten als een echte monnik was voor mijn gevoel niet het juiste pad. Ik neigde zelf meer naar een gedisciplineerd krijgersbestaan en mijn hoofd kaalscheren zoals de Shaolinmonniken in China dat doen. Elke dag martial arts beoefenen en fysieke trainingen volgen van 's ochtends vroeg tot 's avonds laat en de dag eindigen met een urenlange meditatie. Dit zou wel eens mijn pad naar verlichting kunnen zijn, dacht ik toen.

Best vreemd om dit te willen als kind van tien, maar achteraf gezien was ik op zoek naar structuur. Het woord verlichting resoneerde in mij omdat ik het associeerde met een hoger bewustzijn. Iets wat mij wel tof leek te bereiken, zonder dat ik echt wist wat het zou moeten betekenen (weet ik nog steeds niet echt). Ik schoor wel mijn hoofd kaal, ik ging niet naar China om mezelf aan te melden bij een klooster, maar ik werd wel een moderne krijger.

De krijger en spiritualiteit

Het krijgersbestaan en spiritualiteit gaan al eeuwen samen. Het beoefenen van spiritualiteit en daarmee geloven in iets groters dan het zelf creëerde een vorm van rust op het slagveld. De Vikingen gingen onbaatzuchtig de strijd in, omdat ze geloofden dat

Odin en Thor een plekje voor hen vrijmaakten aan tafel in Valhalla. De samoerai leefden volgens de strikte en complexe regels van Bushido. Er wordt gezegd dat de oorsprong van Bushido ligt in het shintoïsme, een oude Japanse religie met vele rituelen. Bushido beschrijft de leefregels van een samoerai en de verschillende manieren om het hiernamaals met eer te betreden. Het was een eer voor de samoerai om te sterven op het slagveld. Eer is voor de commando speciale operaties belangrijk en onderdeel van de kernwaarden:

> Het is onze eer te na op te geven en niet het beste uit onszelf te halen.

Ik benoem nu krijgerculturen die een vorm van spiritualiteit gebruikten om zichzelf op het slagveld te overstijgen en hun angst te overwinnen. Het beoefenen van spiritualiteit zorgde ervoor dat ze op het slagveld in het hier en nu waren. Er is geen ander moment waar je beter in het hier en nu kunt zijn dan in het gevecht. Denken aan het verleden en wat je achterlaat zal niet helpen. Denken aan winnen of verliezen zal niet helpen. Denken aan de toekomst en een mogelijke dood zal niet helpen. Tenzij je gelooft dat je met de Noorse god Odin bier gaat drinken in Valhalla als je overlijdt op het slagveld. Mijn punt is: deze staat van Zijn kun je bereiken door spiritualiteit onderdeel te maken van je trainingsproces en levenswijze. Je kunt het gebruiken om je mentale kracht te versterken en het draagt bij aan persoonlijk leiderschap.

Er is altijd iets geweest wat mij aansprak in de kunst van het vechten. Door Bruce Lee, het legendarische icoon van de Aziatische vechtsport. Met zijn gespierde lichaam en de controle die hij uitstraalde raakte ik gefascineerd door de oosterse vechtkunst. Ik wilde ook zo leren vechten. Deels omdat ik voelde dat ik het nodig had om mijzelf te beschermen en deels omdat ik wist dat er een eeuwenoude filosofie achter zat. Het was dus niet in de kerk waar mijn interesse naar spiritualiteit groeide, maar in een kleine ruimte in de Amsterdamse Pijp, waar ik twee keer per week heen ging om kungfu te leren.

Ik wilde leren vechten, omdat ik op jonge leeftijd een aantal keer geconfronteerd werd met een vervelend gevoel, telkens als het op een vechtpartijtje uitliep. Dit gebeurde meestal op het pleintje bij mij aan het eind van de straat. De stress en adrenaline gaven mij een angstig gevoel, waardoor ik geen controle meer had over mijn lichaam. Dit gevoel wilde ik leren beheersen, want op mijn basisschool en op het pleintje gold altijd het recht van de sterkste. Als je sterk was en kon knokken kreeg je respect en werd je over het algemeen met rust gelaten.

Dit druist een beetje in tegen de wetten van de krijgskunst. Een krijger leert zichzelf niet zwaardvechten of boksen voor de verheffing van zijn status of om de ander een lesje te leren, maar om zichzelf en anderen te beschermen. Ik leerde dit omdat ik het in films zag en in boeken las. Maar vooral omdat mijn kungfumeester het ons tussen de oren prentte. Als kind vond ik het soms moeilijk om de scheldwoorden of beledigingen van een ander te negeren. Zeker als ik een klap of trap had gekregen, dan nam ik het recht in eigen handen. De meesters en juffen op school waren hier niet blij mee. Mijn gedachte was: als ik het nu toelaat, dan is het een teken van zwakte en zal het vaker gebeuren. Dat is al te vaak gebeurd. Het is tijd om mijzelf te verdedigen.

De schrijver, vechtsportliefhebber en trainer Alex Boogers gaf ooit een training op de boksschool waar ik train en soms lesgeef. Na de training spraken we elkaar onder het genot van een kopje koffie. We spraken over Bruce Lee, over vechtkunst en over de code van een krijger. Hij sloot het gesprek af met een mooie zin die bleef hangen in mijn hoofd: 'Want wat is een krijger zonder regels en zonder code? Zonder deze regels, zonder deze code, is de krijger maar een barbaar.'

Een barbaar die zijn emoties, gedachten en fysieke krachten niet onder controle heeft. Een barbaar die leeft zonder regels en zonder code. Een barbaar die leeft zonder spiritualiteit. Ik schrijf het wellicht extreem op maar deze regels, de code en spiritualiteit van een krijger geven richting aan zijn bestaan en daarin vindt hij betekenis.

Door de eeuwen heen leefden verschillende krijgerculturen volgens deze regels en eerden hun goden, goden die vaak natuurverschijnselen representeerden. Goden en de natuur gaven vorm aan hun spiritualiteit. De krijgersculturen en jager-verzamelaars van vroeger respecteerden de natuur en haar goden. Nu is dat anders. We hoeven niet meer het bos in om besjes en noten te verzamelen. We zijn vergeten hoe het is om in contact te staan met alles wat leeft. Een barbaar interesseert het niet, of weet niet hoe hij voor de wereld om zich heen moet zorgen. Een barbaar doodt zonder geweten.

Toen ik jong was nam ik het recht in eigen handen, omdat ik dacht dat het de enige oplossing was. Een oog voor een oog, een tand voor een tand. Dat resulteerde eigenlijk nooit in een positieve uitkomst. Naar de meester of juf gaan hielp niet. Ik probeerde het wel een keer, maar toen zette het vechtpartijtje zich voort om de hoek van de school, buiten het zicht van de leraren. Als je naar de meester ging, was je een klikspaan. Ik wilde geen klikspaan zijn. Als ik gehavend thuiskwam rende mijn moeder naar het pleintje om de daders op hun donder te geven. De jongens op het plein waren zeker bang voor haar, maar dat maakte mij in hun ogen een moederskindje. Ik wilde geen moederskindje zijn, ik wilde voor mezelf opkomen.

Door dit soort ervaringen wilde ik leren vechten. Het maakte dat ik vechten begon te zien als de enige oplossing. Zo raakte ik verwijderd van de regels en de krijgerscode waar ik ooit kennis mee had gemaakt. Zeker in mijn tienerjaren werd dit een probleem. Nu weet ik dat onder die vechtlust een angst zat. De angst voor het fysiologische effect, voor de emoties en gedachten die voortvloeien uit een gevecht.

Ik kreeg op school niet geleerd hoe ik mijn gedachten en emoties het hoofd kon bieden of hoe je met agressie om moest gaan. Ik kreeg op school niet geleerd hoe je veerkracht ontwikkelt. Ik kreeg op school niet geleerd waar mentale kracht uit bestaat, terwijl het zo belangrijk is voor de rest van je leven. Ik zou graag willen zien dat mijn zoon dat wel leert op school. Dat lifeskills onderdeel worden van het curriculum, naast de rekensommetjes en grammatica. Er zijn basisscholen die hier een begin mee maken, maar het onderwijs lijkt nog steeds te veel gericht op het halen van goede cijfers. Er wordt summatief getoetst, terwijl er meer groeimogelijkheden zitten in formatief toetsen. Dat heb ik zelf mogen ervaren als opleider en coach op verschillende opleidingen bij defensie.

De reden dat ik over school begin in relatie tot het onderwerp spiritualiteit, is omdat beide beginnen bij de kern. Vanuit thuis krijg je de eerste lessen spiritualiteit mee. Met spiritualiteit bedoel ik alles wat met de geest te maken heeft en het bewustzijn positief of negatief beïnvloedt. Na de eerste jaren wordt je spiritualiteit ontwikkeld op school en daarbuiten. Bij de buren, op straat, in de kerk, moskee, synagoge of tempel. Spiritualiteit is naar mijn mening een belangrijk onderdeel van mentale kracht. Het geeft richting en duidelijkheid en er zit een kracht in die maakt dat mensen zingeving vinden in hun bestaan. Spiritueel verbonden zijn zorgt er ook voor dat mensen kracht vinden in moeilijke en zware tijden.

Tijdens mijn Elementaire Commando Opleiding kwam één keer in de twee weken een geestelijk verzorger (GV'er) van defensie om ons 'een hart onder de riem te steken'. Grappig genoeg komt die uitdrukking uit het soldatenleven. De riem was een band die schuin over de borst liep. De soldaat die onder de riem geen hart heeft, heeft geen moed en kan dus niet vechten: 'Zonder hart geen gevecht'. De geestelijk verzorgers bij defensie hebben de taak om bij te dragen aan het geestelijk welbevinden van militairen, overig defensiepersoneel, veteranen en het thuisfront. Deze GV'ers handelen vanuit een katholieke, protestantse, humanistische, joodse, hindoeïstische of islamitische traditie.

Onze GV'er deed dat vanuit het humanisme. Ik keek ontzettend uit naar deze momenten. Als hij kwam hadden we heel even rust. Hij nam altijd warme chocolademelk mee en meestal iets lekkers om te snoepen. Niet geheel onbelangrijk in een opleiding waar eten altijd functioneel is. We zaten in het leslokaal op het tentenkamp en daar las hij zijn zelfgeschreven gedichten voor en speelde er dan een toepasselijk muziekje bij. We kregen de kans om heel even onze dekking te laten zakken. Hij vond het ook goed als je even je hoofd wilde laten rusten op tafel en gebruikmaakte van het moment om een powernap te doen. Ik kan mij niet meer herinneren waar zijn gedichten over gingen, maar je kon horen dat ze uit zijn kern kwamen. Ik kon voelen dat het hem goed deed ons te steunen tijdens de zware weken van de ECO. Dit korte moment van bezinning bracht een soort spirituele heling. Het creëerde *headspace* en gaf mij en de andere jongens de rust en moed om door te gaan.

Lessons learned

- Leiderschap is een groot thema. Het gaat niet om hoeveel mensen je leidinggeeft en welke stijl daar het best bij past.

Deze kennis helpt je wel in het uitvoeren van je taak of functie maar uiteindelijk gaat leiderschap over het maken van een innerlijke reis en het ontdekken van je eigen krachten en zwaktes.

- Persoonlijk leiderschap bestaat uit de mogelijkheden zien in kansen die het leven je biedt en de moed hebben deze kansen te grijpen. Het is invulling geven aan je eigen betekenis, wat gepaard gaat met vallen en opstaan, en in dit proces anderen motiveren en inspireren.
- Kwetsbaarheid is kracht.
- Een pantser redt soms je leven, maar toch moet je leren het niet altijd te dragen.
- Wees de beginner. De beginner staat open voor nieuwe ervaringen, zonder oordeel en met positieve energie.
- Echt luisteren is essentieel.
- Spiritualiteit en leiderschap versterken elkaar.

Tips & tools

- Leiderschap is een groot onderwerp. Luister naar podcasts en lees boeken om je erin te verdiepen.
- Maak een persoonlijkheidstest. Op deze manier kun je erachter komen wat jouw voorkeurleiderschapsstijl is.
- Om goed te kunnen luisteren moet je het ego opzijzetten. Dat begint met de twijfelende en angstige stem in je hoofd te identificeren als het ego.
- Gebruik de app Headspace om te leren mediteren.
- Om spiritualiteit onderdeel te maken van je leven kun je rituelen gebruiken. Mijn ervaring is dat een ritueel zorgt voor meer gevoel van betekenis.

Persoonlijke missie

Verdiep jezelf in het onderwerp leiderschap. Begin met opschrijven wat leiderschap voor jou betekent. Zoek een leider die jou inspireert en motiveert en beschrijf waarom dat zo is. Als je dit hebt gedaan kun je het onderdeel maken van je persoonlijk leiderschap.

8

Stress

Mali, 2013

We rijden voor het eerst een nachtelijke patrouille op quads door een van de meeste noordelijke woestijnsteden van Mali. We moeten een Pattern-of-Life vaststellen en een indruk krijgen van de stad in de nachtelijke uren. Ik rijd voorop en de tolk zit bij mij achterop. We besluiten om het eerste stuk zonder licht te rijden en gebruik te maken van ons nachtzicht. Zo zijn we moeilijk zichtbaar voor rebellen of lokale terroristen. De tolk zit bij mij achterop zodat ik als eerste burgers of lokale rebellen moet aanspreken mochten ze op ons pad terechtkomen.

Ergens halverwege de route en midden in de stad rijden we over een open plein richting een verzameling lage gebouwen. Het is slecht verlicht omdat niet alle delen van de stad stroom of licht hebben. Ik kijk tegen twee gebouwen aan en deze liggen zo'n vijftig meter voor mij. Vijf meter links van de twee gebouwen zie ik een laag muurtje dat doorloopt richting andere gebouwen. Ineens zie ik uit de twee gebouwen twee schimmen voorbijflitsen richting het lage muurtje. Ik stop gelijk met gas geven en laat de quad stationair draaien. Ik geef over de radio door dat de rest moest stoppen. De tolk die achterop zit vraagt: 'What do you see?' Ik kijk nog eens goed door mijn nachtzicht en zie dat een van de twee schimmen boven het muurtje uitsteekt en iets wat lijkt op een lang geweer op ons richt. Ik hoor hem het wapen doorladen en iets naar ons schreeuwen.

Ik schakel gelijk over op stand ACTIE en schouder mijn geweer. Ik zeg tegen de tolk dat hij moet afstappen. De tolk stapt af en antwoordt gelijk in de lokale taal, de taal van de Toearegs, ook wel Tamashek genoemd. Hij loopt iets naar voren en blijft praten, er wordt weer naar hem geschreeuwd. Hij draait zich om naar mij en zegt: 'They are soldiers and want us to come forward.' Ik geef een snelle melding over de radio en adviseer om met twee man naar voren te rijden, om even polshoogte te nemen.

De tolk stapt achterop en we rijden met z'n tweeën langzaam op. We rijden naar de twee gebouwen en richting het lage muurtje. Wanneer ik dichterbij kom zie ik dat de schim achter het lage muurtje inderdaad een wapen op ons richt, het is een machinegeweer. Op het moment dat we bij de gebouwen aankomen lopen er nog twee schimmen op ons af met kalasjnikovs.

Ik zie geen noodzaak tot escalatie en besluit mijn hoofdlampje aan te zetten met de rode straal op mijn eigen gezicht gericht. Het moment dat ik het lampje aanzet, maak ik gelijk een grote glimlach en zeg: 'Bonsoir mes amis!' Het werkt letterlijk en figuurlijk ontwapenend. Ik zie door de rode gloed van mijn lampje hun gezichten. Het zijn heel jonge gasten, ze zijn rond een jaar of veertien en staan zeer nerveus met hun wapens op ons gericht. Mijn manier van kennismaken brengt al snel wat rust in hun gemoedstoestand. Hun wapens gaan naar beneden en ik geef over de radio door dat de rest naar ons kan komen. We maken een kort praatje met ze. Ze horen bij een lokale rebellengroepering en moeten dit gedeelte van de stad bewaken. Gelukkig zijn ze vandaag niet *trigger-happy*.

Stress speelt een belangrijke rol in het leven. Zeker in het leven van een commando speciale operaties. Een situatie kan op missie in enkele seconden van alert naar hoge stress 'schieten' en weer terug. Deze stressfases herkennen en leren reguleren is van essentieel belang.

De natuur heeft bepaald dat we stress nodig hebben om te overleven. Maar waar bestaat stress uit en hoe werkt het precies? Voor een commando speciale operaties is het noodzakelijk om hier psychologische, fysiologische, theoretische en praktische kennis over te hebben, aangezien je vaak wordt geconfronteerd met stressvolle situaties.

In de tien jaar dat ik diende bij het Korps Commandotroepen bestond mijn leven uit opleiding en oefening, van training naar missie, van missie naar huis en weer opnieuw. Stress was altijd aanwezig en dat is niet altijd negatief geweest. Om uit te leggen wat ik daarmee bedoel moeten we even de theorie induiken. Ik ben zelf fan van praktische voorbeelden en ik ben geen professor, dus ik houd het theoretische gedeelte kort en krachtig.

De eerste keer dat ik een definitie van stress hoorde, was ik net begonnen aan de Luchtmobiele Opleiding. We kregen les van een sergeant en hij las voor uit het *Handboek Militair*: 'Stress is een normale reactie op een abnormale situatie.' Tegenwoordig staat het niet meer zo beschreven. Gelukkig maar, want stress is complexer dan deze definitie en het is belangrijk dat mensen begrijpen hoe stress werkt. Tegenwoordig zijn er veel mensen die last hebben van stress zonder dat ze echt weten hoe het werkt.

Hans Selye, een Oostenrijks endocrinoloog, was een van de eersten die de term 'stress' gebruikte. Hij noemde het eerst *General Adaptation Syndrome*. Selye ontdekte dat het lichaam wordt uitgedaagd om zich aan te passen als het wordt uitgedaagd door een stressor. Zijn experimenten met ratten leidden naar antwoorden over de effecten van verschillende stressoren op het lichaam. Omdat de fysiologische reactie een algemene en geen specifieke adaptatie (mooi woord voor aanpassing) was, noemde hij het een algemeen aanpassingssyndroom: General Adaptation Syndrome (Selye, 1978).

Stressoren kun je direct waarnemen, bijvoorbeeld iemand die dreigend een wapen op je richt, maar je kunt ook stress krijgen van iets wat je op beeld ziet of bedenkt. Zo kunnen mensen met een spinnenfobie stress krijgen van een spin die ze op een tv-scherm zien, terwijl de spin niet echt aanwezig is, en denken aan het examen van morgen levert voor sommigen ook stress op. Stressoren zijn de dingen die stress veroorzaken en stress is altijd een reactie op een stressor. Het is afhankelijk van eerder opgedane ervaringen of een stressor daadwerkelijk een stressreactie activeert.

Selye kwam erachter dat iedereen anders reageert op stress. De fysiologische reactie van stress is altijd hetzelfde, maar de manier waarop we ermee omgaan verschilt van mens tot mens. Het is afhankelijk van verschil in perceptie en hoe men er emotioneel en cognitief op reageert.

Hij gebruikte de termen 'distress' voor negatieve stresservaringen en 'eustress' voor positieve stresservaringen. Om een voorbeeld te geven van eustress: de koude douche die ik in de ochtend neem. Zodra het koude water mijn huid raakt verstoort het mijn natuurlijke balans. Koud water op je lichaam krijgen, wanneer je net een ontspannende vorm van ochtendgymnastiek hebt gedaan, mag beschouwd worden als een stressor, maar ik ervaar het wel als een positieve stressor. Het is voor mij een vorm van eustress. Dat wil dus zeggen dat de fysiologische reactie van stress bij iedereen hetzelfde is maar de mentale ervaring per individu verschilt.

Als we hier dieper op ingaan, kunnen we stellen dat de stressreactie een reactie van het lichaam is op elke verandering, dreiging of druk van buitenaf, maar ook van binnenuit: onze mentale processen. De stressor zorgt ervoor dat we stress ervaren en ons moeten aanpassen. Zo wordt je natuurlijke balans verstoord. Het lichaam probeert continu in een staat van 'homeostase' te zijn, een staat van balans. Alles wat deze balans verstoort zou je kunnen bestempelen als stress, maar er zijn wel gradaties in hoe heftig men de stressor ervaart. Laten we eens kijken naar een aantal verschillende stressoren die deze balans kunnen verstoren:

- Omgevingsfactoren (temperatuur, wind, droog, nat, et cetera)
- Interne cellulaire processen (ziekteverwekkers, virussen, gifstoffen, et cetera)
- Fysieke inspanning (rennen, krachttraining, springen, et cetera)
- Mentale inspanning (leren, problemen oplossen, focussen, et cetera)
- Emotionele eisen (angst, piekeren, spijt, verlies van controle, et cetera)
- Sociale eisen (managen van relaties, groepsdynamiek, et cetera)
- Waarnemingsvermogen (reuk, tast, zicht, smaak, et cetera)

(Building the Elite. The Complete Guide to Building Resilient Special Operators, 2021)

Er zijn een hoop verschillende stressoren, maar de fysiologische reactie van het lichaam op stress, de stressrespons, is altijd hetzelfde. Adrenaline en cortisol worden aangemaakt, zowel bij een training in de gym als wanneer je de honderden e-mails ziet die je nog moet beantwoorden. Weten welke stressoren je uit balans kunnen halen geeft belangrijke inzichten. Om een voorbeeld te geven van welke stressoren je kunt tegenkomen in een missiegebied deel ik het volgende verhaal. Ik was net negentien en diende voor het eerst in Afghanistan. Mijn vrienden die thuis in Nederland studeerden kregen te maken met heel andere stressoren en gingen daar dan ook anders mee om.

Afghanistan 2008, 11 A-Compagnie, Luchtmobiele Brigade

We vertrekken vroeg naar de bazaar van Deh Rawod om de maandelijkse 'sjoera' te beveiligen. Bij een sjoera komen lokale dorpsoudsten bij elkaar om de gang van zaken te bespreken en wij Nederlanders maken gebruik van het moment om hier connecties te maken en bruggen te slaan, of in ons geval: waterputten. Het is een ideaal moment om de 'Hearts and Minds' van de lokale bevolking voor ons te winnen. Althans, dat doen de officieren. Wij soldaten staan op straat en beveiligen het hele gebeuren.

Vandaag sta ik samen met mijn buddy Luc op straat om twee wegen te beveiligen. De twee wegen komen uit op de locatie waar de sjoera wordt gehouden. Aan ons de taak om ervoor te zorgen dat er niemand doorheen komt. Vorige maand heeft er een zelfmoordaanslag plaatsgevonden. Een Afghaanse jongen van ongeveer mijn leeftijd blies zichzelf op terwijl de markt in volle drukte gaande was. De meeste slachtoffers waren Afghaanse burgers en een aantal politieagenten. Er blijkt uit informatie dat er meerdere 'suïciders' rondlopen of rijden door het gebied. We moeten extra alert zijn van de sergeant.

Wanneer we aankomen op de bazaar is het al druk. De bazaar bevindt zich op een rotonde in het midden van het dorp Deh Rawod. De straten zijn smal en de huizen bestaan uit stenen en lemen laagbouw. Aan weerskanten van de straat ligt een diepe geul. Dat is een open riool en mensen gooien hier hun afval in en doen er hun grote en kleine boodschap. Je wilt er absoluut niet in terechtkomen.

Luc en ik stappen uit het voertuig en pakken het concertinadraad en rollen deze uit op zo'n vijftig meter halverwege beide straten. Zelf blijven we op de hoek van de straat staan. Zo hebben we inzicht in beide wegen en kunnen we voetgangers en voertuigen op tijd laten stoppen. Na een uur staan we rustig met elkaar te kletsen, wanneer er een witte auto de straat in rijdt. Het is de straat die ik moet beveiligen. De bestuurder draait langzaam de hoek om, hij bevindt zich nu op ongeveer honderd meter afstand en rijdt in mijn richting. Ik schakel gelijk over op standje AAN.

Ik loop naar het midden van de weg en maak mijzelf duidelijk zichtbaar. Onze ROE's (Rules of Engagement) zijn duidelijk. Ik moet eerst met een duidelijk handgebaar en mijn stem laten zien wat ik wil, als hier niet op gereageerd wordt mag ik een waarschuwingsschot geven in de lucht. Als hier ook niet op wordt gereageerd mag ik gericht schieten. Ik steek mijn linkerarm omhoog, roep 'STOP!' en geef de bestuurder het stopteken. Hij reageert niet en komt met dezelfde snelheid op mij afrijden. Ik voel mijn hartslag omhooggaan en roep nog een keer, maar harder dan de eerste keer: 'STOP!' Ik laat mijn linkerarm zakken en houd mijn wapen gereed om in de lucht te schieten. Ik richt mijn wapen naar boven in de lucht, maar wel in lijn met het voertuig dat nog steeds nadert. Op dat moment komt de auto tot een abrupte stilstand. Ik hoor de bestuurder de rem intrappen. Ik zie niet wie er achter het stuur zit, maar het lijkt erop dat hij mij nu ziet en begrijpt. Hij komt tot stilstand op zo'n 75 meter voor mij. Voor mijn gevoel iets te dichtbij en het had weinig gescheeld of ik had de trekker overgehaald voor een waarschuwingsschot. Het eerstvolgende schot zou een gericht schot zijn. Ik gebaar naar de bestuurder dat hij achteruit moet rijden. Dat doet hij. 'Godverdomme, wat een eikel. De volgende laten we niet zo dichtbij komen,' hoor ik Luc achter mij zeggen.

Een halfuur later staan we er nog steeds en het is drukker geworden op de bazaar en rotonde. Mensen komen om spullen te kopen en te verhandelen. Luc en ik lachen om een grap die hij maakt en op dat moment komt er weer een witte auto de straat in rijden. Deze keer niet langzaam. De bestuurder komt de hoek om en geeft gelijk gas, waarna hij met een hoge snelheid op ons af komt rijden. Ik voel gelijk mijn hartslag stijgen en ik ben volledig gefocust op het voertuig dat met een aanzienlijke snelheid Luc en mij tegemoet rijdt. 'STOP!' Geen reactie. Ik richt mijn wapen in de lucht en heb geen tijd om nog een keer te gebaren. Ik haal mijn wapen van SAFE en haal de trekker over. Mijn oren suizen. Ik heb geen oordoppen in. Op het moment dat ik schiet remt de bestuurder met piepende banden.

Ik richt mijn wapen op de voorruit en probeer met mijn kijker te zien hoe de bestuurder eruitziet. Ik zie door de weerkaatsing van de zon en het licht op de voorruit niet veel, alleen zijn baard en tulband en de contouren van zijn gezicht. Verder geen details. Ik voel boosheid en een verhoogde spanning in mijn lichaam. 'Naar achteren!' schreeuw ik en gebaar met mijn handen dat hij weg moet. Ik hoor hem zijn auto in achteruit zetten en hij begint naar achter te rijden. Ik blijf op hem gericht tot hij de hoek om is.

Mijn sergeant komt naast mij staan en geeft over de radio een korte melding door. 'Goed gedaan, Carter.' Ik knik naar hem en kijk achter mij waar Luc staat. Ik zie hem gedekt tegen de rand van de muur staan met zijn wapen in de aanslag. Ook hij was klaar om te vuren.

Terwijl ik deze ervaring terughaal uit mijn geheugen merk ik dat er weer een proces van normalisatie optreedt. Gedurende mijn tijd bij de Special Forces heb ik ervaringen opgedaan die qua stress deze situatie overschrijden. Voor mijn gevoel lijkt de situatie hierboven niet heel bijzonder. Deze dingen gebeuren op missie en het staat in schril contrast met een vuurgevecht. Maar als ik er goed over nadenk en reflecteer op de gebeurtenis, is het best wel bizar dat ik op negentienjarige leeftijd daar in Deh Rawod op de bazaar stond en klaar was om de dreiging uit te schakelen.

Deze ervaring maakt ook duidelijk dat tijdens eenzelfde situatie verschillende stressoren een rol kunnen spelen en dat deze ook nog tegelijkertijd kunnen plaatsvinden. Ook wordt duidelijk dat je stresssysteem in een stressvolle situatie kan oplopen en kan herstellen. Standje AAN en vervolgens weer herstellen zijn automatische processen in ons systeem en die kun je naar mijn mening trainen. Door gebruik te maken van biofeedback kun je mensen inzicht geven in fysiologische waardes zoals hartslag en ademhaling. Vervolgens kun je technieken aanleren die gericht zijn op het reguleren van stress door middel van ademhaling.

Niet iedereen reageert hetzelfde op eenzelfde stressor. Het is afhankelijk van je cognitieve beoordeling: de wijze waarop je een stressor interpreteert. Dat is voor iedereen anders. Maar ik ben ervan overtuigd dat je kunt leren een stressor op verschillende manieren te interpreteren. Door training en exposure: blootstelling aan de stressor. We duiken weer even de theorie in.

Hoe werkt stress?

Toen we vroeger met speren rondliepen was het nuttig om een reactie op een stressor te ervaren, anders zou het mogelijk een snelle dood betekenen. Het zien van een slang of tijger zette een systeem in werking: de fysiologische stressrespons. En dit systeem is tot op de dag van vandaag meganuttig en -belangrijk. De stressrespons werkt op de volgende manier: een stressor veroorzaakt stress. Adrenaline, noradrenaline en cortisol worden aangemaakt. Adrenaline (wordt ook epinefrine genoemd) is een hormoon dat wordt geproduceerd in de bijnierschors. Het zorgt ervoor dat het 'vecht/vlucht'-systeem in werking gaat. Je hartslag gaat omhoog, je pupillen verwijden om meer licht op te vangen, je ademhaling versnelt, et cetera. Adrenaline zorgt ervoor dat je klaar bent voor actie. Dit is de werking van adrenaline in een notendop.

Cortisol is een corticosteroïde en wordt ook geproduceerd in de bijnierschors. Het is een hormoon dat wordt gemaakt uit cholesterol. Tijdens de fysiologische stressrespons triggert het de productie van glucose. Glucose is brandstof. Cortisol zorgt ervoor dat energie vrijkomt in tijden van stress. Dat is best handig als je moet vechten of vluchten. Het heeft ook een *anti-inflammatoir effect,* anders gezegd: het is ontstekingsremmend. Cortisol speelt ook een belangrijke rol in slapen en wakker worden: ons *circadiaans* ritme.

Zowel adrenaline als cortisol heeft een belangrijke functie met betrekking tot geheugen. Vanuit onze natuur is het belangrijk dat we stressvolle gebeurtenissen opslaan, zodat we ze ons kunnen herinneren voor een volgende keer en leren van de ervaring, om simpelweg te overleven. Er zijn studies die laten zien dat realistisch trainen, het 'train as you fight'-principe, de gewenning aan stressvolle situaties bevordert door de aanmaak van adrenaline en cortisol. Adrenaline en cortisol worden vaak bestempeld als boosdoeners, zo veroorzaken ze bijvoorbeeld lichamelijke uitputting. Maar beide hormonen zijn ook essentieel voor overleven en hebben positieve effecten. Zolang deze effecten maar kortdurend zijn. Te veel en een te lange blootstelling aan adrenaline en cortisol is niet gezond. We weten dat chronische stress niet goed is voor ons immuunsysteem en er zijn manieren om invloed uit te oefenen op beide hormonen zodat je het immuunsysteem versterkt.

Het sympathische en parasympathische zenuwstelsel

Het systeem dat zorgt voor de vrijlating van adrenaline en cortisol is het autonome zenuwstelsel. Dit systeem bestaat uit het sympathische zenuwstelsel en het parasympathische zenuwstelsel. Het sympathische zenuwstelsel wordt geactiveerd in stressvolle situaties en bestaat uit een zenuwstreng die de *nervus sympaticus* heet. De woorden actie en inspanning passen mooi bij dit zenuwstelsel. Dit is het systeem dat in werking treedt op het moment dat je lichaam in de 'vechten of vluchten'-modus staat. Dit systeem zorgt ervoor dat je pupillen verwijden om meer licht op te vangen, je speekselproductie omlaag gaat, je longblaasjes gaan open om meer zuurstof te ontvangen en je hart gaat sneller kloppen om meer bloed rond te pompen. Het zorgt er ook voor dat je darmen even pauzeren, waardoor je mogelijk misselijk wordt. Eten verteren op het moment dat er mortieren om je heen exploderen is niet echt handig. Aangezien we toch steeds verder omlaaggaan in de anatomie, is het nuttig te vermelden dat het sympathische zenuwstelsel de blaas ontspant. Zo kan het zijn dat mensen tijdens hoge en acuut stressvolle situaties in hun broek plassen. Dat inzicht maakt het misschien minder schaamtevol. Je hebt je fysiologie niet altijd onder controle.

Het parasympathische zenuwstelsel wordt geactiveerd in tijden van herstel en bestaat uit de zenuw die de *nervus vagus* wordt genoemd. Het maakt dat je pupillen vernauwen, je speekselproductie omhooggaat, je hartslag en ademhaling gaan omlaag en het activeert je darmen. Tevens zorgt het ervoor dat je blaas vernauwt. De woorden rust en ontspanning passen mooi bij dit zenuwstelsel. Het mooie van deze twee systemen is dat ze onderdeel zijn van het autonome zenuwstelsel, en veel wordt automatisch gereguleerd, dat is maar goed ook omdat het gaat over complexe processen. Ik zou mij niet bewust willen zijn van het feit dat ik mijn kringspier continu moet aanspannen of dat ik vergeet te ademen. Maar we kunnen wel invloed uitoefenen op het sympathische en het parasympathische systeem.

De krachtigste tool in dit geval is je ademhaling. In het gedeelte over pijn schrijf ik over 'tactical breathing' en hoe het mij hielp tijdens de examens van mijn schietopleiding. De stressor, het examen, zorgde ervoor dat mijn sympathische zenuwstelsel lekker actief was. Droge mond, hoge hartslag en net voor het examen deed ik een paraplasje (term die wordt gebruikt door parachutisten, anders bekend als een angstplasje, maar wel op de wc). Door gewoon even te concentreren op mijn ademhaling, vijf seconden in, even vasthouden en vijf seconden uit, voelde ik een bepaald soort rust over mijn lichaam komen, waardoor ik mentaal sterker werd. In Tips & tools zal ik meer vormen van tactical breathing met jullie delen.

Onderzoek laat zien dat activiteit van de nervus vagus kan worden beïnvloed door respiratie: ademhaling. Het wordt onderdrukt bij inhalatie: inademen, en geactiveerd tijdens exhalatie: uitademen, vooral bij uitademen wordt de nervus vagus geactiveerd (Russo, 2017). Dit zorgt ervoor dat je hartslag ook omlaag gaat. Je kunt door middel van ademhaling stress reguleren.

We weten ook dat het sympathische zenuwstelsel geactiveerd kan worden door ademhaling. Een bekend persoon die ademhalen combineert met koude training is de Ice Man: Wim Hof. Jarenlang werd hij gezien als een gek die zonder kleren de Kilimanjaro beklom en zichzelf liet onderdompelden in ijs om wereldrecords te verbreken. Tot er werd besloten om een onderzoek te doen naar zijn methode. Voor het onderzoek werd een groep getraind in de Wim Hof Methode. Na een periode van training werden zij tijdens het experiment geïnjecteerd met een E. colibacterie. De E. colibacterie komt van nature voor in de darmen van mensen en dieren. Je wordt behoorlijk ziek als je een broodje eet waar deze bacterie op is gesmeerd. Koorts, misselijkheid, hoofdpijn en braken zijn mogelijke verschijnselen. Een andere groep deed ook mee maar zij waren niet getraind in de Wim Hof Methode: de controlegroep. Ook zij werden geïnjecteerd met de E. colibacterie.

De getrainde groep paste een ademhalingstechniek toe die door Wim Hof wordt gedoceerd. Als je ernaar kijkt lijkt het op een vorm van hyperventilatie. Een periode van snel ademhalen: ongeveer dertig tot veertig ademhalingen krachtig in en uit. Meestal in door neus en uit door mond maar het kan ook alleen in en uit door de mond zijn. Gevolgd door een periode van je adem inhouden; zolang je kunt volhouden. De resultaten lieten zien dat de getrainde groep minder misselijkheid, hoofdpijn en spierpijn meldde dan de ongetrainde groep. Bij de getrainde groep trad er ook een anti-inflammatoire respons op. Oftewel een ontstekingsremmende werking. Door het toepassen van de ademhalingstechnieken waren ze in staat het sympathische zenuwstelsel te activeren en adrenaline en cortisol aan te maken. Zo kwamen er cytokines vrij. Cytokines zijn moleculen die een rol spelen in het afweersysteem. Ook wel Commandomoleculen genoemd (geintje natuurlijk). Deze cytokines gingen de E. coli-indringer te lijf en de getrainde proefpersonen werden niet ziek. De controlegroep ging het minder goed af (Kox, 2014).

Tummo

Wim Hofs ademhalingstechnieken zijn gebaseerd op Tummo, een vorm van ademhalen die voortkomt uit het Tibetaans boeddhisme. Tummo betekent in het Tibetaans: innerlijk vuur. Zo schijnen er monniken te zijn die door Tummo-ademhaling hun lichaamstemperatuur significant kunnen laten stijgen. Ik weet niet of dat fysiologisch mogelijk is maar wat ik wel weet is dat de methode van Wim een gevoel van warmte genereert. Dat komt omdat adrenaline wordt aangemaakt en het sympathische zenuwstelsel wordt geactiveerd.

Ik weet niet of de twee verband houden met elkaar maar Plato (de oude Griekse filosoof) beschrijft in een van zijn beroemdste literaire werken, *Staat,* de drie delen van de ziel. De drie delen van de ziel hebben zo elk hun eigen streving. Eén deel is een lage streving, wat we begeren: onze lusten. Een beetje zoals McDonald's eten terwijl je weet dat het niet een vullend effect heeft. Het andere deel is een hoge streving: het redelijke of het verstand. Dat wat je gebruikt om goede keuzes te maken. Daartussen zit het deel waar ons innerlijk vuur brandt, het felle, levendige, trotse en temperamentvolle deel van de ziel (Venmans, 2012). Hij noemde het 'Thymos'. In Thymos zit het strijdbare deel van onze ziel, de bereidheid om tot het uiterste te gaan. Dit deel van de ziel is volgens de oude Grieken sterk verbonden met de krijger. De Engels-Griekse vertaling is 'Thumos' en dat vind ik veel lijken op 'Tummo'. Nogmaals, ik heb geen idee of de twee verbonden zijn, en of Plato tijdens zijn reizen de Himalaya heeft bezocht (wellicht tijdens een meditatie), maar ik vind het bijzonder dat beide woorden op elkaar lijken en gaan over het innerlijk vuur. Tijdens de commando-opleiding wordt vaak gerefereerd aan het innerlijk vuur en of je in staat bent het te activeren. Blijkbaar kan iedereen dat.

Hoe werkt Tummo? Tummo-ademhaling activeert je sympathische zenuwstelsel. Door snel in en uit te ademen activeer je een stressrespons die invloed heeft op je lichaam (hyperventilatie). Monniken in Tibet en mensen die fysiek en mentaal gezond zijn kunnen deze vorm van ademhaling toepassen voor positieve effecten. De kans is aanwezig dat je het effect van deze manier van ademhalen als zeer positief ervaart omdat er fysiologisch daadwerkelijk iets gebeurt. Er zijn mensen die beschrijvingen geven als: tintelingen, licht in het hoofd, een soort 'high' gevoel en zelfs spirituele ervaringen. Op moleculair niveau gebeurt er ook echt iets; zoals we in het onderzoek van Wim hebben kunnen zien, gaat daadwerkelijk een systeem in werking dat ontstekingen en indringers te lijf gaat.

Als je al gestrest bent, door bijvoorbeeld een burn-out of paniekaanvallen, is het misschien niet de beste ademhalingsoefening. Als ik gestrest ben en ik wil er actief iets aan doen, dan pas ik *slow-breathing* of *box breathing* toe. Je kunt slow-breathing op meerdere manieren toepassen maar een mooie formule om mee te beginnen is: vier seconden in, zes seconden uit, drie seconden vasthouden en dat herhalen. Dit kun je na langere tijd beoefenen ook aanpassen, waarbij de focus ligt op het lang uitademen en na je uitademing langer vasthouden. Je kunt zien wat deze vorm van ademhalen met je hartslag doet als je een wearable draagt. Let er wel op dat je tijdens deze oefeningen in- en uitademt door je neus. Meer over de voordelen van een neusademhaling lees je in het boek *Breath. The New Science of a Lost Art* van James Nestor. Maar de belangrijkste reden is: je neus is een filter voor indringers en je mond is dat niet.

Box breathing kun je op de volgende wijze toepassen: vijf seconden in, vijf seconden vast, vijf seconden uit, vijf seconden vast en het proces herhalen. Het heet box breathing omdat je als het ware in de vorm van een vierkant ademt. Het heet niet box breathing omdat het de beste vorm van ademen is terwijl je bokst, dat zou ik sterk afraden. Je ademt een gelijk aantal seconden op denkbeeldige horizontale en verticale lijnen.

De essentie van dit hele verhaal is: je kunt meer met je ademhaling dan je denkt. Het is een tool die je altijd kunt gebruiken. Wanneer ik tijdens mijn ochtendroutine het koude water trotseer gebruik ik mijn ademhaling om mijzelf te kalmeren. Dat heeft het bijkomende voordeel dat ik leer mentaal rustig te blijven in tijden van stress. Het is een mentale vorm van stressregulatie.

Het actief of tactisch inzetten van mijn ademhaling heeft ervoor gezorgd dat ik een hoop spannende momenten heb overleefd. Dat is wat er gebeurt als je stress ervaart, je lichaam staat op standje overleven. Als dit chronisch wordt kom je in de fase van stress die de arts Hans Selye de uitputtingsfase noemde. Hij definieerde drie fases:

1. De alarmfase
2. De weerstandsfase
3. De uitputtingsfase

Onderzoekers debatteren over de uitputtingsfase of deze bestaat maar het woord spreekt boekdelen. Chronische stress bestaat wel en veel mensen voelen zich uitgeput op het moment dat ze last hebben van chronische stress. Als je chronische stress ervaart en er gebeurt niets waardoor de stress afneemt, treedt er vermoeidheid op. Deze vermoeidheid kan gepaard gaan met depressie, angst en mogelijk leiden tot een burn-out of erger. Langdurige blootstelling aan stress heeft effect op je weerstand en zo ben je nog vatbaarder voor ziektes en virussen. Het is belangrijk dat je leert omgaan met stress en begrijpt dat ademhaling een tool is om je immuunsysteem te beïnvloeden.

Het is goed om stress te zien in verschillende tijdsvormen: kort, middellang en langdurende stress. Of als: goeie stress, tolereerbare stress en toxische (giftige) stress (McEwen, 2017). Kortdurende of goede stress heeft een positieve werking: je ervaart het als eustress en adrenaline en cortisol geven een boost voor je immuunsysteem. Dat kun je activeren door ademhalingsoefeningen zoals Wim Hofs methode: Tummo.

Korte blootstelling aan kou heeft soortgelijke effecten, wanneer het gaat om het activeren van het sympathische zenuwstelsel (Šrámek, 2000). Het is een stressor die kortdurend is. Dat betekent niet dat iedereen maar in ijskoud water kan springen. Er bestaat zoiets als *Cold Shock Response*: de reactie van het lichaam op de blootstelling aan acuut koud water, waarbij hartproblemen en het inademen van water op de loer liggen. Ik kan het ook afraden om jezelf te lang bloot te stellen aan kou. Sterker nog, het is gevaarlijk doordat er onderkoeling kan ontstaan. Als je toch de kou wilt trotseren laat je dan goed informeren door een huisarts en ga nooit alleen zwemmen. Neem altijd een buddy mee.

Wat het verschil is tussen korte stress en tolereerbare stress? Kortdurende stress gaat over minuten, tolereerbare stress gaat over dagen. Mensen die een stressvolle ervaring meemaken, maar gezond en fit zijn, kunnen deze vorm van stress beter aan dan mensen die niet gezond en fit zijn. In deze situatie is het vooral belangrijk hoe men de stressor ervaart: is het eustress of distress? Als het distress is, zit dat vaak in de associatie met het onaangename gevoel van stress. Dit is wat ze bedoelen als tijdens de commando-opleiding wordt gezegd: 'Je moet comfortabel leren zijn met het oncomfortabele.' Je kunt leren dit onaangename gevoel te zien als fysiologische reactie van het lichaam op stress en dat het nodig is om te presteren. Het moet alleen niet te lang duren. Dan wordt het giftig.

Langdurende stress, toxische of chronische stress is niet gezond. Deze vorm van stress wordt over het algemeen ervaren als distress. Het heeft allerlei negatieve effecten, met name op je immuunsysteem. Hoe geef je een indicatie van wanneer stress chronisch wordt? De uitkomsten variëren van enkele dagen tot weken en maanden. Afhankelijk van het individu. Wat het belangrijkste is in het zien van stress in deze verschillende vormen: stress wordt tastbaar, voelbaar en het laat zien dat stress niet altijd ongezond is.

Vroeger werd er gedacht dat we geen invloed konden uitoefenen op ons autonome zenuwstelsel. Dat blijkt niet zo te zijn. Door je ademhaling in te zetten kun je controle uitoefenen op het autonome zenuwstelsel en door middel van blootstelling aan een stressor kun je het anders leren interpreteren. Zo oefen je controle uit op je fysiologie. Hoe je omgaat met stress of hoe je ervoor kiest psychologisch ermee om te gaan wordt 'coping' genoemd.

Coping

Elementaire Commando Opleiding, 2009

'Het moet hier zijn, verdomme!' Ik loop al een uur te dwalen in het donker op de Rucphense Heide en ik ben op zoek naar een prikker. De prikker die ik zoek is gekoppeld aan een coördinaat en ik moet de juiste prikker vinden om mijn papiertje correct te bestempelen. Maar de prikker is nergens te vinden.

We mogen licht gebruiken, dus ik pak mijn kaart erbij, en ik kniel op het koude, natte zandpad. De kaart zit in een plastic beschermhoes en wanneer ik op het plastic schijn met mijn hoofdlampje, kaatst het licht terug. Ik moet met mijn gezicht bijna op de kaart drukken om het goed te zien. Misschien is het ook wel de vermoeidheid. Inmiddels zijn we voor mijn gevoel al dagen wakker. De kapitein vindt slaapdeprivatie een belangrijk onderdeel van deze Elementaire Commando Opleiding. Ik pak het boekje waarin ik de coördinaten heb opgeschreven erbij en check nogmaals of ik ook echt op het juiste punt sta. 'Het moet kloppen. Check, check, double check. Heb ik wel het juiste coordinaat opgeschreven of heb ik de cijfers omgedraaid?' Ik sta op en schijn nog eens in de bosjes waar ik een prikker had verwacht. Geen prikker. Ik voel mij de slechtste militair van de NAVO. Moedeloos kijk ik op mijn horloge. 'Kutzooi, ik ga de tijd niet halen. FUCK.'

We moeten op tijd binnen zijn, ook als we niet alle punten hebben gevonden. De sergeant die ons de opdracht voor deze kaart- en kompasoefening gaf, zei: 'Wat je ook doet. Je bent op tijd terug. Geen seconde later.'

Ik ren terug over het zandpad richting het tentenkamp. Terwijl ik aan het rennen ben bedenk ik dat ik beter kan doorsteken en besluit een stuk te rennen over de heide. De ondergrond bestaat uit laag groeiende heidestruiken, struiken waar ze vroeger bezems van maakten. Terwijl ik over de struiken struikel krijg ik spijt van mijn beslissing. Het wordt een heidens karwei om de heide op deze manier over te steken. Terwijl ik dat denk, stap ik met mijn voet in een konijnenhol en val recht voorover in de struiken, waarbij de kolf van mijn wapen beukt tegen mijn eigen kaak. Ik kan wel schreeuwen van woede maar dat doe ik niet. Ik absorbeer mijn frustratie. Met natte takjes in mijn gezicht bedenk ik of ik hier gewoon moet blijven liggen én of ik hier zou kunnen slapen. Ik schrik van de gedachte en sta op. 'Het eerste het beste pad dat ik tegenkom neem ik. Dan maar sneller rennen.' De tijd dringt.

Ik ren door het donkere bos. Het is nu winter maar inmiddels heb ik het bloedheet. Ik moet blijven rennen, anders kom ik te laat. Mijn gedachten dwalen af naar het moment dat komen gaat. Ik moet de sergeant vertellen waarom ik niet alle coördinaten heb gevonden. Ik moet hem vertellen waarom ik heb gefaald. Dat ik niet nauwkeurig genoeg de coördinaten heb opgeschreven en als ik niet doorren, ook de reden van mijn te laat komen. Ik baal van mezelf. 'Commando's maken dit soort fouten niet, jongen. Waarom ben je eigenlijk aan deze opleiding begonnen? Als je zo door blijft gaan, haal je het einde niet.'

Fysiologisch en psychologisch gebeurt er veel in het voorbeeld hierboven. Mijn lichaam moest zich aanpassen aan zowel interne als externe stressoren. Daardoor ervaarde ik stress. Externe stressoren zoals het weer, de opgelegde tijdsdruk en de duisternis, die mijn zicht belemmerde. Interne stressoren als fysieke inspanning en mijn gedachten. Gedachten die niet helpend waren.

Ik kan zeggen dat dit soort negatieve gedachten makkelijker opkomen in tijden van vermoeidheid, zeker in het geval van slaapdeprivatie. Ik had nauwelijks geslapen en ik was aan het overleven tijdens de ECO, logisch dat ik mijn gedachten niet altijd op een rijtje had en mijn interne monoloog niet altijd heel positief was. Maar juist dan, onder verzwaarde omstandigheden is het belangrijk dat je controle kunt uitoefenen op je gedachten, juist dan is het belangrijk om positieve self-talk toe te passen en je gedachten om te buigen. Juist dan is het belangrijk om je te bekwamen in verschillende copingmechanismen.

Eigenlijk is de elementaire commando-opleiding één grote stressor. Acht weken lang stress. Fysieke en mentale stress. Het had mij enorm geholpen om te weten wat coping betekent en hoe het werkt. Coping komt uit de psychologie en gaat over hoe mensen omgaan met stress. Stress is een gegeven, we ervaren het allemaal. Daarom is het nuttig om te weten wat coping inhoudt en hoe je het kunt toepassen. Coping bestaat uit twee vormen van copingstrategieën: probleemgerichte coping en emotiegerichte coping. Probleemgerichte coping richt zich op het wegnemen van de bron die de stress veroorzaakt. Actie ondernemen. Dat kan op een aantal positieve manieren:

- Tijdsmanagement: een planning maken.
- Doelen stellen: procesdoelen en uitkomstdoelen.
- Assertief opstellen: aanpakken en ondernemen.

Daartegenover staat dat er ook op een negatieve manier voor probleemgerichte coping kan worden gekozen:

- Uitstelgedrag. 'Ik doe het later wel.'
- Passiviteit. Geen initiatief nemen.
- Agressiviteit. Vanuit boosheid handelen of iets laten gaan; 'rot maar op'.

Emotiegerichte coping bestaat uit moeite doen en inspanning leveren om je emotionele reactie op een stressor te reguleren. Nadenken en reflecteren op waar het gevoel vandaan komt om het vervolgens constructief te verwerken. Dat betekent niet dat je je blind moet staren op de stressor of dat je erover gaat piekeren. Piekeren of negatief stilstaan bij een gedachte kost heel veel energie. Die energie kun je beter gebruiken om positieve emotiegerichte coping toe te passen. Dat kun je doen op een aantal positieve manieren:

- Sporten: het 'even eruit' sporten. Zonder dat je jezelf sloopt.
- Je lichaam en geest verzorgen: een bad of massage nemen. Het moet ontspannen en goed voelen.
- Connectie maken. Uitgaan en sociale gelegenheden bezoeken.

Uiteraard past hier ook de negatieve vorm van emotiegerichte coping bij:

- Inactiviteit: in bed blijven liggen, tot falen aan toe.
- Je lichaam en geest verwaarlozen: overmatig eten, alcohol en drugs misbruiken.
- Onthechten of terugtrekken als een kluizenaar die met niemand connectie maakt.

Zowel probleemgerichte coping als emotiegerichte coping is nuttig. Ze leiden beide tot het wegnemen van stress. Maar probleemgerichte coping kan het best gebruikt worden als er concreet iets gedaan kan worden om de stressor weg te nemen. Een extreem voorbeeld: het uitschakelen van de vijand in een vuurgevecht. Vijand weg, stressor weg.

Emotiegerichte coping kan het best worden toegepast in een situatie die niet gaat veranderen. Een situatie die je moet accepteren. Voor mij was de ECO zo'n situatie. In onderzoek naar copingstrategieën wordt vastgesteld dat positieve re-interpretatie en groei belangrijke onderdelen zijn van emotiegerichte coping (Carver, 1989). Positieve re-interpretatie of humor gebruiken in situaties die schrijnend zijn en waar je geen controle over kunt uitoefenen is uiterst waardevol. Ik heb ontelbare keren moeten 'lachen van ellende' als we weer werden natgeregend in het bos, gezandstraald werden in de woestijn of onszelf uit risicovolle situaties redden. Uiteraard zijn er ook momenten geweest dat dit niet lukte en ik sip werd van de situatie. Je kunt uiteraard niet altijd alles maar weglachen, maar de humor inzien van moeilijke tijden is een uiterst waardevol copingmechanisme. Het is belangrijk om te weten hoe je deze situaties herkent en naar welke vorm van coping je voorkeur uitgaat.

Je voorkeur hebben voor een bepaalde copingstrategie of een

bepaald copingmechanisme kan leiden tot een vast patroon in gedrag en handelingen. Terwijl het mij zinvol lijkt om de beste copingstrategie en het beste mechanisme toe te passen in een specifieke situatie, zijn er theoretici die stellen dat coping gerelateerd is aan persoonlijkheid en dat het lastig is om hier verandering in aan te brengen. Ongetwijfeld zijn er patronen die vastzitten in je persoonlijkheid en de voorkeur van je coping reguleren, maar ik ben van mening dat je hieraan kunt sleutelen. Net zoals inzicht hebben in je persoonlijkheid kan leiden tot veranderingen in gedrag, zal inzicht hebben in je copingstrategie verandering teweegbrengen in de manier waarop je met stress omgaat.

Type A en B

Er is veel onderzoek gedaan naar het type persoonlijkheid en de vatbaarheid voor stress die bij een bepaalde persoonlijkheid past. Zo is er een makkelijke manier om erachter te komen of je vatbaarder bent voor stress dan anderen. De type A- en B-indeling maakt het overzichtelijk en geeft duidelijk aan of je meer A bent dan B. Dat betekent niet dat je meteen in een hokje wordt geplaatst. Het is gewoon een duidelijke manier om inzicht te krijgen in je vatbaarheid voor stress. Je mag zelf bepalen bij welk type je het meest past.

Type A-mensen:

- Werken in een versneld tempo
- Genieten over het algemeen niet van prestaties maar zijn wel prestatiegericht
- Accepteren falen moeilijk
- Kiezen voor een gevoel van urgentie/zijn gehaast
- Concurreren graag

Type B-mensen:

- Werken in regelmatig tempo
- Genieten over het algemeen van prestaties en zijn meer procesgericht
- Accepteren falen makkelijker
- Kiezen voor een ontspannen benadering
- Genieten liever van de ervaring (Zimbardo, 2017)

Uiteraard heb ik deze twee categorieën niet zelf bedacht. Type A-mensen hebben minder vertrouwen, worden sneller boos en zijn strijdlustiger. Mensen met persoonlijkheidstype A zien situaties vaker als bedreigend (Friedman, 1976). Als ik denk aan mensen in mijn omgeving die meer type A zijn, dan herken ik ook het feit dat ze minder vertrouwen hebben in de mensheid, de planeet en het hele universum. Je kunt voor jezelf bepalen of je meer type A of B bent en of je hieraan wilt werken. Dit vergt een Growth Mindset en geloven dat je invloed kunt uitoefenen op de gebeurtenissen in je leven. Vertrouwen hebben en geloven dat je controle kunt uitoefenen op je leven wordt *Locus of Control* genoemd. Mensen met een interne locus of control geloven dat ze veel invloed kunnen uitoefenen op de uitkomsten van hun leven. Mensen met een externe locus of control geloven dat ze weinig invloed kunnen uitoefenen op de uitkomsten in hun leven. Wat stress betreft, ervaren mensen met een interne locus of control stressvolle gebeurtenissen vaker als beheersbaar dan mensen met een externe locus of control (Zimbardo, 2017).

Het gaat om perceptie, de manier waarop je een stressvolle gebeurtenis interpreteert. Een stressor hoeft niet elke keer hetzelfde effect teweeg te brengen. Angst om auto te rijden, naar buiten te gaan, hoogtevrees et cetera zorgen bij sommige mensen voor stress. Überhaupt zorgt angst voor stress. Maar dat hoeft niet zo blijven. Het begint met geloven dat je de reactie die je ervaart op een stressor kunt veranderen. Dat je de controle terug kunt pakken. Maar om je controle terug te pakken, moet je de stressor en je angsten confronteren.

Exposure

De eerste keer dat ik met een echt wapen schoot tijdens mijn militaire opleiding voelde ik behoorlijk veel spanning. De laatste keer dat ik met een wapen schoot, voelde ik geen spanning en was ik vergeten dat ik die spanning ooit had gevoeld. Dat kwam door alle ervaringen die ik had opgebouwd tijdens realistische scenariotrainingen en gebeurtenissen tijdens verschillende missies. De werking van het wapen en de effecten van het schieten waren opgeslagen in mijn geheugen. Door veel training en blootstelling aan de ervaring van het schieten leerde ik mijn spanning beheersen.

Hetzelfde geldt voor parachutespringen. Zoals ik eerder schreef, ging ik de eerste keer met knikkende knieën het vliegtuig uit. Ik had beperkte controle over mijn motoriek en mentale status. De angst die ik voelde om voor het eerst uit een vliegtuig te springen beperkte mijn prestatie. Uiteindelijk ging het allemaal wel goed, maar mijn ervaring na honderd sprongen was een wereld van verschil. De mate waarin ik controle ervaarde tijdens het parachutespringen werd groter en groter. Dat kwam omdat ik elke keer werd geconfronteerd met een volgend level. Met elke nieuwe sprong en blootstelling aan dezelfde stressor verlegde ik mijn stressdrempel.

De vrijevalopleiding bestaat uit meerdere levelsprongen. Je begint door simpel het vliegtuig uit te springen terwijl je wordt begeleid door twee instructeurs. Je laat zien dat je een rondje links en rechts om kunt draaien en dat je het klosje kunt aanraken met je hand. Het klosje is essentieel voor de opening. Aan je klosje trekken activeert de opening van je parachute. De volgende levels worden complexer. Meer bewegingen in de lucht. Backloops, frontloops, zijwaarts verplaatsen, omhoog en omlaag. Je kunt het allemaal doen terwijl je met 200 km per uur naar beneden valt. Echte pro's kunnen nog veel meer in de lucht. Al deze trucs kun je niet toepassen wanneer je als een angstig, verstijfd en verdwaasd individu naar beneden dondert. Een mooie vergelijking voor het leven.

Essentieel is: controle uitoefenen op je motoriek en mentale status. Voelen wat een minuscule beweging, zoals het duwen van je rechterarm op de wind, voor effect heeft. Doe ik dit heel langzaam en is de beweging klein, dan draai ik langzaam om mijn rechteras tijdens het vallen. Doe ik dit sneller en krachtiger, dan draai ik ook sneller. Het vergt een hoge mate van connectie maken met je lichaam. Die connectie maak je mentaal. Ik deed dat door tijdens het vallen even connectie te maken met mijn lichaam en wat ik voelde, als een soort snelle bodyscan. Zo voelde ik waar ik op dat moment te veel spanning vasthield. Vaak was dat in mijn buik en borstzone, terwijl je die juist moet ontspannen om soepel te vallen. Als ik mentaal geen focus heb en mij laat overmeesteren door angst, dan resoneert dat in mijn motoriek. Dan ervaar ik mentaal en fysiek geen controle over mijn lichaam. De levelsprongen worden steeds lastiger en zijn bedoeld om je 'vrijer' te maken in de lucht. Hoe meer levelsprongen je maakt, des te meer controle je ervaart.

Het uiteindelijke doel van de vrijevalopleiding is niet: voor de lol uit een vliegtuig springen. Het heeft een operationeel doel en je springt bij duister, in vijandelijk gebied. Als je een operationele sprong maakt, dan spring je niet zoals sommige skydivers doen, met korte broek en een stoere zonnebril, uit het vliegtuig. Je springt met zware bepakking, wapens en een nachtkijker. De charme van het parachutespringen verdwijnt een beetje zodra je een rugzak van ongeveer 60 tot 70 kg aan je lichaam vastmaakt en moet opstaan omdat de dropzone nadert. Natuurlijk blijft het gaaf, maar de ervaring is compleet anders dan een sprong maken die overdag plaatsvindt op een mooi springcentrum ergens in de Amerikaanse woestijn met een ondergaande zon. Al helemaal als je weet dat er een ijskoud biertje op je wacht in het hotel.

Het opwerken naar een operationele sprong en de verschillende levelsprongen maken dat je elke keer een mentale barrière overgaat en je stressdrempel verhoogt. De exposure of blootstelling aan de stressor zorgt ervoor dat je eraan went. De eerste keer bij duister uit een vliegtuig springen is megaspannend en iedereen die zegt dat hij die spanning niet voelt, liegt of is niet in staat tot het voelen van een hoge mate van spanning. Als je niet in staat bent om deze spanning te voelen, ben je niet geschikt om commando speciale operaties te zijn. Om optimaal te presteren heb je spanning en adrenaline nodig.

De Omgekeerde U-hypothese

De woorden spreken voor zich. Een omgekeerde U, of om nog iets beeldender te zijn: een hoefijzer met de opening naar beneden. Onder aan de linkerzijde van het hoefijzer zit lage spanning. Onder aan de rechterzijde van het hoefijzer zit hoge spanning. In het midden van het hoefijzer zit een klein gedeelte waar de spanning niet te laag is en niet te hoog. Daar, precies in het midden, presteren we op ons best. Sommige onderzoekers stellen dat er te weinig onderzoek is gedaan om de Omgekeerde U-hypothese te bevestigen maar ik kan uit ervaring spreken als het gaat om de relatie tussen optimaal presteren en het ervaren van te hoge of te lage spanning. En het is nuttig om stress in relatie tot spanning op deze manier te bekijken. Voor mij werkt het wel.

Een gevaarlijk moment dat veel militairen zullen herkennen is het moment dat je al een paar maanden op uitzending bent. Je kent de omgeving, kent de dreigingen en de spanning van de eerste twee maanden is eraf. Voor je gevoel normaliseert de omgeving, ook in oorlogsgebied. Dat is wat gewenning doet. Het is precies die gewenning waar een militair in oorlogsgebied voor moet waken. Het 'been there, done that, got the T-shirt'-gevoel. Hetzelfde geldt voor topsporters die een topprestatie moeten leveren. Als de spanning te laag is, resulteert dat vaak in een teleurstellende situatie. Voor de militair in oorlogsgebied resulteert het vaak in een ellendige situatie waarbij de kans op blijvend letsel en zelfs de dood sterk aanwezig is. Die dekking moet hoog blijven. Hoe hou je die scherpte?

Adrenaline speelt hierin een belangrijke rol. Je hebt adrenaline nodig om te presteren. Het effect van adrenaline voelt meestal niet echt comfortabel. En omdat het niet lekker voelt is het makkelijk om er een negatieve gedachte of emotie aan te koppelen. Dat kun je afleren door het vervelende gevoel te interpreteren als nodig, als een noodzakelijk kwaad. Door alle stressvolle ervaringen tijdens trainingen en missies heb ik geleerd dat ik spanning nodig heb. Niet te veel en niet te weinig. Daar, zo'n beetje in het midden van de omgekeerde U, zit mijn *flow state.*

Arousal

Deze spanning zou je beter kunnen verwoorden als: arousal. De staat waarin iemand psychologisch en fysiologisch geactiveerd is en gereed is om tot actie over te gaan. Wanneer je diep in slaap bent, verkeer je in de laagste stand van arousal. Als je wakker schrikt en je wordt onverwacht bijna aangereden door een auto, waarbij de auto je op het nippertje mist, verkeer je in de hoogste staat van arousal.

In elke militaire opleiding leer je wachthouden. Dat betekent dat er altijd een of meerdere mensen 's nachts wakker moeten zijn om ervoor te zorgen dat de eenheid veilig blijft en niet wordt overvallen door de vijand. Het is bij het wisselen van de wacht dat het duidelijk wordt wie van zichzelf makkelijk switcht in zijn staat van arousal. Er zijn types die zodra je ze aantikt, rechtop gaan zitten in hun slaapzak en gelijk wakker zijn. Ze zijn gelijk aanspreekbaar en weten wat ze moeten doen. Er zijn ook types die wanneer je ze tegen hun slaapzak tikt, iets onverstaanbaars mompelen en zich weer omdraaien. Dat proces herhaalt zich een aantal keer voor ze besluiten om op te staan. Er zijn ook types die je beter van een afstandje kunt aantikken met een lange tak, omdat ze je anders aanvallen. De staat van arousal is per individu verschillend. De een is van nature meer geneigd om tot actie over te gaan en is scherper van geest op het moment van ontwaken dan de ander.

Een lage staat van arousal hebben op de momenten dat het kan, zoals een vakantie of ontspannen gebeurtenis, is zeer gezond. Als de situatie ineens verandert omdat je beroofd wordt, kan het switchen in je staat van arousal een groot verschil maken in de uitkomst van de gebeurtenis. Maar om altijd rond te lopen in een hoge staat van arousal is niet gezond. Stress en arousal zijn sterk verbonden. Arousal activeert het sympathische zenuwstelsel. Een te hoge staat van arousal activeert een hoge hartslag, hoge bloeddruk, zweten, tunnelvisie en het vermindert je fijne motoriek. Allemaal bijwerkingen die nuttig zijn in zeer stressvolle situaties. Maar niet als je medic bent en bij een gewonde kameraad een infuus moet prikken omdat hij shock heeft. Het herkennen van de staat van arousal waarin je verkeert is essentieel om de controle te herpakken.

Stress arousal kleurcodering

In het boek *On Combat. The Psychology and Physiology of Deadly Conflict in War and in Peace* beschrijft luitenant-kolonel Dave

Grossman een systeem om de verschillende gradaties van arousal duidelijk te maken. Dat doet hij middels een kleurcodering:

- Conditie wit: je bent je niet bewust van je omgeving. Je hartslag is normaal. Als er een bedreigende situatie ontstaat zou je overrompeld worden en te laat reageren. Hij ziet conditie wit als de norm in onze maatschappij en idealiter zou je alleen in conditie wit moeten verkeren als je veilig thuis bent.
- Conditie geel: je hartslag is normaal en je bent je bewust van de omgeving maar bent niet overdreven bezig met alles in de gaten houden. Dat doe je op een ontspannen en onopvallende wijze. Zou er een bedreigende situatie ontstaan, dan is de kans groot dat je adequaat reageert. Omdat je hartslag normaal is treedt er geen motorische of cognitieve storing op. Ik adviseer dat een commando altijd in conditie geel blijft.
- Conditie rood: je lichaam is klaar voor actie en adrenaline giert door je aderen. Je hartritme is tussen de 115 en 145 (optimale survival- en combat-prestatielevel). Het blijkt dat dit het ideale hartritme is voor tactische en survivalsituaties. Je complexe motorische vaardigheden, visuele reactietijd en cognitief functioneren zijn op hun best, maar je fijne motoriek gaat iets achteruit.
- Conditie grijs: je hartritme is tussen de 145 en 175. Mentaal en fysiek presteren gaat significant achteruit. Tunnelvisie treedt op, je gehoor neemt af en je complexe motorische vaardigheden zoals het verrichten van wapenhandelingen gaan achteruit maar je grove motoriek is er nog. Je kunt rennen, springen, duwen, trekken en je wapen hanteren. Er zijn militairen die in staat zijn om in conditie grijs goed te functioneren. Dan gaat het niet om onge-

traınde, maar goed getrainde militairen. Een commando kan en moet leren functioneren in conditie grijs.
- Conditie zwart: in conditie zwart ervaar je afbreuk van je mentale en fysieke vaardigheden. Ook een goed getrainde militair ervaart deze afbreuk. Boven op de tunnelvisie en achteruitgang van je complexe motorische vaardigheden ervaar je maximale stress. Je hartritme gaat voorbij de 175 bpm en je irrationele of reptielenbrein neemt het over. De kans dat je iets stoms en gevaarlijks doet is groot. Vluchten omdat je zeer veel angst ervaart lukt wel en vechten mogelijk ook, maar het is geen clean fight. Molenwiekend voorwaarts gaan, zonder enige vorm van techniek, in blinde razernij past bij conditie zwart.

Mijn maatje Hondo en ik grapten wel eens naar elkaar als we merkten dat we aan het verslappen waren: 'Hé, blijf wel in de yellow zone, baas. Stay ready, stay alert, stay frosty!' Nu we weten welke verschillende gradaties van arousal er zijn, en welke kleurcodering erbij past, is het fijn om te weten wat je ermee kunt doen om te schakelen in kleurcodering:

1 Pas tactical breathing toe. Dat gaat soms moeilijk in het moment. Daarom zeg ik dat je het beter kunt toepassen vóór je een stressvolle situatie in gaat en als je eruit komt. Maar ook tijdens de actie kun je leren om op de pauze te drukken. Je moment pakken om tactical breathing toe te passen is zeer waardevol. Dat kwam bij ons vaak terug in het schieten: na een salvo schoten doe je een 'Scan & Breathe'. Je scant de omgeving en ademt uit.
2 Mediteer. Door meditatie leer je ongewenste gedachten labelen en ben je tijdens stressvolle situaties eerder geneigd negatieve gedachten opzij te zetten.

3 Visualiseer. Topsporters doen het ook en het is geen geheim dat het je prestaties kan verbeteren. Visualiseer nooit dat je faalt maar altijd dat je een probleem of obstakel overwint. Laat het niet bij visualisatie. Realistisch trainen in combinatie met roleplay creëert een realistische stressrespons. Train as you fight.
4 Pas constructieve en positieve self-talk toe. Hou het kort en bondig. Zo haal je het eind van de finish en counter je negatieve gedachten: *Blijf in de flow, ik kan dit.*

Stress en arousal

Tijdens een verhoogde staat van arousal voel ik lichamelijk hetzelfde als wanneer ik stress ervaar, maar het verschil zit in mijn mentale status; als ik stress ervaar, dan hebben negatieve gedachten effect op mijn presteren, sterker nog, ze belemmeren mijn prestatie. In een verhoogde staat van arousal ben ik mentaal klaar om over te gaan op actie en zijn er geen negatieve gedachten omdat ik ze counter met positieve self-talk en focus.

Angst is een emotie en een gezonde reactie op dreigend gevaar. Angst wordt ongezond als de initiële reactie die je voelt in een dreigende situatie bij je blijft na de gebeurtenis en angst de overhand krijgt in je leven. Angst en piekeren gaan hand in hand. Piekeren is het constant herhalen van een negatieve gedachte. Deze gedachten leiden meestal niet tot een oplossing en veroorzaken stress. Een mentale status waarin je niet wilt verkeren. Je kunt angst ervaren door lichamelijke reacties zoals een hoge hartslag, versnelde ademhaling en andere somatische of lichamelijke uitingen.

Angst gepaard met piekeren kan de overhand krijgen in je leven door een aantal redenen. Maar de belangrijkste reden is dat je hebt geleerd om angstig te worden in een bepaalde situatie of van een ander organisme. Ik ben op jonge leeftijd gebeten door een herdershond en nog steeds is mijn eerste reactie op herdershonden een van waakzaamheid. Hoe lief het dier ook is, ik heb geleerd om AAN te staan als ik een herdershond zie. Tegenwoordig heeft angst niet de overhand als ik een herdershond zie, ik heb geleerd om kalm te blijven.

Het feit dat je ergens een keer hebt geleerd om angstig te zijn, betekent ook dat je het kunt afleren. Op jonge leeftijd maakte ik de afspraak met mezelf om mijn angsten te overwinnen. In het hoofdstuk 'Leiderschap' schrijf ik over de angst voor het vechten. Ik denk dat uit deze angst de missie is ontstaan om mijn angsten te overwinnen. Ik wist dat als ik mijn angsten kon overwinnen ik een vrijer bestaan zou ervaren. Dat betekent niet dat ik geen angst meer ervaar. In een levensbedreigende situatie ervaar ik net als elk ander gezond mens angst. Maar door alle ervaringen en blootstellingen aan verschillende angsten weet ik dat ik in veel situaties kan reageren en actie onderneem. Ik heb een actiegerichte coping ontwikkeld.

Het is belangrijk om te weten wat het verschil is tussen stress en angst en al het andere wat interne spanning veroorzaakt. Ik voel nog steeds spanning als ik weer ga parachutespringen, zeker bij de eerste sprong. Maar ik weet ook dat na die eerste sprong de meeste spanning eraf is en ik mezelf vrijer ga voelen in de lucht. Die spanning verdwijnt niet, maar blijft als een soort half slapende tijger klaar om te reageren op elke vorm van bedreiging. Mijn staat van arousal blijft in conditie geel. Dat is ook nodig om veilig te kunnen parachutespringen. Zonder die spanning bestaat er een kans op roekeloos, onvoorspelbaar en onbenullig gedrag. Ik heb spanning nodig om te presteren.

Angst

Ik sta op de klep van de C-130 en hobbel achter de man voor mij aan om direct na hem het vliegtuig uit te springen. Het mooie van uit een C-130 springen is dat je bij daglicht kunt genieten van het uitzicht. De grote achterklep geeft de ruimte om veel te zien en door de snelheid van het vliegtuig heb je een mooie exit. Het moment dat je jezelf laat vallen van de klep word je begeleid door een denkbeeldige glijbaan van wind.

Het is nu schemer en terwijl ik naar de klep loop zie ik de roze-oranje lucht van de ondergaande zon. De man voor mij laat zich vallen van de klep. Ik kijk naar de jumpmaster en hij geeft het teken om het vliegtuig te verlaten. Ik laat mezelf vallen en voel snel dat ik stabiel hang. De grootste reden van die stabiliteit is omdat er een 'drogue' boven mij hangt en vastzit aan mijn parachute. De drogue lijkt op een miniparachute maar is geen parachute. 'Para' in parachute refereert aan 'tegen', en 'chute' is het Franse woord voor vallen. Parachute: tegen het vallen. De drogue remt mijn val niet, hij stabiliseert mijn val en dat is best handig als je met zware uitrusting uit een vliegtuig springt. Een minuscule herverdeling in gewicht kan grote effecten teweegbrengen in mijn val. Iets te veel gewicht aan de rechterzijde van mijn rugzak en die onder mij hangt kan resulteren in een vervelende en constante draai naar rechts of een zijwaartse salto. Een draai kan ik corrigeren met mijn houding. Een zijwaartse salto wordt moeilijker, de drogue zorgt ervoor dat ik met mijn buik richting de aarde blijf vallen.

Terwijl ik val hou ik mijn hoogtemeter in de gaten, ik heb nog genoeg hoogte, ik doe één keer een dummypull om te voelen waar mijn klosje zit. Die zit goed. Mijn openingshoogte nadert. Ik blijf kijken naar mijn hoogtemeter en precies op de juiste hoogte reik ik met mijn rechterarm naar achter, trek aan mijn klosje en activeer de opening van mijn parachute. Ik voel een lichte versnelling. Dat is mijn parachute die het harnas verlaat. Een aantal seconden gaan voorbij maar geen opening. Ik voel in één keer angst. Hartslag 180. Zonder blikken of blozen voer ik mijn reservedrill uit. HOL! 1, 2, 3, 4! HOL! En mijn reserveparachute opent gelijk. Ik kijk omhoog terwijl ik onder de parachute hang. Het vliegt goed en alles ziet er goed uit. 'Oké, ik hang. Alles is oké.' Ik kijk naar mijn gps en oriënteer mezelf op de grond en de groene velden onder mij. Ik voel mijn hartslag nog steeds tekeergaan.

Het verhaal hierboven is tijdens een oefening in Nederland. Het was al even sinds ik had gesprongen en ik voelde mij nog niet zo vrij in de lucht als tijdens mijn operationele sprong in Afrika, daar gingen ook een aantal springperiodes en opbouw in controletraining aan vooraf. Ik gebruik dit voorbeeld omdat ik op het moment dat mijn parachute niet snel genoeg opende, pure angst ervaarde. Een shot adrenaline werd gelost in mijn lichaam en ik voelde de stress omhoogschieten. Ik bevroor niet maar ging snel over tot handelen. Dat lukte omdat ik terugviel op een ingestudeerde drill.

De reserveprocedure wordt vanaf het begin van de vrijevalopleiding in je systeem geramd. Logisch, het is een handeling die je leven kan redden en bestaat uit een aantal simpele handelingen. Op het moment dat je beslist je reserveparachute te activeren trek je eerst 'HOL'. Mijn armen en ellebogen zijn 90 graden gebogen, ik trek mijn rug hol, mijn benen en knieën zijn licht gebogen. Zo val ik stabiel. Op tel één pak ik met mijn rechterhand de rode hendel vast die ter hoogte zit van mijn rechteroksel. Op tel twee pak ik met mijn linkerhand de groene hendel vast die ter hoogte zit van mijn linkeroksel. Op tel drie trek ik met een vloeiende beweging de rode hendel richting mijn edele delen. Ik kijk over mijn rechterschouder of de parachute loskoppelt van mijn harnas. Op tel vier trek ik aan de groene hendel zodat mijn reserveparachute kan ontplooien en vervolgens trek ik nog eens HOL om mijn val stabiel te openen.

Stress en visualisatie

Het is een drill die je heel goed kunt visualiseren. Ik visualiseerde mijn reserveprocedure een aantal keer voor elke sprong, gepaard met de bijkomende bewegingen van het hol trekken en armen die de bewegingen maakte. Ziet er op de grond misschien een beetje gek uit maar liever dat dan niet reageren in een stressvolle situatie. Het is de essentie van wat we bij de Special Forces 'dry-fire training' noemen. 'Dry-fire' omdat het vaak wordt toegepast op schiethandelingen zonder dat je echt vuurt. Het trekken van je wapen uit de holster, herladen, afdrukken, et cetera, allemaal bedoeld om de bewegingen zonder na te denken onderdeel te maken van je systeem, en uiteindelijk je snelheid van handelen te vergroten. Het gaat over handelingen die je goed kunt trainen en zo onderdeel maakt van je sensomotorisch systeem: het systeem dat verantwoordelijk is voor het samenspel tussen waarneming en beweging.

Visualisatie of gebruikmaken van mentale beelden om je prestaties te verbeteren wordt al jaren toegepast door topsporters. Maar visualiseren is niet genoeg. Visualisatie legt het eerste verband in je brein. Er ontstaat door visualisatie een mentaal schema maar dat is niet genoeg om succes te garanderen. Om er een complete drill van te maken en het effectief te laten zijn onder hoge stress, zeker als de initiële reactie gebeurt in een piek van angst, moeten de bijkomende bewegingen onderdeel zijn van de visualisatie.

Tips voor visualisatie:

1 Visualiseer vanuit de eerste persoon, vanuit intern perspectief, alsof je het uit je eigen ogen ziet. Maak daarbij gebruik van al je zintuigen. Het visualiseren vanuit de eerste persoon is vooral effectief voor directe handelingen. Om een voorbeeld te geven van een aantal sporten zoals voetbal: het nemen van een penalty. Hockey: vanuit de beweging een doelpunt maken. Tennis: het leveren van een goede service. Boksen: het slippen van een stoot en counteren. Mensen met een beroep als first responder zoals politieagenten, brandweerlieden en ambulancepersoneel kunnen bijna alle handelingen die aan procedure of protocol onderhevig zijn visualiseren.
2 Visualiseren vanuit extern perspectief, jezelf zien vanuit bird's eye view, is ook toepasbaar, maar is vooral bruikbaar om een situatieschets te maken voor jezelf. Om overzicht te creëren. Goed te gebruiken voor gevechtsacties en tactische sporten zoals rugby, hockey en voetbal.
3 Visualiseer de uitkomst zoals je wilt dat het gebeurt. Visualiseer altijd een positieve uitkomst en stop als je merkt dat de mentale beelden negatief uitpakken. Begin dan opnieuw met de visualisatie. Dat is belangrijk omdat je met visualiseren de eerste verbanden legt in je brein. Visualiseer je een misstap in de 100 meter sprint, dan bestaat er een grote kans dat je deze misstap daadwerkelijk maakt. Niet doen dus.

Na het uitvoeren van mijn reserveprocedure ging ik in gesprek met een van de parachute-instructeurs om de sprong te evalueren. Hij vroeg mij of ik een aantal storingsreacties had geprobeerd voor ik mijn reserveparachute activeerde. Nee, was mijn antwoord. 'Ik dacht dat mijn chute niet opende.' Zonder echt goed te hebben gekeken of dat ook zo was. Bovendien had ik nog genoeg hoogte om een aantal oplossingen te proberen, maar in het moment registreerden mijn brein en lichaam alleen maar de piek in angst en de stress die volgde. Hoe meer sprongen ik maakte, des te vrijer ik werd in de lucht. Ik bouwde steeds meer zelfvertrouwen op door de verschillende levels. Elke sprong ging ik een grens over die bijdroeg aan mijn mentale status. Achteraf was het voor mij een leerzame ervaring, de parachute-instructeur was minder blij omdat hij de chute moest zoeken die ik had losgekoppeld. Die hing ergens in een boom.

Het lichaam houdt de score bij

Ik diende nog bij het KCT maar had een rustigere functie als instructeur op de Low Visability-opleiding toen ik lichamelijk iets begon te merken. Ik ervaarde wekenlang een soort druk op mijn borst en ik merkte dat mijn ademhaling versneld en hoog in mijn borst zat, in plaats van laag in mijn buik en ontspannen. Het leek alsof de rust die ik nu ervaarde door niet meer op missies te gaan en veel thuis te zijn, een bepaald effect teweegbracht. Als ik thuiskwam van lange of korte missies merkte ik dat aan mijn staat van arousal. Ik bleef een aantal weken extra alert terwijl het niet nodig was. Deze alertheid kende ik. Ik wist dat deze arousal na een tijdje wel zou afzwakken, maar wat ik nu voelde was iets anders. Door de relatieve rust voelde het alsof er een golf van verschillende emoties over mij heen kwam. Wekenlang liep ik door met de druk op mijn borst. Wekenlang dacht ik na over wat de oorzaak zou kunnen zijn. Alles wat ik probeerde was maar een tijdelijke oplossing. Ik zocht afleiding in overmatig veel sporten, in uitgaan, waarbij ik te veel alcohol dronk, en in een combinatie van al deze dingen. Geen gezonde combinatie.

Het was een combinatie van afleiding zoeken en verdoven zodat ik de druk op mijn borst niet voelde, maar het was ook iets anders. Ik was op zoek naar spanning. De spanning die er jaren was geweest en nu ineens was verdwenen. Ik besloot om erover te praten met mijn vriendin en een paar van mijn beste maatjes.

Sommigen van hen hadden soortgelijke ervaringen gehad en sommigen niet, maar zij stonden er wel voor open om te praten. Dat hielp. Praten over het gevoel dat ik had en de mogelijke oorzaken van het gevoel hielp mij om het een plek te geven. Ik weet nu dat het een verwerkingsperiode was. Het verwerken van tien jaar altijd het beste uit mijzelf willen halen en presteren op het scherpst van de snede. Het verwerken van tien jaar spanning. Spanning in de vorm van acute stress, hoge staten van arousal en blootstelling aan stressvolle missies. Stress en arousal kun je verwerken, maar ook opslaan. In mijn geval was er vaak geen tijd voor volledige verwerking. Dat kwam door het operationele tempo van missie en oefening. In deze tijd was mijn connectie tussen lichaam en geest ver te zoeken en zolang er geen connectie is tussen lichaam en geest, het mentale en fysieke, zal er geen verwerking plaatsvinden.

Dat geldt ook voor trauma: het ervaren van doodsangst en hulpeloosheid. Bessel van der Kolk beschrijft in zijn boek *The Body Keeps The Score. Mind, Body and Brain in the Transformation of Trauma* hoe trauma ontstaat, wordt verwerkt en behandeld kan worden. Hij benadrukt dat het een combinatie is van lichaam en geest om een helend proces te activeren. Ik heb zelf geen trauma overgehouden aan mijn tijd bij het KCT of tijdens de missies die ik uitvoerde. Sommige maatjes van mij en jongens die ik ken uit dienst hebben dat wel. Iedereen reageert anders op stress en het is moeilijk om te bepalen wie er last van heeft en wie niet. Wat ik wel weet is dat de meeste mensen die ik ken, over hun trauma heen groeien door behandeling, een goede mindset en ondersteuning uit hun omgeving. De meesten van hen ervaren na behandeling posttraumatische groei: ze komen sterk uit hun trauma en vinden in de verwerking een persoonlijke groei. Dat is een heel ander beeld dan wordt geschetst in films en series, waar het meestal gaat over de 'geflipte' veteraan die zichzelf en zijn omgeving verwoest. Uiteraard bestaan deze voorbeelden maar ook hier zijn er twee kanten van de medaille. Het is zonde dat de verhalen over posttraumatische groei minder bekend zijn. Ik denk dat ik geluk heb gehad, en ik ben blij dat ik geen directe collega's of maatjes heb verloren tijdens mijn missies.

Ik weet én heb ervaren dat stress zich ophoopt in het lichaam als er geen volledige verwerking plaatsvindt. Dit verhoogt het risico op een trauma. Trauma zet zich vast in je herinnering en als je eerste reactie is om stress te bestrijden met verdoving en afleiding, is dat geen gezonde manier van coping. De eerste stap is: erkenning. 'Oké, ik voel stress en dat moet ik verwerken.' We leven in een tijd waarin het steeds gangbaarder is om over stress en trauma te praten. En dat is maar goed ook. Vanouds is de militaire cultuur een machocultuur. Dat geldt voor de meeste culturen waar mannen voor langere tijd letterlijk en figuurlijk met elkaar zitten opgekropt. Je was een mietje als je over stress, angst en gevoel praatte. Die tijd is voorbij, en de oudere garde zal plaatsmaken voor een nieuw soort man. Ik gebruik het woord man, maar eigenlijk zou dat niet beperkt moeten worden tot sekse. De oudere garde zal plaatsmaken voor een nieuw soort mens: de mens die in verbinding staat met lichaam, geest en ziel.

De tweede stap is: verbinden. Verbinden door jezelf kwetsbaar op te stellen. Verbinden door je ervaringen te delen met anderen. Verbinden betekent dat je het niet alleen hoeft te doen, het betekent zoeken naar connectie en voelen dat die er is om zo je empathisch vermogen te activeren of te heractiveren. Door jezelf kwetsbaar op te stellen geef je ook het voorbeeld aan hen die nog moeten volgen.

De derde stap is: overmeesteren. Het overmeesteren van je ego. Voor mij is het overmeesteren van je ego onderdeel van persoonlijk leiderschap, een persoonlijke missie. Het ego voedt zich aan angst, piekeren en onzekerheid. Het is de kern van alles wat mij beperkt om in het hier en nu te zijn. Overmeesteren is een onderdeel van meesterschap en kan in sommige gevallen veel tijd kosten. Geef jezelf die tijd. Blijven er klachten of zijn er mensen in je directe omgeving die aangeven dat je hulp nodig hebt, dan is het belangrijk dat je naar ze luistert en hulp zoekt bij een professional.

In het overmeesteren van de vijand vindt altijd een worsteling plaats. Het is in de chaos van het frontale gevecht wanneer ik besef dat opzij stappen ook een optie is. Het opzij stappen creëert ruimte en zo toont de vijand zijn flank. Het momentum is daar.

De worsteling is een noodzakelijk onderdeel van de overwinning. Zolang je bereid bent opzij te stappen.

Lessons learned

- Een stressor veroorzaakt stress.
- Stress is niet altijd ongezond.
- Eustress is 'goede stress' en distress is 'toxische stress'.
- Sporten en koud douchen zijn goede stressoren, mits je de balans in de gaten houdt.
- Ademhaling kan gebruikt worden voor stressregulatie en stressactivatie.
- Je kunt je stressdrempel verhogen door exposure.
- Visualiseer alleen op een positieve uitkomst.
- Arousal, spanning en stress zijn nodig om te presteren.
- Een planning maken vermindert stress en geeft overzicht.

- Coping bestaat uit emotiegerichte coping en probleemgerichte coping.
- Het lichaam houdt de score bij. Stress hoopt zich op en een gezonde uitlaatklep en eventueel therapie zijn nodig om weer terug te komen in een staat van homeostase.

Tips & tools

Hoe verwerk ik mijn stress?

- Sporten is voor mij een middel om stress te verwerken. Belangrijk om te beseffen dat sporten een stressor is. In mijn geval is dat eustress (gezonde stress). Maar het blijft een verstoring van mijn homeostase. Spierweefsel breekt af en herstelt zich weer, mijn lichaam moet zich aanpassen voor, tijdens en na een training. Het wordt ongezond als ik te veel sport en geen rekening houd met mijn energiebalans.
- Ik sport op basis van mijn HRV (Heart Rate Variabilty) en meet elke training mijn hartslag. Dat doe ik om de intensiteit van mijn training bij te houden. HRV is gekoppeld aan je sympathische en parasympathische zenuwstelsel, dus het is een mooie manier om inzicht te hebben in je herstel. Meten is weten.
- Meditatie. Ik mediteer geregeld en een goeie app om te beginnen met meditatie is Headspace. Meditatie helpt mij in het activeren van mijn parasympathische zenuwstelsel. Zo kom ik sneller in een herstelmodus.
- Check-in. Ik check een aantal keer per dag mijn mentale status. Ik stel mijzelf de vragen: wat voel ik nu? Waarom voel ik mij nu zo? Hoe kom ik weer in het hier en nu? Deze korte manier van reflecteren helpt mij om lichaam en

geest met elkaar te verbinden. Gebruik hiervoor visuele cues (post-its of reminders in je smartphone).

- Ik praat erover als ik een stressvolle week heb gehad en deel mijn ervaringen met mijn partner of vrienden. Het delen van deze ervaringen creëert ruimte in mijn hoofd en biedt vaak andere perspectieven.
- De boog ontspannen. Ja, ik presteer het best in de top van de omgekeerde U maar ik hoef niet meer elke dag te presteren. Voor mensen die een beroep hebben waarbij dat wel nodig is, zoals first responders, topsporters, zorgpersoneel et cetera is het extra belangrijk om die korte momenten op de dag en vrije dagen in de week gezond te ontspannen. Vraag jezelf af in welke staat van arousal je bent en of dat past bij de situatie. Schakel terug als dat niet zo is. Ademhaling is in dit geval de krachtigste tool.

Tactical breathing-oefeningen

Stressregulatie

Slow is fast	Zeven seconden in, drie seconden vast, zeven seconden uit (neus).
Fysiological sigh	Twee keer kort in (neus), lange zucht uit door mond.
Box breathing	Vijf seconden in, vijf seconden vast, vijf seconden uit, vijf seconden vast.

Stressactivatie

Tummo	Dertig tot veertig keer krachtig in- en uitademen, gevolgd door een periode van geen ademhaling. Je houdt je adem zo lang mogelijk in tot je het niet meer uithoudt. Vervolgens neem je een diepe teug en houd je weer vijftien seconden vast. Laat na de vijftien seconden je adem rustig uit. Herhaal dit proces twee tot drie keer.

Belangrijk: doe geen enkele oefening in of in de nabijheid van water. Altijd op het droge en het liefst na goedkeuring van een huisarts. Hetzelfde geldt voor ijsbaden en koudetherapie. Safety first.

Persoonlijke missie

Schrijf in je mentalekrachtnotitieboek welke stressoren je als eustress ervaart en welke als distress. Zo heb je de belangrijkste stressoren inzichtelijk en kun je een balans opmaken. Heb je meer distress dan eustress, dan weet je waar je aan moet werken, namelijk het verminderen van de stressoren die distress veroorzaken. Experimenteer ook met ademhaling. Voel je je gestrest? Pas slow-breathing toe met de nadruk op uitademen. Voel je je een beetje slap of moe? Probeer Tummo en laat het derde deel van je ziel maar branden.

9

Meesterschap

Jack of all Trades, Master of None

Een van mijn commandanten zei vaak: 'De moderne commando is een "Jack of all Trades and Master of None".' In het Nederlands vertaalt de zin misschien het best naar 'Manusje-van-alles maar meester van niets'. Wellicht klinkt dat nogal negatief maar zo zie ik het niet.

Als ik terugkijk op mijn tijd bij het KCT, dan voelt het soms wel alsof we 'manusjes-van-alles' waren. De missies die ik uitvoerde waren allemaal in een ander conflictgebied en dat vergt aanpassingsvermogen. Continu aanpassen en adapteren zorgt ervoor dat je basisskills goed op pijl moeten zijn en dat je makkelijk moet kunnen switchen in je *modus operandi*: manier van werken.

Het voelde vanaf ECO tot mijn laatste missie alsof ik continu moest kunnen schakelen en in hoog tempo informatie moest absorberen. Door deze snelheid heb ik toen niet direct ervaren dat ik supergoed was in één ding. Ik voelde dat ik en de mannen in mijn team goed waren in een aantal skills. Skills die passend waren voor het missiegebied en juist die flexibiliteit maakte ons sterk.

Snel veranderende omgevingen en gevaarlijke gebieden vragen dit van je. Ze vragen van je dat je je aanpast en heel snel evolueert. Als je dat niet doet, bestaat er een grote kans dat je wordt opgegeten. Dat is ook de reden dat een opleiding bij de Special Forces alle elementen bezit waarin een individu zich constant moet aanpassen. Opschakelen en terugschakelen. Ben je in staat om snel informatie op te slaan, te verwerken en de juiste beslissingen te nemen? De vijandige omgeving vraagt om een 'Jack of all Trades' en 'Master of Some' en ik ga uitleggen waarom dat zo is.

Het zou gek zijn om niet een meester in iets te zijn terwijl je zo goed wordt opgeleid bij het Korps Commandotroepen. Maar wat is meesterschap en waar bestaat het uit? En waarom heb ik ervoor gekozen om er een hoofdstuk over te schrijven?

De definitie van meesterschap is volgens het Van Dale-woordenboek: *het meester zijn in een kunst of vak*. Welke kunstvorm past het best bij het vak van een commando speciale operaties? De kunst van het oorlog voeren? De kunst van het vechten? De kunst van het camoufleren? De kunst van het schieten? Je leert een hoop verschillende vaardigheden bij de Special Forces.

Schieten, voertuigbeheersing van meerdere voertuigen, parachutespringen, communicatiesystemen opbouwen, camoufleren, zelfverdediging, vechten, tactisch optreden, medisch levensreddende handelingen et cetera. Het zijn maar een aantal vaardigheden die een commando speciale operaties moet beheersen. In die vaardigheden kun je groeien maar je moet ze ook bijhouden. Misschien zit het daar wel in: we waren door het operationele tempo altijd bezig met skills bijhouden en daardoor *voelde* het misschien niet alsof we er meesters in waren. Maar we waren het wel.

In het Engels wordt meesterschap vertaald als *mastery*. De Engelse definitie van mastery is: *comprehensive knowledge or skill in a particular subject or activity*, het bezitten van uitgebreide kennis of vaardigheid in een specifiek onderwerp. Kijk, dat klinkt goed.

Uitgebreide kennis: check. Vaardigheden: check. Specifieke onderwerpen en activiteiten: check. Het is een goede beschrijving van de dagelijkse bezigheden van een commando speciale operaties.

We hebben nu een duidelijker beeld van wat meesterschap zou kunnen zijn, maar we zijn er nog niet. De verkenning zet zich voort.

Presteren

Wanneer het een doel is mijn kennis of vaardigheid in een specifiek onderwerp te verbeteren, dan is het belangrijk hoe ik deze prestatie benader. Volgens de *achievement goal theory* zijn er twee benaderingen die belangrijk zijn in het behalen van mijn doel: een *mastery goal orientation* en een *performance goal orientation*. Een mastery goal orientation refereert aan de focus om bekwaamheid in iets te ontwikkelen. De focus ligt dus op leren en verbeteren. Bij een performance goal orientation ligt de focus op het demonstreren van bekwaamheid, oftewel laten zien aan anderen dat je het kunt.

Goal orientations bevatten overtuigingen over de betekenis van doelen, hoe bekwaamheid en standaarden worden gedefinieerd, en wat de betekenis is van succes, mogelijkheden, moeite doen en falen. Deze goal oriëntations komen uit de motivatiepsychologie en ze kunnen gezien worden als schema's die het individu gebruikt om zijn aandacht te richten op het zelf of op een taak.

Performance goal orientation zorgt ervoor dat ik mijn doel wil behalen door anderen te laten zien dat ik slim ben en het beter doe dan de 'rest'. De weg naar mijn doel wordt dus beïnvloed door wat anderen van mij zien of vinden.

Een mastery goal orientation activeert een focus in het ontwikkelen van bekwaamheid door nadruk te leggen op verbetering, leren en verdieping (Keefe, 2012). De weg naar mijn doel wordt beïnvloed door wat uit het zelf komt, en wat uit het zelf komt blijft langer intact.

Ik heb een keuze in hoe ik mijn doelen behaal. Doe ik het om er beter in te worden? Verdiep ik mijzelf in de weg ernaartoe en ben ik bereid te leren van het proces of laat ik mij beïnvloeden door wat anderen zien en vinden? Een hoog cijfer halen omdat het een hoog cijfer is, of laat het cijfer mij koud en verdiep ik mij in de materie? Niet voor het hoge cijfer maar om het echt te begrijpen.

Zo wordt meesterschap onderdeel van presteren en het kan helpend zijn om eens na te gaan waar je voorkeur naar uitgaat: performance of mastery? Een mastery orientation kost wellicht meer moeite, energie en tijd maar het leidt wel naar meesterschap.

Kennisoverdracht

Leren en studeren gaan over het algemeen niet zonder een docent of leraar. Iemand die in staat is om theorie en praktijk aan elkaar te koppelen en behapbaar te maken. De militaire term voor een leraar of docent is: opleider of instructeur. Een militaire instructeur is vaak een onderofficier met de rang van sergeant of hoger. De didactische vaardigheden van een onderofficier worden initieel aangeleerd op de KMS (Koninklijke Militaire School). Daar leren toekomstige onderofficieren kennis overdragen. De leus die volgens defensie een onderofficier het best beschrijft is: vakman, leider en instructeur. De onderofficier is een vakman omdat hij zijn vak goed verstaat. Defensie is opgebouwd uit verschillende Wapens- en Dienstvakken. Bij de Koninklijke Landmacht zijn dat bijvoorbeeld de dienstvakken Logistiek en Lichamelijke Opvoeding en Sport. Personeel wordt ingedeeld bij deze verschillende wapens en dienstvakken. Soms wordt er volgens traditie niet gesproken over een dienstvak maar over een wapen of korps. Zo is het Korps Commando Troepen onderdeel van het Wapen der Infanterie.

Waar het in dit geval om gaat, zonder het al te complex te maken voor de lezer die geen defensieachtergrond heeft, is dat een onderofficier de geschiedenis en het systeem moet kennen waar zijn wapen of dienstvak uit bestaat, en dat hij of zij de kennis en kunde moet hebben om deze informatie over te dragen. Je hebt de plicht en verantwoordelijkheid om deze kennis zo goed mogelijk over te dragen.

In de tijd van het Staatse leger (het leger van de Republiek der Zeven Verenigde Nederlanden, 1575 tot 1795) waren onderofficieren mannen die door de commandant van een eenheid (toen een kapitein) werden gekozen op basis van ervaring, militaire kennis en uitstraling. Deze onderofficieren waren verantwoordelijk voor het drillen van de manschappen, het controleren van de bewapening en het maken van wachtschema's. Deze werkzaamheden zijn overigens nauwelijks veranderd.

Onderofficieren van toen waren ook belast met de handhaving van orde en tucht. Het bijbrengen van discipline. De onderofficier van vandaag de dag is nog steeds belast met deze taak, maar gelukkig gaat dat er tegenwoordig iets anders aan toe (zonder lijfstraffen et cetera).

Toen ik defensie verliet was ik onderofficier met de rang van sergeant. Ik had veel ervaring opgedaan in mijn dienstjaren en missies. Ik nam de verantwoordelijkheid om deze kennis en ervaring over te dragen altijd serieus. Van nature vind ik het leuk om anderen te coachen en hen te zien groeien. Ik vind het mooi om bij te dragen aan hun kennis en kunde. Nog steeds is het een groot onderdeel van mijn dagelijks werk en ik haal er veel energie uit. Ik zie het ook als een plicht om deze kennis en ervaring te delen en iets mee te geven waar de leerling iets aan heeft in zijn persoonlijke ontwikkeling. Dan raak je mensen. Zo vergeten ze bepaalde lessen nooit meer.

Mijn voorkeur gaat uit naar impliciet leren, ook al houden ze bij defensie van expliciet leren. Het *plaatje, praatje, daadje*-verhaal of 'kijk naar hoe ik de stappen uitleg, laat zien en dan mogen jullie dat kopiëren'. We weten inmiddels dat informatieoverdracht op deze manier minder goed blijft hangen en dat men gaat proberen de stappen te onthouden. Daardoor gaan ze nadenken over de uitvoering van acties of bewegingen. Zo is de lerende niet gefocust op de informatie die binnenkomt uit de omgeving maar op het onthouden van de stappen (Wouw, 2020).

Bij impliciet leren coach en stuur je de leerling in zijn of haar eigen proces, zonder dat je alles voorkauwt. Je geeft niet direct het antwoord maar laat de leerling de vraag of situatie zelf onderzoeken. Dat levert soms frictie op. Maar in frictie zit groei, laat het soms maar even oncomfortabel zijn.

Kunst

Om terug te komen op meesterschap en kunst: kunst komt ook voor in martial arts. De vechtkunsten. Een van mijn grootste helden is Bruce Lee. Hij maakte martial arts toegankelijk voor de westerse wereld. In zijn boek, *The Tao of Jeet Kune Do*, schrijft hij een aantal statements over kunst. Twee daarvan samengevoegd beschrijven voor mij heel mooi de relatie met meesterschap:

Art is the way to the **absolute** and to the **essence** of human life. The aim of art is not the one-sided promotion of spirit, soul and senses, but the opening of all human capacities – thought, feeling, will – to the life rhythm of the world of nature. So will the voiceless voice be heard and the self be brought into harmony with it.
Artistic skill, therefore, does not mean artistic perfection. It remains rather a continuing medium of reflection of some step-in psychic development, the perfection of which is not to be found in shape and form, but must radiate from the human soul.

Meesterschap is meer dan alleen een mogelijkheid om je doel te bereiken. Het is meer dan jezelf volledig bekwamen van een vaardigheid. Het is het openen van alle menselijke capaciteiten. Het is connectie maken met de ander en met de natuur.

Het is niet altijd een kwestie van spreken maar van voelen of laten voelen. Meesterschap is niet een vaardigheid tot in perfectie beheersen. Perfectionisme is iets wat we onszelf opleggen, het is een geconditioneerde gedachte. Meesterschap is dan ook niet het 'perfect' willen doen. Het is het elke keer beter willen doen dan de vorige keer.

Zelfonderzoek

Er zitten veel voordelen aan het zijn van een 'Jack of all Trades and Master of Some'. We hoeven niet allemaal heel erg goed te zijn in één ding. Uiteraard hebben we specialisten nodig in deze wereld. Maar als er iets is wat ik heb geleerd is dat veelzijdigheid mij in staat stelt om altijd en overal te kunnen functioneren. Onder elke omstandigheid, in elk soort terrein en in samenwerking met een diversiteit aan verschillende mensen en culturen.

Maar ook dat ik door mijn kennis en ervaring, en niet door het volgen van een universitaire opleiding, meester ben geworden in een aantal vaardigheden en specifieke onderwerpen.

Een belangrijk onderdeel van meesterschap is het verkennen (ontdekken kan ook maar klinkt minder militair) van het zelf. Verkenning van het zelf begint met het leren over wat zelfbegrippen zijn en hoe ze werken. Ik heb ervoor gekozen om vijf zelfbegrippen toe te lichten. Het zijn zelfbegrippen waarvan ik denk dat ze veel aandacht verdienen omdat ik merk dat ze steeds belangrijker worden in de huidige tijd. Ik ga het hebben over zelfkennis, zelfbeeld, zelfvertrouwen, zelfreflectie en zelfloosheid.

Zelfkennis

Zelfkennis gaat over de informatie die een mens heeft over zijn eigen persoonlijkheid, emoties, benodigdheden, doelen, meningen, geloof, voorkeur, fysieke attributen, relaties, normen en waarden, gedrag en sociale identiteit. In de psychologie is zelfkennis het resultaat van meerdere vormen van zelfreflectie en sociale processen. Er wordt in de psychologie en filosofie onderscheid gemaakt tussen alles wat met het zelf te maken heeft, zoals het zelfconcept, zelfvertrouwen, zelfactualisatie en zelfbewustzijn.

Dat zijn een hoop verschillende soorten begrippen die de kennis over het 'zelf' beschrijven. Logisch. Het zelf is een ingewikkeld concept en er wordt al duizenden jaren over gefilosofeerd, gepeinsd, gediscussieerd en geschreven. Maar alles wat vandaag de dag bekend is over het zelf, is allemaal bruikbaar als handvat om grip te krijgen op dit ingewikkelde concept. De meeste informatie over het zelf is snel toegankelijk. Op internet vind je veel over het zelf en zelfhulpboeken zijn met een aantal kliks besteld.

Zelfkennis houdt in dat je weet waar je hart sneller van gaat kloppen, en waar je van in slaap valt. Het houdt in dat je weet hoe je in het leven staat. Daar kom je vaak maar op één manier achter. De deur uit stappen en het leven aanvaarden. Door confrontatie en reflectie jezelf leren kennen.

Voor mij was de commando-opleiding en het worden van een commando speciale operaties een manier om het 'zelf' te confronteren en onderzoeken. Om erachter te komen waar ik fysiek en mentaal toe in staat was. Ik hield in mijn achterhoofd dat het een solide basis zou zijn voor alle uitdagingen die het leven mij nog zou brengen, en als ik daar op reflecteer, dan is dat ook zo. Ik zeg 'basis' omdat ik verre van klaar ben met het verkennen van mijn 'zelf'. Dit boek is onderdeel van de verkenning.

Weten waar je fysiek en mentaal toe in staat bent is voor een commando speciale operaties belangrijke informatie. Zonder informatie over het zelf weet je niet waar je fysieke en mentale grenzen liggen en bestaat er een kans op overschatting of onderschatting. Het overschatten en onderschatten van het zelf komt voort uit het ego en is potentieel gevaarlijk. Voor mij bestaat het ego uit een vals beeld van het zelf en de daarbij behorende geconditioneerde gedachten.

Overschatten en onderschatten kan voor een commando speciale operaties het verschil maken tussen leven en dood. Twee simpele voorbeelden: *het onderschatten van de vijand* en *het overschatten van je eigen gevechtskracht*. In beide gevallen kom je uit in de minderheid. Voor de meeste mensen spelen deze extreme voorbeelden geen rol in het leven. In het leven van de meeste individuen kost het overschatten en onderschatten hoogstens kostbare energie. Energie die je tactischer, creatiever en doelgerichter zou kunnen gebruiken.

Je komt er maar op één manier achter uit welk hout je gesneden bent en dat doe je door de confrontatie aan te gaan met het zelf. Als je ervoor kiest om niet je mentale grenzen te verkennen zul je nooit weten waartoe je mentaal in staat bent. Hetzelfde geldt voor je fysieke grenzen. Een mooi voorbeeld vind ik paralympiërs. Mensen die door oorlogsgeweld, ongelukken of een aangeboren handicap of beperking de wereld laten zien waartoe ze in staat zijn door te geloven in hun fysieke en mentale krachten. Ze laten zien dat ze zich niet laten beïnvloeden door zogenaamd opgelegde beperkingen die de wereld voor hen bedenkt. De term 'dat kan ik niet' komt over het algemeen niet voor in hun vocabulaire. Het is eerder: 'Dat kan ik nóg niet, maar ik kan het wel leren'.

Zelfbeeld

Het zelfbeeld kan als overwegend positief of negatief worden gezien. Het is altijd makkelijker oordelen over een ander dan over jezelf. Dat komt omdat je je bewuster bent van het beeld dat je van anderen hebt. Hoe dan ook bepaalt dit beeld in bepaalde mate ook ons gedrag. Als je jezelf ziet als niet creatief, dan zul je het ook niet worden en zul je geen gedrag vertonen dat tot creativiteit leidt. Het zelfbeeld wordt gecreëerd in ons hoofd.

Het kan een kloppend zelfbeeld zijn: dan is iemand zich bewust van hoe anderen hem zien en hoe hij zichzelf ziet. Maar het kan ook een niet-kloppend zelfbeeld zijn: iemand is zich niet goed bewust van hoe anderen hem zien en hoe hij zichzelf ziet. Dat is een negatief zelfbeeld.

Tijdens de commando-opleiding kom je niet ver met een negatief zelfbeeld. Het zal je beperken in alle individuele en teamopdrachten. Hoe dat negatieve zelfbeeld tot stand is gekomen maakt op dat moment niet uit. Er kunnen allerlei negatieve ervaringen zijn in je leven die dat beeld voeden en vaak zit dat in het verleden. 'Wat mij ooit is aangedaan' of 'wat er ooit over mij is gezegd', daar kunnen we in sommige gevallen niet lichtelijk overheen stappen, daar ben ik mij zeker bewust van, maar juist voor mensen met een niet kloppend zelfbeeld is verandering mogelijk. Als iemand zichzelf ziet als een nietsnut en zich zo gedraagt, dan is dat een kloppend negatief zelfbeeld en wordt het moeilijk om dit beeld voor zichzelf en de buitenwereld te veranderen.

Mensen met een niet-kloppend negatief zelfbeeld weten ergens diep vanbinnen dat dit negatieve beeld niet klopt maar missen de tools om dit beeld te veranderen. Het begint met geloven dat je dit zelf kunt veranderen en niet altijd iemand nodig hebt om de spiegel voor te houden. Ik heb voorbeelden, rolmodellen en meesters nodig gehad om van te leren maar ik laat ze mij niet definiëren. Leer van de meester maar herken het moment dat je hem of haar overstijgt.

Zelfvertrouwen

Ik kan mij een moment tijdens de ECO herinneren dat we ontelbare keren de hindernisbaan moesten nemen. Elke keer dat we dachten dat het de laatste keer zou zijn liet hij ons nog een keer gaan. We waren allemaal voor de zoveelste keer geweest toen hij ons liet opstellen en ons toestemming gaf om te drinken. 'Maar niet te veel,' zei hij, 'een volle buik kun je niet gebruiken voor wat zo komen gaat. Jullie gaan zo nog een keer de hindernisbaan nemen. Iedereen, maar dan ook iedereen haalt het binnen vijf minuten. Hebben jullie dat begrepen?' Mijn eerste gedachte was: holy shit, hoe ga ik die tijd nu halen? Ik ben helemaal naar de kloten.

Omdat we de baan individueel moesten nemen werden we om de minuut weggestart. De jongens die al waren geweest wachtten aan het eind van de hindernisbaan en mochten daar rusten totdat iedereen was geweest. Zo wisten we niet of ze het hadden gehaald. De instructeur had ons de opdracht gegeven dat iedereen het zou halen binnen vijf minuten. Als een van ons het niet zou halen, dan betekende het waarschijnlijk: niet goed is opnieuw.

De jongen voor mij gaat van start en ik ga klaarstaan om de eerste hindernis te nemen. Nauwlettend hou ik mijn horloge in de gaten. Nog vijftig seconden. Ik werp een blik op het eind van de hindernisbaan. Daar staat de sportinstructeur en hij spreekt een cursist toe die net de baan heeft afgemaakt. Ik hoop dat hij de tijd heeft gehaald. Nog twintig seconden. Ik neem een diepe ademhaling en check of alle zakken en ritsen van mijn tactische vest dichtzitten zodat ik niets verlies. Nog vijf seconden. Blik op oneindig. GO!

Ik ren, klim, spring en land en maak gebruik van alle aangeleerde technieken om de hindernisbaan zo snel mogelijk te nemen. Na elke hindernis voel ik steeds iets meer vermoeidheid en verkramping in mijn spieren en ik voel mijn hartslag bonzen in mijn nek en hoofd. Overheen, onderdoor, bovenlangs, onderlangs, kruipen, klauteren, touw omhoog, touw omlaag. Voor ik het weet kom ik uitgeput aan bij de sportinstructeur. Hijgend ga ik voor hem staan: 'Cursist Carter meldt zich, sergeant!'

Hij laat mij nog een keer ademhalen en vraagt op een rustige toon: 'Heb je de tijd gehaald, Carter?' Ik had tijdens mijn fysieke inspanning niet één keer gekeken op mijn horloge. Ik keek naar de tijd en zag dat ik onder de vijf minuten zat. Ik had nog een minuut over en gaf een beetje verbaasd antwoord. 'Ja, sergeant. Ik… uh… heb de tijd gehaald.' Hij zag mijn verbazing en antwoordde: 'Carter, het is belangrijk dat je vertrouwen hebt in wat je kan en niet kan. Je moet niet zo twijfelen aan jezelf. Dat is nergens voor nodig.' Ik knikte en antwoordde een beetje beduusd: 'Dank u, sergeant.' De sergeant keek mij weer streng aan: 'Je hoeft mij niet te bedanken, Carter. Bedank jezelf maar en nou wegwezen.'

Uiteraard wist deze sportinstructeur precies wat hij aan het doen was. Hij had er al een aantal lichtingen ECO op zitten en had deze oefening al vaker toegepast. Een oefening om zelfvertrouwen voelbaar te maken. Hij wist precies hoe vaak hij ons over de hindernisbaan moest jagen om ervoor te zorgen dat wij dachten niet meer verder te kunnen. Precies op dat breekpunt liet hij ons een heel korte drinkpauze nemen met een korte uitleg van de komende oefening. Waarbij hij de druk opvoerde door ons ons verantwoordelijk te laten voelen voor elkaar. 'Iedereen, maar dan ook iedereen haalt het binnen vijf minuten.' Toen hij die woorden sprak was er niet één van ons die dacht: o, dat fiks ik wel even, iedereen dacht: ik moet alles geven om die tijd te halen. Je wilt die tijd halen voor elkaar.

Fysiek en mentaal gezien leek het een bijna onmogelijke opdracht omdat we al zo waren uitgeput door ontelbare keren de hindernisbaan te hebben genomen. De sportinstructeur wist dat wij ons zo voelden en hij wist ook dat we alles zouden geven om de tijd te halen. Hij wilde dat wij zouden ervaren dat je altijd nog verder, sneller en harder kunt gaan dan je denkt. Dat je gedachten en emoties een limiterende factor kunnen zijn in je zelfvertrouwen en als het echt nodig is je altijd kunt terugvallen op de plek waar bewustzijn en motivatie elkaar raken. De plek waar het innerlijke vuur brandt. Ik voel dat letterlijk in mijn borstgebied.

Het Engelse woord voor zelfvertrouwen is self confidence. *Confidence* stamt af van het Latijnse woord *fidere,* wat vertrouwen betekent. Het hebben van zelfvertrouwen betekent dat je vertrouwen hebt in jezelf en in je geschiktheid om succesvol om te gaan met uitdagingen in het leven.

Zelfvertrouwen is gekoppeld aan het bekende en onbekende, zeker als het gaat om het leveren van een fysieke en mentale prestatie. In een onbekende situatie zal ik minder zelfvertrouwen hebben omdat ik er simpelweg nooit ben geweest en niet weet hoe ik moet handelen. Zou dezelfde situatie zich nog een keer voordoen, en was de voorgaande keer een succeservaring, dan groeit mijn zelfvertrouwen. Als ik de voorgaande keer de situatie niet met succes heb afgerond, daalt mijn zelfvertrouwen. Het opbouwen van zelfvertrouwen is afhankelijk van succesbeleving. Hoe ik succes ervaar is aan mij. Uiteraard speelt nature en nurture een belangrijke rol maar dat geldt eigenlijk voor alle zelfbegrippen. Het zelf ontwikkelt zich gedurende je hele leven. In goede en kwade zin. Daar heb je uiteindelijk *zelf* invloed op maar ook je omgeving. Hetzelfde geldt voor de manier waarop je succes ervaart.

Voor ik op missie ging, werd er veel geoefend en getraind. Er zijn gevallen dat er op de knop wordt gedrukt en je binnen 24 uur inzetbaar moet zijn. De trainingen voor een missie zijn zo realistisch mogelijk. Het *Train as You Fight*-principe. Dat betekent dat trainingen worden bedacht door een oefenleiding. Een onbekende of ongeplande factor wordt ingebracht door de oefenleiding om leiderschap, aanpassingsvermogen, assertiviteit, EQ (Emotioneel Quotiënt), AQ (Adversity Quotiënt) en IQ (Intelligentie Quotiënt) te testen. Een simpele manier om dit teweeg te brengen is door een gewonde te laten vallen. Op zo'n moment wordt er een beroep gedaan op ieders gevechtskills en een commandant traint zijn *gevechtsleiding*. De onbekende factor creëert het meeste leerrendement.

Soms eindigt zo'n training in een niet-succesvolle actie. De onbekende factor zette een spoor van beslissingen in werking die leiden naar een ongewenste uitkomst. C'est la vie. Zo is het leven. Maar in elke uitkomst zit resultaat. Om deze reden hielden wij na elke actie een 'After Action Review' (AAR). Van elke actie valt te leren en in elk resultaat is een vorm van winst te behalen, of het 1 procent is of 75 procent: winst is winst. Er werd tijdens de AAR niet ingegaan op details. Er werd gekeken naar verbetering op grote schaal. Het detailwerk deden we na de AAR in een eigen teamevaluatie. Dat was meestal hard op de man en hard op de feiten. Dat accepteerde je van elkaar, ter verbetering van jezelf en het team. Het gaat om hoe je ervoor kiest de actie of gebeurtenis persoonlijk te evalueren. De manier waarop je zelfreflectie toepast.

Ik gaf medische opleidingen aan jonge soldaten en korporaals. Ze kregen in een realistisch scenario te maken met een gewonde militair waarbij ze een medisch protocol moesten toepassen. Na het scenario vroeg ik ze vaak: 'Wat is je gevoel over het scenario?' Acht van de tien keer kreeg ik het antwoord: 'Ja, echt kut.' 'Waarom "echt kut"?' vroeg ik ze. De meesten antwoordden met: 'Omdat ik handeling x ben vergeten' of 'Het protocol liep niet lekker en ik vergat stap Y.' Wat ze echt vergaten was dat terwijl ze stress ervaarden ze een heel protocol met handelingen en beslissingen hadden laten zien, in een realistisch scenario. Ze vergaten dat ze meer goede handelingen hadden laten zien dan minder goede. Ze focusten op een detail dat in hun perceptie zo groot was geworden dat ze de hele actie als 'slecht' interpreteerden. De hele actie verloor daardoor haar succeservaring, terwijl ze kleine 'successen' hadden behaald in het hele proces. Ze waren alleen niet in staat om het zo te zien.

Daar zit voor mij de crux van zelfvertrouwen. Door tijdens een actie of gebeurtenis te veel in te zoomen op iets wat niet goed gaat, vergeet je te kijken naar het hele proces. Als je na een actie of gebeurtenis de kleine successen leert zien in het hele proces en als onderdeel van je succeservaring, groeit je zelfvertrouwen.

Zelfvertrouwen kun je op een aantal manieren opbouwen. Zeker als het gaat om het opzoeken van onbekend terrein, bijvoorbeeld voor een sollicitatiegesprek, een sportwedstrijd, een presentatie geven of een moeilijke zakelijke onderhandeling:

- Train as you fight. Oefen het scenario zo realistisch mogelijk voor je het moet uitvoeren. Oefening baart kunst.
- Weet waar je grenzen liggen en weet dat je gedachten vaak een limiterende factor zijn. Maar durf wel om hulp te vragen op de momenten dat je het niet meer weet. Dat betekent niet dat jouw gedachten niet meer van waarde zijn. Dat zijn ze wel.
- Vraag om feedback. Vraag iemand die oprecht geïnteresseerd is in je ontwikkeling en de kwaliteit van je prestaties om hierover zijn of haar mening te geven. Het is belangrijk dat dit niet alleen maar positieve feedback is want dan verdwijnt de zelfreflectie die voortkomt uit zo'n gesprek. Gebruik de positieve feedback als instrument om bij te dragen aan je succeservaring.

Met elke succeservaring groeit je zelfvertrouwen en leer je steeds beter in je eigen schoenen te staan. Maar blijf nederig door in je zelfreflecties mee te nemen waar je zelf ooit bent begonnen. Dan kan zelfvertrouwen alleen maar voor je werken als een kracht. Een commando moet leren wanneer hij zichzelf onderschat of overschat. Dat doet hij door het te ervaren en hij heeft, wanneer hij genoeg ervaring heeft opgedaan, altijd nog zijn nederigheid om in balans te blijven.

Zelfreflectie

Een commando speciale operaties moet op zijn eigen gedachten, emoties en acties kunnen reflecteren. Door het ophouden van deze figuurlijke spiegel is hij in staat zichzelf te zien. Niet alleen vanbuiten maar ook vanbinnen. Daar zit persoonlijke groei. Zou hij niet in staat zijn om deze spiegel voor te houden, om wat voor reden ook, dan blijft hij afhankelijk van een ander die de spiegel ophoudt. Die luxe heeft een commando niet. Bovendien krijgt hij dan een beeld te zien dat niet coherent is aan zijn eigen gedachten, emoties en acties. Hij houdt zelf de spiegel voor en durft erin te kijken. Hij aanvaardt wat hij ziet en durft de confrontatie met zichzelf aan te gaan.

Dat is voor mij de essentie van zelfreflectie. In de filosofie en psychologie noemt men het introspectie, en de meningen zijn verdeeld over of het wel of niet effectief is om bij te dragen aan persoonlijke groei of zelfverbetering. De reden daarvan is dat het zelf nooit helemaal in staat is om op objectieve wijze te oordelen over het zelf. Waarom niet? Omdat het oordelen gepaard gaat met herinnering, en het geheugen is vaak onnauwkeurig. Het is de reden dat we bij trainingen vaak gebruikmaakten van videomateriaal en het opnemen van acties of schietoefeningen. We zijn in staat om een actie op te slaan in ons geheugen maar na verloop van tijd zal deze herinnering barsten vertonen of helemaal vergeten zijn. Dat maakt de factor tijd van essentieel belang in het zelfreflectieproces. Heb je de tijd? Dan is het belangrijk om zo snel mogelijk na een actie het zelfreflectieproces in te gaan. Daar kun je de STARR-methode voor gebruiken. In de STARR-methode geeft je antwoord op de volgende vragen:

Situatie: wat was de situatie?
Taak: wat was je taak?

Actie: welke handeling voerde je uit en welke woorden gebruikte je?
Resultaat: wat was het effect van je handelen? Wat was het effect van de woorden die je gebruikte?
Reflectie: hoe kijk je terug op de situatie en hoe kun je het de volgende keer beter doen?

Door het uitvoeren van een STARR en het bespreken van elke actie op groepsniveau, soms tot in detail en hard op de man, werd zelfreflectie een onderdeel van mijn systeem. In een omgeving waarin iedereen streeft naar meesterschap ben je continu bezig met jezelf en het team verbeteren. Ik kwam al vroeg in de opleiding erachter dat er altijd wel iemand was die beter of sneller was. Om een voorbeeld te geven: een goed maatje van mij sliep in dezelfde hut tijdens de ECO. Elke keer als we een kaartoefening deden en ik dacht als eerste in onze hut aan te komen, zat hij al rustig op z'n veldbed spulletjes te poetsen. Daardoor had hij ook nooit bijzonderheden met de ochtendinspectie. Nooit. Ik gaf hem daarna de bijnaam 'Spic en Span'.

De een was altijd sneller met hardlopen, de ander beter in kaartlezen en weer iemand anders beter in schieten. Iedereen was altijd bezig met het beter doen dan de vorige keer, niet met het beter doen dan de ander. Uiteraard was er een gezonde vorm van competitie, maar eerder voor plezier dan voor serieuze redenen. Ik leerde door deze omgeving om altijd eerst te kijken naar mijzelf en hoe ik kon verbeteren zonder mijzelf te vergelijken met anderen.

Zelfloosheid

In het boeddhisme is het woord voor zelfloosheid *anattā* en het maakt naast *annica* (vergankelijkheid) en *dukkha* (lijden) onderdeel uit van de drie belangrijkste kenmerken van het bestaan. Vergankelijkheid of de sterfelijkheid van het leven is uiteraard een groot thema in het leven van een commando speciale operaties. Elke missie bestaat er een kans, de een groter dan de ander, dat je niet meer thuiskomt. Daar houdt het thuisfront zich vaak meer mee bezig dan de commando zelf. De gedachte spookte wel eens door mijn hoofd maar nooit lang. Vooral in de periode net voor een missie. Dan controleerde ik of alles geregeld was voor het geval ik kwam te overlijden. Er werd ook geadviseerd een brief te schrijven naar je geliefden. Een laatste brief. Ik bewaar deze brieven nog steeds.

Defensie heeft een boekje gemaakt met daarin een stappenplan om je hele begrafenisceremonie tot in detail te plannen. Van de keuze voor een crematie of begrafenis tot welke muziek je wilt laten afspelen. De eerste keer dat ik dit boekje invulde was ik achttien. Gelukkig leef ik nog en hebben ze nooit die nummers hoeven afspelen. Uiteraard zou het zeer verdrietig zijn voor mijn familie als ik er niet meer zou zijn, maar het was nog triester geweest als ze naar mijn toen gekozen nummers hadden moeten luisteren.

Je gaat het leven ook meer waarderen als je na een missie thuiskomt. Zeker als het een missie is waarbij de dood dichtbij is geweest of dagelijks door de lucht circuleert.

Volgens het boeddhisme hoef je niet je leven te wagen om te ervaren dat het leven broos is en dat sterfelijkheid nou eenmaal bij het leven hoort. De angst om te sterven bestaat ook niet wanneer je gelooft in reïncarnatie en accepteert dat je in een volgend leven een steen, dier of boom kunt worden. Uiteindelijk keer je terug naar dezelfde energie.

In mijn reflecties kom ik erachter dat alles wat zich in mijn jeugd heeft afgespeeld zo heeft moeten zijn. Het was nodig om mij te vormen voor alles wat nog zou komen. Pijn en lijden zijn onlosmakelijk verbonden met het leven en zijn nodig om tot bepaalde inzichten te komen. Ik moest de commando-opleiding doen en ik moest ervaren hoe het was om op een next level te lijden. Het was nodig om *mijn* zelf te verkennen.

In het Engels wordt zelfloosheid vertaald naar *selflessness* of in de boeddhistische term *no-self.* Het hebben van geen *zelf* leidt volgens het boeddhisme naar verlichting. Verlichting is de verlossing van het zelf, om specifieker te zijn: verlossing van het ego. Volgens het boeddhisme is het ego een aparte entiteit die het zelf creëert. Een entiteit die bestaat uit alles waar we onszelf mee identificeren: nationaliteit, beroep, geloof, naam, ervaring et cetera. Het ego is alles wat zich identificeert met vorm. Zelfloosheid is afstand nemen van de wereld van vorm en daarmee afstand nemen van het ego.

Ik ben verre van verlicht en zeker geen boeddhist. Ik streef wel naar verlossing van het ego en begin steeds meer in te zien hoe ik daar invulling aan kan geven. Zo hoop ik ooit verlost te zijn van mijn ego. Hoop is belangrijk, maar hoop is niets zonder actie. Een actie die past bij jezelf verlossen van het ego is: verdiep jezelf in theorieën die gaan over het ego en hoe je jezelf hiervan kunt verlossen. Het helpt om te lezen, mediteren en het helpt om te reflecteren. Zo leer ik gedachten die negatief zijn te labelen als het ego. Zo kom ik er steeds meer achter waar ik mezelf mee identificeer en langzaam maar zeker lukt het de wereld van vorm los te laten. Maar ik ben er nog lang niet.

Er is een waslijst van zelfbegrippen waar onderzoek naar is gedaan en waar veel over wordt geschreven. Om een voorbeeld te geven van een aantal zelfbegrippen: *self-efficacy, self-concept, self-control, self-regulation, self-determination, self-esteem.* Het zijn zelfbegrippen die zeer interessant zijn om je in te verdiepen en ze leveren allemaal bepaalde inzichten op. Sommige hebben echter raakvlakken met elkaar en er bestaat een mogelijkheid dat je verdwaald raakt in alle verschillende soorten of delen van het zelf. En toch is het belangrijk om dit te doen. Het maakt 'het zelf' tastbaar.

Elke reis heeft een startpunt en je moet ergens beginnen. Het zit in de kern van een commando speciale operaties om altijd te streven naar verbetering. Dat vergt zelfkennis, een waardig zelfbeeld, zelfvertrouwen en zelfreflectie. Je bent verantwoordelijk voor je eigen succeservaringen en de manier waarop je die interpreteert.

Zo kom ik tot de conclusie dat zelfloosheid een belangrijk onderdeel is van de commando-opleiding en het leven van een commando speciale operaties. Je wordt tijdens de opleiding en missies gedwongen om in het Nu te zijn. Elke gedachte aan het verleden of de toekomst haalt je uit het moment. Vooral denken aan wat komen gaat levert weinig positiefs op. Negen van de tien keer weet je niet wat komen gaat, en daarover speculeren resulteert in piekeren en negatieve gedachten. Er zijn veel momenten tijdens de commando-opleiding en tijdens missies waarbij je wordt gedwongen om het zelf opzij te zetten en te kiezen voor het team. Het zelf komt op de laatste plek. Je kiest altijd eerst voor de ander. Dit proces bewust ervaren en inzetten is de eerste stap naar zelfloosheid. Voor mij is zelfloosheid het ultieme zelfbegrip. In zelfloosheid zit compassie, mededogen en empathie. Jezelf opzijzetten in naam van de missie en in naam van een ander. Het is de missie om elkaar te ondersteunen los van alles waar het ego zich in manifesteert: religie, cultuur, afkomst, huidskleur en de wereld van vorm. Ik ben geen verlicht man maar ik streef wel naar zelfloosheid. En daarmee streef ik naar meesterschap: *Mastery of Life*.

Lessons learned

- Meesterschap bestaat uit: vaardigheden, prestaties, kennis en zelfonderzoek.
- Het zijn van een 'Jack of all Trades and Master of Some' heeft veel voordelen. Het maakt je wereldwijd inzetbaar.
- In meesterschap zit de verantwoordelijkheid om kennis te delen en jezelf te bekwamen in kennisoverdracht.
- Meesterschap is niet iemand een lesje leren. Het is het geduld hebben om iemand te laten leren.
- Je kunt meester worden zonder een universiteit.
- Zelfonderzoek is het begin van meesterschap.
- Je bent verantwoordelijk voor je eigen succeservaringen.
- Zelfloosheid is het ultieme zelfbegrip.
- Meesterschap is: Mastery of Life.

Tips & tools

- Er bestaan meerdere reflectiemodellen. Probeer verschillende en kijk welke het best werkt voor jou.
- Meesterschap is dagelijks toe te passen: als ouder, collega, vriend, vriendin, kortom: als mens. Empathie, compassie en geduld zijn de beste vormen om kennis te delen. Zo laat je ruimte over voor de ander om zich te ontwikkelen. Lukt mij dit altijd? Nee, maar ik streef er wel naar. Ik ben verre van perfect. Voor mij bestaat perfectie niet. Betekent het dat ik dingen afraffel? Nee, ik doe het zo goed mogelijk en maak een analyse van hoeveel energie ik ergens in moet stoppen. Dat betekent dat ik soms minder energie stop in het een dan in het ander. Maar ik streef altijd naar het beste resultaat.

Persoonlijke missie

Begin met zelfonderzoek. Ontdek de verschillende vormen van het 'zelf' en probeer verschillende zelfbegrippen toe te passen in je dagelijks leven. Het werkt goed om in je mentalekrachtnotitieboek een aantal zelfbegrippen uit te werken. Kies om te beginnen drie begrippen die je het meest interesseren. Schrijf het zelfbegrip boven aan een bladzijde en schrijf eronder drie of meer manieren waarop je het zelfbegrip bewust gaat toepassen. Reflecteer na elk zelfbegrip voor je doorgaat met het volgende.

10

Nu of nooit

Afmatting, ECO, 2009

'Nog maar een paar uur en dan is het zover! De groene baret wacht op jullie. Jullie familie en vrienden wachten op jullie. Het Korps Commando Troepen wacht op jullie! Dit is het moment waar jullie zo hard naartoe hebben geleefd. We gaan nu beginnen aan de laatste 25 kilometer van de afmatting. Jullie hebben meer dan 200 kilometer in de voetjes zitten, dus dan gaat dit ook wel lukken. Maar voor deze laatste kilometers geef ik jullie wel een rugzak. Ik wil dat jullie met vol gewicht de eindstreep halen.' De kapitein staat voor ons en hij kijkt ons één voor één aan. 'We gaan beginnen aan de befaamde commandantenmars. Ik zal voor jullie uit lopen en ik bepaal het tempo. Zorg dat je aangesloten blijft. Hang die rugzakken om en zorg dat je snel klaarstaat.'

Ik help de jongen voor mij met zijn rugzak en hij helpt mij. We staan gereed voor de commandantenmars. Ik neem nog een slok water. Ik adem diep uit en door de kou zie ik mijn adem in de lucht hangen. Het voelt als een droom. De hele afmatting voelt als een koude, pijnlijke, grijze, zanderige, hongerige en schurende droom. Maar het eind is in zicht. Had het anders gevoeld als het niet zo pijnlijk was begonnen? Ik weet het niet meer. Wat ik wel weet is dat dit écht de laatste loodjes zijn. Ik beweeg de tenen van mijn linkervoet en voel mijn hele voet kloppen. Fuck it.

'Voorwaarts. Mars! Links. Twee. Drie. Vier. Blijf in de cadans van je voorganger lopen.' Het is begonnen. De commandantenmars. De laatste 25 kilometer van de afmatting. De laatste kilometers van de acht weken durende Elementaire Commando Opleiding. Ik heb alles gegeven en ik zal alles moeten geven om de eindstreep te halen. Ik houd mijn kaken op elkaar en verbijt de pijn terwijl we in hoog tempo achter de kapitein marcheren. We lopen in het donker op een verlicht pad, ergens langs een bos, maar ik heb geen idee waar we zijn. Ik richt mijn blik op de rugzak van mijn voorganger. Stap voor stap. Meter voor meter.

Mist en dauw. Het begint licht te worden. Of lijkt dat maar zo? We lopen nog steeds in hoog tempo achter de kapitein aan. Ik zie links van mij een man met groene baret lopen maar hij is niet een van de instructeurs. Het wordt steeds moeilijker om het tempo bij te houden. Ik moet alles eruit persen.

Rood licht. Wit licht. Adem. Stemmen. 'Kom op, doorgaan!' 'Nog een paar uur en dan: de groene baret!' Tokkel. Mutsdas. Warm. Koud. Dorst. Zweet in mijn ogen. Ik hoor mezelf hijgen. Zwart.

'Carter, wakker worden, jungkse.' Ik word wakker in de militaire ambulance en Mike de verpleegkundige kijkt mij aan met zijn eeuwige glimlach. 'We zijn op het tentenkamp. Even uitstappen.' Mijn hoofd tolt. 'Wat bedoel je "op het tentenkamp", sergeant? Waar is de rest?' vraag ik verward. 'De rest komt er zo aan.' Ik snap er geen reet van. Ben ik eruit gehaald? Waarom? Ik stap uit de ambulance en loop het lesgebouw binnen. Daar zitten nog twee jongens. Ze zitten op een stoel tegen de verwarming aan met een deken over zich heen en slapen terwijl ze rechtop zitten. Ik ga naast ze zitten. De assistent van de militair verpleegkundige komt binnenlopen. Ze knielt voor me en zegt: 'Gefeliciteerd, Carter. Je hebt het gehaald!' Ik knik zonder haar te bedanken. 'Maar waar is de rest?' vraag ik. 'Die zie je zo. Ze zijn zo bij de parkeerplaats net voor de kazerne. Vanaf daar lopen jullie het laatste stuk naar de tranenpoort.' 'Oké… waarom zit ik hier?' vraag ik haar. 'Je kon niet meer recht lopen en je brabbelde maar wat, dus toen heeft de kapitein je er halverwege uit gehaald.' Het voelt nog niet alsof ik het kan vieren.

Ik kijk naar de jongen die naast mij zit in het lokaal. Zijn hoofd valt de hele tijd langzaam achterover op de verwarming en die staat op standje kernsplitsing. Heel heet. Elke keer wanneer hij met zijn hoofd achterovervalt, komt hij met de onderkant van zijn schedel op de hete rand van de verwarming. Dan brandt hij zich en schrikt wakker. Om vervolgens hetzelfde weer te herhalen. Naast hem zit een jongen die ook gebiologeerd aan het kijken is naar het tafereel dat zich voor ons afspeelt. We roepen beiden zijn naam. Hij schrikt en kijkt ons aan. Om vervolgens weer in slaap te vallen en zijn nek te verbranden. We kijken elkaar aan en barsten in lachen uit. Ik leg een deken op de verwarming zodat hij zich niet meer brandt.

'Gaat het?' vraagt Hondo, wanneer ik naast hem sta op de parkeerplaats. 'Ja, het gaat. Thanks.' We worden gelijk geactiveerd door de kapitein. 'Oké, heren, zo dadelijk zal de doedelzakband voor jullie lopen. Wanneer ze beginnen te spelen zal ik het teken geven om te verplaatsen. Ik ga niet mee tellen. Het is de bedoeling dat jullie goed luisteren naar de maat van de drum. De drum geeft de cadans aan. Rugzakken omhangen en opstellen met vieren. Als jullie straks door de tranenpoort lopen blijf dan strak en trots voor je uit kijken.'

We lopen achter de doedelzakband aan en draaien de hoek om. Een hoek verder is de tranenpoort. Daar staat iedereen te wachten. Ik probeer zo normaal mogelijk te lopen maar dat lukt niet. Ik luister naar de muziek en ik voel de melodie. Ik voel de drum. We komen de hoek om en ik zie een aantal auto's en toeschouwers staan langs de weg. De tranenpoort is nu binnen handbereik. De voorste jongens zijn er bijna.

Door het hek van de kazerne kan ik niet zien wat er achter de tranenpoort staat. 'Hoofd der colonne rechts. Mars!' De voorste mannen draaien de bocht in en lopen nu onder de tranenpoort. Zodra ze in zicht zijn barst er een hels lawaai uit. Gejoel, geschreeuw, gejuich, gefluit. Flitsen. Ik voel spetters. Het ruikt naar champagne. Uit mijn ooghoeken probeer ik mensen te zien die ik herken maar het zijn te veel mensen en door het geschreeuw van alle aanwezige commando's voel ik een emotie opkomen die ik niet kan plaatsen. Ik weet niet wat ik voel. Ik wil huilen. Ik wil lachen. Ik wil zitten. Ik wil staan. Ik wil springen. Ik voel kippenvel. Maar ik kijk strak voor me uit.

Twee uur later en we hebben ons gezicht gewassen, een schoon militair pak aan en onze glimmende gevechtslaarzen met moeite aangetrokken. We krijgen uitleg over de ceremonie. Prins Willem-Alexander komt onze baret uitreiken. Het is de bedoeling dat we voor het commandomonument op de appèlplaats komen te staan. Daar worden speeches gehouden door de Korps Commandant en prins Willem-Alexander zal ons toespreken. Wanneer alle woorden zijn gesproken is het tijd voor de baretexercitie. De sergeant-majoor geeft uitleg; 'Jullie dragen nu nog de traditionele mutsdas. Op het teken "mutsdassen af" pakken jullie de mutsdassen vast. Op het commando "mutsdassen" gooien jullie deze stevig en vlot neer op de grond. Daarna wordt het commando "baretten op" gegeven. Op dat moment pak je de groene baret, die zich onder je oksel bevindt, stevig vast. Op het commando "baretten" strek je de arm met baret in de hand omhoog en roep je zo hard mogelijk: nunc aut nunquam! Dan zet je die felbegeerde groene baret op. Jullie hebben er hard voor gewerkt. Geniet van het moment en neem het in je op.'

Ik herinner mij flarden van deze dag. Precies zoals ik het heb opgeschreven. Losse delen. Om exact te weten hoe de ceremonie verliep moet ik een film kijken. De commandantenmars was 25 kilometer met volle bepakking. Zo'n 40 kilo in totaal. Dat extra gewicht voel je wel aan het eind van de afmatting. Na meer dan 200 kilometer te hebben gelopen met gebroken voet, ging ergens op de route mijn lampje uit. Ik was tot het uiterste gegaan en daar voorbij.

Elke commando kan het moment terughalen dat hij onder de tranenpoort loopt en wordt toegejuicht door alle aanwezigen. Maar vooral het geschreeuw van alle commando's blijft mij bij. Ik krijg nog steeds kippenvel als ik eraan denk. Vooral als ik denk aan de emotie die ik toen voelde. Nog nooit had ik zoiets gevoeld. Het leek alsof alle bestaande emoties op dat moment een nucleus vormden en zich uitstraalden over mijn hele lichaam. Het was het eind van de acht weken durende elementaire commando-opleiding, daarvoor acht weken vooropleiding en daarvoor al die tijd waarin ik had toegeleefd naar dit moment. Het is een van de meest bijzondere momenten in mijn leven. Ik voelde trots.

Nunc aut nunquam

Op het moment dat we onze mutsdassen op de grond gooien hoor ik gelach uit het publiek. Het moet er van buiten hebben uitgezien alsof we alle emotie eruit gooiden. Daarna kregen we het commando 'baretten op' en 'baretten'. Ik riep het zo hard mogelijk. 'Nunc aut nunquam!' en zette mijn groene baret op. Het is Latijn voor: nu of nooit, de wapenspreuk van het Korps Commandotroepen. Het staat voor het doorzettingsvermogen en het onverzettelijke waarover alle commando's dienen te beschikken. Maar voor mij betekent het nog zoveel meer. Tijdens het schrijven van dit boek begin ik pas echt te doorgronden waar deze woorden voor staan en hoe belangrijk ze zijn.

Er is een pandemie gaande op het moment dat ik dit boek schrijf en deze heeft duidelijk effect op het welzijn van de wereld. Niet alleen het fysieke welzijn komt in gevaar maar vooral het mentale welzijn van de mensen heeft moeten lijden. De echte effecten van dit lijden moeten nog zichtbaar worden gemaakt.

De verschillende lockdowns en social-distancingregels zijn daar onderdeel van. Ik zie het in mijn omgeving. Mijn vader is docent op de Universiteit van Amsterdam en vertelt wekelijks over studenten die met depressie kampen. Mijn vriendin is GZ-psycholoog en de aanmeldingen bij de praktijk waar zij werkt zijn het afgelopen jaar fors gestegen. Mijn moeder geeft les op speciaal onderwijs en vertelt over schrijnende thuissituaties en huiselijk geweld.

Als je het nieuws aanzet is er weinig positiefs te zien. Soms lijkt het alsof de wereld letterlijk en figuurlijk aan het afbranden is, terwijl we met z'n allen toekijken. Die negatieve prikkels dragen niet bij aan ons mentale welzijn. Laat ik dat toe? Of kies ik voor het nu?

Kiezen voor het nu betekent niet dat we nooit over de toekomst moeten nadenken. Integendeel. Het betekent juist dat we moeten nadenken over de toekomst en nu veranderingen moeten aanbrengen. Ik ben geen doemdenker, maar alles wijst in de richting van drastische veranderingen. Zeker als het gaat om natuurbehoud en het schoonhouden van onze planeet. Als commando heb ik geleerd om de natuur, de dieren en het aardse te respecteren, en geen sporen achter te laten. Niet alleen om de vijand te ontlopen maar ook om alles achter te laten in zijn natuurlijke staat. Dat is misschien in contrast met grote militaire operaties in landen waar oorlog en conflict heersen. Waar je als militaire macht een behoorlijke footprint achterlaat, zoals in Afghanistan. Door de chaos en alle ego's die om macht strijden vergeten we de basis. En soms moet je terug naar de basis.

De basis

In conflictgebieden heersen chaos en onvrede. Maar er is altijd een plek waar je op terug kunt vallen. Een plek waar je wonden kunt laten helen, waar je kunt rusten, gezond eet en drinkt en waar je fysiek en mentaal recupereert voor de komende missie. Hier controleer je je persoonlijke uitrusting, teamuitrusting en maak je alles schoon zodat het inzetbaar blijft. Je zorgt voor het team en voor jezelf. Je zorgt voor lichaam en geest.

Op deze plek ben je relatief veilig. De mogelijkheid van indirect vuur is aanwezig, bijvoorbeeld door mortieren die uit het niets dichtbij kunnen vallen. Een commando laat daarom nooit helemaal zijn dekking vallen maar is alert genoeg om te reageren als het fout gaat. Hij activeert bewust zijn herstel.

Op deze plek wordt getraind om de basics bij te houden. Lang geleden gebruikten ze een basis om falanxformatie te oefenen en op specifieke commando's synchroon het gevecht te voeren. Nu ziet dat er anders uit, maar het idee is hetzelfde. Schieten, tactisch verplaatsen en brainstormen over nieuwe methodieken, het gebeurt allemaal op de basis, of in militair jargon: *de base.*

Terug naar de basis betekent niet alleen het herhalen van ooit aangeleerde skills en het slijpen van je zwaarden. Het betekent ook terugdenken aan waar je ooit bent gestart. Welke kernwaarden je zijn bijgebracht en hoe ze onderdeel uitmaken van je systeem. Dat je bewust bent van waar je nu staat, wat je voelt en dankbaar mag zijn voor het leven dat in je vloeit. Dat kan terwijl je loopt, zit en staat. Te veel nadenken over de missie die komen gaat heeft niet zoveel zin. Het kost onnodig veel energie, daar is een planningsproces voor en daar hou je jezelf aan. Terug naar de basis betekent teruggaan naar de kern. Die kern zit in ons allemaal.

Een basis is een relatief veilige plek. Ik schrijf relatief, omdat er buiten de basis altijd een dreiging of onvoorziene gebeurtenis kan plaatsvinden. Om de basis staan dikke muren en er wordt dag en nacht wachtgelopen om dat wat zich binnen de muren bevindt veilig te houden. Op de basis gelden regels en wordt er van eenieder verwacht dat hij of zij de zelfdiscipline heeft om zich daaraan te houden. Dat is niet zonder reden. Zo blijft iedereen op de basis inzetbaar en klaar voor alles wat komen gaat.

We hebben allemaal een basis in ons. In onze kern zit het vermogen om terug te trekken naar deze basis. In het gevecht de keuze maken om terug te trekken, is soms essentieel om te overleven: 'Live to fight another day.' Het is geen zwakte. Deze basis is gebouwd op een goed te verdedigen plek. Een plek waar je altijd het overzicht hebt. Hier bepaal jij de regels: het is een plek in je hoofd maar ook in je hart. Je kunt hier komen met je ogen dicht maar ook met je ogen open. Hier, op deze basis heb jij de controle.

Ik zie deze basis als de kern en heb na een periode van pijn en lijden geleerd om weer connectie te maken met mijn kern. Ik zie het als een dagelijkse oefening om mijzelf te herinneren aan het feit dat alleen ik het vermogen heb om terug te vallen op mijn basis. Dat doe ik door te beginnen met bewust adem te halen en dat wat ik voor mij zie, te beschouwen als energie en niet als de wereld van vorm.

Het is de energie waar ik deel van uitmaak en waar we allemaal een deel van zijn. Dat is niet wollig bedoeld, het is natuurkunde; alles om ons heen is energie. Het is meer een kwestie van voelen dan van zien. Voor wie dat te zweverig is: zie de basis als een plek in jezelf waar alleen jij kunt komen. Niemand anders. Niet uit angst voor gevaar van buiten maar uit het verlangen om in jezelf te zijn, omdat het soms echt nodig is. Zeker wanneer er dingen in je leven gebeuren waar je geen controle over hebt en die pijn doen. Het is een plek in je geest waar je jezelf voorbereidt op alle uitdagingen in het leven. Het is een plek waar je in connectie bent met je diepste staat van Zijn. Daar zit de kracht van het nu.

De soldaat en mindfulness

Jon Kabat-Zinn beschrijft mindfulness in zijn boek *Mindfulness for Beginners* als: 'Mindfulness is awareness by paying attention in a sustained and particular way: on purpose, in the present moment and non-judgementaly.' Bewustzijn met aandacht en een doel, zonder oordeel in het hier en nu zijn.

Mijn ervaring is dat er niets anders is wat je meer in het hier en nu brengt dan gevaar. Wanneer je jezelf in een gevaarlijke situatie begeeft, word je door de natuur gedwongen om in het hier en nu te zijn. Je lichaam en geest versmelten met de tijd en soms lijkt een gebeurtenis zich zelfs in slow motion af te spelen. Veel mensen ervaren dit bijvoorbeeld tijdens verkeersongelukken. Ik heb het zelf ervaren met parachutespringen, rotsklimmen, motorrijden en tijdens spannende momenten op missie. Het zijn de momenten waar je je bewust wordt van het feit dat het leven fragiel is. De close calls brengen je dichter bij de kern. Daarom denk ik dat mensen aan extreme sporten doen. Uiteraard spelen adrenaline, dopamine en alle andere blije stofjes die je hersenen aanmaken een rol in deze vaak verslavende activiteiten.

Uit eigen ervaring weet ik ook dat op die momenten, de momenten waarop je op het randje balanceert, het heel even stil is. Op zo'n moment zijn er geen geconditioneerde gedachten die rondzwerven door je hoofd en dat geeft rust. Als ik terugkijk naar specifieke momenten op missie, dan waren het de momenten waar ik het meest in contact was met het nu die ik me het best kan herinneren. Juist omdat ik even tegen mezelf zei: 'Dit is belangrijk. Sta even stil bij het moment.' Het moment dat ik onder mijn parachute hang boven de Afrikaanse woestijn, het fragment waar ik dit boek mee open, is zo'n moment. De opkomende zon in Afrika terwijl ik op wacht sta, de sterrenhemel in Afghanistan voor ik ga slapen. Het zijn de mooie momenten die ik beschrijf, maar ik weet dat mindfulness ook kan worden gebruikt op de momenten dat het zwaar is en tegenzit. Ik ben ervan overtuigd dat je kunt leren om een stortbui te waarderen, ook als je een rugzak van 60 kilogram op je rug draagt, weinig hebt gegeten en je levend wordt opgegeten door muggen. Dit zijn heel fysieke voorbeelden, maar juist wanneer het gaat om heftige emoties biedt mindfulness een manier om de missie te verdragen. Zeker voor militairen die op uitzending gaan is het een waardevolle skill om toch de nodige rust te creëren in uitdagende tijden.

Dat wil niet zeggen dat uit een vliegtuig springen de enige manier is om deze rust te bereiken. Er zijn voorbeelden en onderzoeken genoeg die laten zien dat je deze staat van 'Zijn' ook kunt bereiken door meditatie en het beoefenen van mindfulness. De uitdaging ligt in het counteren van onmiddellijke bevrediging en het inzetten van discipline om een moment van bewuste aandacht en ademhaling te verwerken in je dagelijkse gang van zaken.

Er zijn spirituele leiders die wijzen naar het ego als de boosdoener. Het ego heeft geen zin om stil te zitten, dus vergt het veel discipline om het ego niet te prikkelen. Ik denk dat dit de reden is dat beginnen met mediteren naast uitdagend ook leuk kan zijn. Mijn ervaring met meditatie is dat je door de zure appel heen moet bijten. In het begin gingen mijn gedachten van links naar rechts en werd ik kwaad op het stemmetje in mijn hoofd. Ik ging in gevecht met mijn ego. Leren niet te oordelen over mijn gedachten en emoties die ik op dat moment voelde kostte veel tijd. Na verloop van tijd ging het gelukkig steeds beter. Betekent dit dat ik elke dag in kleermakerszit op de grond ga zitten? Nee. Ik probeer nu eerder de essentie van meditatie en mindfulness toe te passen in mijn dagelijks leven. Heb ik daar nog veel in te leren? Zeker.

Mindfull lopen of pijnlijk marsen?

Ik heb de commando-opleiding gehaald, dat is een feit. Had ik het anders ervaren met alle kennis, ervaring en vaardigheden waarover ik nu beschik? Zeker. Vooral de mentale tools die ik nu bewust kan inzetten om zware beproevingen en uitdagingen aan te gaan, maken daarin een groot verschil. Als ik toen wist wat ik nu weet, was het een heel andere commando-opleiding geweest en ook een andere afmatting. Dat moge duidelijk zijn.

Als ik terugdenk aan de afmatting, dan kan ik mij vooral herinneren dat ik continu in gevecht was met mezelf. Uiteraard werd ik elke stap herinnerd aan de pijn in mijn gebroken voet en had de vermoeidheid van acht weken elementaire commando-opleiding een behoorlijke impact op mijn fysieke en mentale gesteldheid, maar ik gebruikte boosheid als emotie om door te gaan. Ik riep boosheid in mezelf op om elke dag weer een stap dichter bij de groene baret te komen. Maar boosheid kost veel energie. Het brandt je op. Voor korte trainingen en wedstrijden kun je boosheid goed gebruiken om nog net even dat laatste sprintje in te zetten. Dat werkt soms heel goed. Voor de lange mars of marathon is boosheid niet het beste middel. Achteraf gezien denk ik dat door een combinatie van extreme vermoeidheid en boosheid mijn lichaam-breinconnectie zei: 'Geen verbinding. Energie is op.'

Elke dag boos zijn op van alles en nog wat brandt je op. Bovendien is het niet heel erg gezond. Boosheid is altijd gericht op iets of iemand. Het is negatieve energie die invloed heeft op alles in je omgeving. Ik kan het weten. Door een aantal vervelende gebeurtenissen in mijn tienerjaren kreeg ik het gevoel dat de wereld een wrede, harde en oneerlijke plek is. En soms is dat ook zo. Maar als er iets is wat ik heb geleerd tijdens het vele reizen en de wereld zien, is dat er meer licht is dan duisternis. Zelfs in conflictgebieden. Ik heb soms verbaasd staan kijken hoe veerkrachtig mensen kunnen zijn na zo veel tegenslagen.

Om de wereld anders te leren zien heb je soms een beetje hulp nodig. Hulp komt in meerdere vormen: een vriend of vriendin, familie of collega's die je helpen uit liefde of door gewoon aanwezig te zijn met een luisterend oor. Maar wat als die mensen er niet zijn? In dat moment van eenzaamheid helpt het om je te focussen op een punt in de verte: een doel of een droom, en daarbij alles in je omgeving te zien als energie. Energie die je voortstuwt en je helpt om doelen en dromen te behalen.

Tijdens de commando-opleiding creëren ze deze momenten van eenzaamheid, juist wanneer je moe en uitgeput bent, wanneer je denkt niet meer te kunnen. Ik herhaal: wanneer je 'denkt' niet meer te kunnen.

Als mensen opgeven tijdens de commando-opleiding heeft dat bijna nooit een fysieke reden. Soms hebben ze een blessure en worden ze om medische redenen uit de opleiding ontheven maar negenennegentig procent van de mensen die opgeven tijdens de commando-opleiding doet dat omdat ze het mentaal niet trekken. Ze zijn vergeten door de pijn en vermoeidheid waarom ze zich überhaupt hebben opgegeven. In die momenten moeten ze antwoord kunnen geven op hun 'waarom'. Soms is hun 'waarom' niet sterk genoeg vanuit innerlijke overtuiging.

In die momenten kon ik antwoord geven op mijn waarom. Het antwoord komt vanuit een diepere laag en is ontstaan in mijn kern. Daar waar het innerlijk vuur brandt: 'Ik wil commando worden omdat ik weet dat het leven van een commando speciale operaties het fundament gaat zijn voor de rest van mijn leven. Onderdeel worden van dit broederschap zal mij voor de rest van mijn leven verbinden en alle uitdagingen, pijnlijke momenten en obstakels zal ik hierna zien als iets wat ik altijd kan overwinnen. Alleen of met elkaar. Als ik dit haal, ben ik in staat alles te behalen.'

Ik heb geleerd dat focussen op de pijn veel energie kost. Pijn zoals een blaar op je voeten, een lopersknie of brandende longen tijdens een pittige sprinttraining. Het zijn allemaal dingen die oncomfortabel zijn en je uit je flow halen. Begrijp mij niet verkeerd: zoals ik eerder schreef heeft het voelen van fysieke pijn een goede reden. Het is een waarschuwing van het lichaam dat er iets gebeurt wat potentieel schade kan opleveren. Wanneer het om sport en training gaat is dat ook wat je doet: je richt bewust spierschade aan om vervolgens weer te herstellen. Voor een commando speciale operaties is het essentieel om die pijn bewust op te zoeken en in sommige gevallen, zoals tijdens een vuurgevecht, waar het nodig kan zijn om door de pijn 'heen te gaan' om jezelf en anderen in leven te houden.

Door in de opleiding momenten te creëren waarin je geconfronteerd wordt met de gedachte niet meer verder te kunnen, leer je deze 'verzonnen barrière' te overschrijden. Je leert de 'denkende Ik', die soms zo bepalend kan zijn in hoe we ons voelen, te overschrijden. Met goede reden: het kan van levensbelang zijn. In dit soort extreme situaties is het een heel waardevolle vaardigheid. De kunst is om in het dagelijks leven, het leven dat zich niet in deze extreme vorm afspeelt, een balans te vinden in nodige pijn en onnodige pijn. Ik doe dat door het toe te passen in mijn dagelijkse training.

Bij een training met joggen of hardlopen focus ik mij op een punt in de verte. Ik kijk niet naar de grond, maar neem de omgeving bewust in mij op. Ik richt mijn aandacht op de horizon. In mijn perifere zicht neem ik op wat zich om mij heen afspeelt. Het gras, de bladeren, de glinstering van de zon, de regendruppels op mijn gezicht en ook de gebouwen of stenen. Ik stel mij zo voor dat alles wat zich om mij heen bevindt uit energie bestaat en elke inademing mij voorziet van energie. Energie die mij voortstuwt om het volgende punt in de verte te halen. Terwijl ik voortbeweeg maak ik bewust connectie met mijn lichaam. Ik concentreer me op de manier waarop ik mijn voet voor de ander plaats en connectie maak met de grond. Ik voel bewust of ik ergens pijn heb en of het een pijn is die hoort bij de inspanning. Zodra het een pijn is die voelt alsof het een blessure kan worden, stop ik met de oefening. Die keuze heb ik tijdens een training, in een survivalsituatie heb ik die luxe niet.

Voor mij is dit een zeer effectieve methode om zowel korte, intensieve trainingen als lange duurtrainingen te doen. Het is zelfs toepasbaar voor crossfit of gymfanaten die veel binnen sporten. Focus je op een punt in de diepte of op de muur. Belangrijk: niet op de grond. Wees je bewust van je omgeving en adem alle energie in voor de volgende beweging. Deze externe focus houdt mij gericht op het nu en heeft het bijeffect dat negatieve gedachten verdwijnen. Het is mijn manier van bewust bewegen.

Als commando is het iets wat ik leerde tijdens vele zware trainingen en momenten van afzien. Verschil kunnen maken tussen pijn die nodig is en pijn die blessures oplevert, is essentieel om jezelf 'fighting fit' te houden. Het is een van de belangrijkste lessen in mijn leven en op deze manier bewust connectie maken met mijn lichaam, brengt mij meteen in het nu. Ik denk dat we een keuze hebben: mindfull lopen of pijnlijk marsen?

Een kwestie van nu

Laten we eerlijk zijn. Het gros van de gedachten die in ons hoofd ronddwalen heeft weinig betekenis. Geef maar eens eerlijk antwoord op de vraag: hoeveel procent van mijn gedachten draagt bij aan een positief en productief bestaan? Ik denk dat het eerlijk is om te zeggen dat die verdeling 80/20 is; 80 procent 'brain-farts' en 20 procent 'brain-smarts'. Bij mij in elk geval wel. Ik zie het als een persoonlijke missie om daar meer grip op te krijgen.

De motor achter onze denkprocessen is het bewustzijn. Het bewustzijn bevindt zich in ons brein. Alles wat het bewustzijn regelt of ontregelt gebeurt in ons hoofd. Er zijn mechanische en chemische processen die hier invloed op uitoefenen. Alles wat we doen of niet doen heeft effect op deze processen. Zo kan beweging van een bepaalde intensiteit chemische processen activeren, waardoor we ons blij of boos voelen. Als je een aantal keer per week beweegt, en met een bepaalde intensiteit, kunnen er allerlei chemische stoffen vrijkomen die je bewustzijn positief beïnvloeden. Met alle positieve gevolgen van dien: over het algemeen een gezonder en langer leven. Het is echter de associatie die we hebben met beweging die bepaalt of we het vaak, weinig of helemaal niet doen. Die associatie maken we in ons bewustzijn: in een deel van ons bewustzijn dat men vaak het verstand of de mind noemt.

Wanneer het gaat om uitdagingen en nieuwe dingen leren is onze mind meestal de limiterende factor. Hoe vaak denk je: dat kan ik echt niet, hoor! We noemen het weliswaar ons verstand, maar we doen er veel onverstandige dingen mee. Terwijl we de capaciteit hebben om er geweldige dingen mee te doen. Technologie en wetenschap, geboren uit het menselijk verstand, stuwen het leven op aarde voort.

In de laatste twintig jaar zijn er veel doorbraken geweest in de neurologie en psychologie en zo leren we steeds meer over ons brein in relatie tot het bewustzijn. We leren hoe we ons bewustzijn kunnen inzetten voor groei, maar ook dat het ons beperkt. Langzaam komt westerse wetenschap in verbinding met oosterse filosofie en worden parallellen zichtbaar. Voor mij is de meest zichtbare parallel dat we allemaal uit energie bestaan en dat ook alles in het universum uit energie bestaat. Een aaneenschakeling van atomen. Hoe je het ook wendt of keert, alles is met elkaar verbonden. Maar hoe maken we connectie met deze energie en hoe krijgen we grip op die 80 procent brainfarts, de geconditioneerde gedachteprocessen, die ons zo beperken? Voor mij werkt één ding heel goed, namelijk meditatie.

Meditatie is een vaardigheid en behoeft training. De eerste keer in lange tijd dat ik weer eens ging zitten en dacht: oké, even mediteren, schoot mijn mind alle kanten op. De 'monkey mind' wordt het ook wel genoemd. Mijn gedachten gingen van links naar rechts en ik voelde geen controle. Maar door discipline in te zetten merkte ik dat hoe vaker ik ging zitten, hoe beter het lukte me bewust te zijn van mijn gedachten, en daarmee werd het stiller in mijn hoofd.

Het is moeilijk om te beginnen met mediteren. Ik denk omdat het ego niet wil dat je het bewust begint te zien. Het ego verzet zich wanneer het wordt gezien. Het gevecht aangaan werkt niet, een simpel en zonder oordeel te vellen 'ah, daar ben je weer' is genoeg. Hoe meer je je bewust wordt van het ego, de denker in jezelf, hoe groter de kans dat je ooit een keer verlost zult zijn van het ego. Mits je blijft oefenen natuurlijk. Het ego gaat niet weg zonder slag of stoot.

Dat kan ook met je ogen open. Eckhart Tolle schrijft in zijn boek *De kracht van het NU. Gids voor een bewust en gelukkig leven*: 'In plaats van "de denker waar te nemen" kun je de gedachtestroom ook doorbreken door je gewoon volkomen te concentreren op het nu. Word je gewoon intens bewust van het huidige moment. Dat is iets heel bevredigends om te doen. Op deze manier onttrek je bewustzijn aan de activiteit van het verstand en maak je een gat van niet-denken waarin je in hoge mate alert en bewust bent, maar niet denkt. Dat is de essentie van meditatie.'

Voor mij was dit een heel verhelderende manier van meditatie toepassen. Je hoeft niet altijd te gaan zitten om meditatie toe te passen. Op deze manier de essentie van meditatie toepassen kun je doen terwijl je je tanden poetst, jogt, loopt, et cetera, kortom: je kunt dit bijna overal en altijd toepassen (safety first uiteraard, zoals bij deelname aan het verkeer). Ook wanneer alles even lijkt tegen te zitten, ook dan kun je het toepassen. Het maakt een gat in je duistere en negatieve denkpatronen, waardoor er ruimte ontstaat voor licht. Het is een spirituele oefening die bijdraagt aan je mentale kracht, die bijdraagt aan je bewustzijn brengen in het nu.

Ik geloof dat we een keuze hebben om ons ware zelf te verkennen en dat deze keuze leidt naar ontdekkingen die niet altijd leuk zijn. Soms zelfs pijnlijk. Maar ook nodig om oude gewoontes, gedrag en patronen te doorbreken. Bewust kiezen voor het nu betekent de confrontatie aangaan met het ego en alles waar het ego zich mee identificeert. Dat gebeurt alleen in situaties buiten je comfortzone.

Er zijn maar weinig mensen die ervoor kiezen om hun comfortzone te verlaten, om hun leven te wagen in dienst van anderen en die er vrijwillig voor kiezen fysiek en mentaal gebroken te worden, om zichzelf vervolgens weer op te bouwen. Die er bewust voor kiezen een diepere laag van zichzelf te verkennen en ervoor kiezen te leven volgens bepaalde kernwaarden. Kernwaarden als eer, trouw, trots, moed en beleid. Ervoor kiezen zichzelf te wagen in het onzekere om er vervolgens zeker van te zijn dat ze er samen altijd uit zullen komen. De commando speciale operaties is niet uit een specifieke of speciale houtsoort gesneden. Hij is een mens van vlees en bloed en dat maakt hem gelijk aan alle mensen. Het is de keuze om anderen te dienen die hem in staat stelt bijzondere dingen te doen en speciale missies uit te voeren. Het is de mens achter de commando die hem uiteindelijk maakt.

Je hoeft geen commando te worden om te weten wat het betekent om commando te zijn. Dit boek en alle andere boeken van SOF-militairen geven een inzicht in het leven van een commando. In al deze boeken zitten lessen die zeer waardevol zijn. Het zijn lessen die voortkomen uit pijn en lijden. Hard geleerde lessen die bestaan uit tactische en militair strategische wijsheid, lessen die zijn opgedaan in extreme situaties. In dit geval waren het mijn belangrijkste lessen. Ik zie het als mijn persoonlijke missie om deze kennis te delen en ik hoop zo bij te dragen aan de mentale kracht van elk individu dat dit boek leest. Zodat jij ook deze lessen kunt delen en op jouw eigen manier bijdraagt aan de mentale kracht van de mensen in je omgeving.

Tijdens de commando-opleiding leer je dat er geen verschillen zijn in cultuur, achtergrond, huidskleur, geaardheid of sekse. Je wordt allemaal gelijk gemaakt, gelijk afgebroken en gelijk opgebouwd. Je hebt elkaar nodig en je hebt de verantwoordelijkheid om elkaar te helpen. Dat geldt vandaag en dat geldt voor alle dagen die nog moeten komen. Het is nodig, de wereld van vandaag vraagt erom. Het is geen kwestie van nóóit, het is een kwestie van nú.

Woord van dank

Allereerst wil ik mijn vriendin bedanken. Ik begon met schrijven toen ons zoontje net geboren was en dat maakte het voor haar soms extra zwaar. Als gezondheidszorgpsycholoog heeft ze mij meerdere keren kunnen adviseren over verschillende psychologische onderwerpen. Ik wil haar ook bedanken voor het lezen en geven van feedback op de eerste versie van dit boek. Uiteindelijk had ik het in deze fase van ons leven nooit zonder haar kunnen schrijven.

Als tweede wil ik ook Onno van Boven en Ray Klaassens bedanken, de oprichters van Triangular Group, het mooie bedrijf waar ik nu werk. Ik wil jullie bedanken voor het vertrouwen, de vrijheid en autonomie die jullie mij geven en de vriendschap die wij de afgelopen twee jaar hebben opgebouwd. 'A few honest men are better than numbers,' Oliver Cromwell.

Daarnaast wil ik al mijn commandobroeders, collega's en vrienden bedanken die korte stukken van de eerste versies hebben gelezen en mij hebben voorzien van feedback. Door jullie heb ik een completer boek kunnen schrijven. Als laatste wil ik het Korps Commandotroepen bedanken en alle mannen en vrouwen met wie ik door de jaren heen relaties heb opgebouwd en bijzondere tijden heb meegemaakt. Ik weet wie mij steunen en ik zal jullie vriendschap, broederschap en liefde voor altijd koesteren.

Literatuurlijst

American Psychiatric Association (2013). *Diagnostic and statistical manual of mental disorders* (5de ed.). Arlington, VA: Author.

A-Tjak, J. (red.) (2015). *Acceptance & commitment therapy. Theorie en praktijk.* Houten: Bohn Stafleu van Loghum.

Brown, B. (2018). *Dare to Lead. Brave Work. Tough Conversations. Whole Hearts.* New York, NY: Random House.

Carver, C., Scheier, M.F., Weintraub, J.K. (1989). 'Assessing Coping Strategies. A Theoretically Based Approach'. *Journal of Personality and Social Psychology*, 56(2), 267-283. doi:10.1037//0022-3514.56.2.267

Coelho, P. (2008). *The Way of the Bow.* CreateSpace Independent Publishing Platform.

Discipline. (z.j.). In Van Dale. Opgehaald van https://www.vandale.nl/gratis-woordenboek/nederlands/betekenis/discipline

Dopamine. (z.j.). In Herseninstituut. Opgehaald van https://herseninstituut.nl/het-brein/begrippenlijst/dopamine/

Dweck, C. (2017). *Mindset. Changing the Way You Think to Fulfill your Potential.* Engeland, Londen: Hachette UK.

Frankl, V.E. (1963). *Man's Search for Meaning. An Introduction to Logotherapy.* Massachusetts, Boston: Beacon Press.

Gladwell, M. (2008). *Outliers. The Story of Success.* Engeland, Londen: Hachette UK.

Goleman, D. & Boyatzis, R.E. (2017, 6 februari). 'Emotional Intelligence Has 12 Elements. Which Do You Need to Work on?' Opgehaald van https://hbr.org/2017/02/emotional-intelligence-has-12-elements-which-do-you-need-to-work-on

Goleman, D. (2005). *Emotional Intelligence. Why It Can Matter More Than IQ.* New York, NY: Random House Publishing Group.

Grossman, D. & Christensen, L.W. (2004). *On Combat. The Psychology and Physiology of Deadly Conflict in War and in Peace.* PPCT Research Publications.

Hans Selye, M.D. (1984). *The Stress of Life.* New York, NY: McGraw-Hill Education.

Kabat-Zinn, J. (2012). *Mindfulness for Beginners. Reclaiming the Present Moment and Your Life.* Louisville, CO: Sounds True.

Khalsa, S. (2018). 'Interoception and Mental Health. A Roadmap'. *Biol Psychiatry Cogn Neurosci Neuroimaging,* 3(6), 501-513.

Kolk, B. van der (2014). *The Body Keeps The Score. Mind, Body and Brain in the Transformation of Trauma.* Londen: Penguin Books Ltd.

Kox, M., Eijk, L.T. van, Zwaag, J., Wildenberg, J. van den, Sweep, F.C.G.J., Hoeven, J.G. van der, & Pickkers, P. (2014). 'Voluntary activation of the sympathetic nervous system and attenuation of the innate immune response in humans'. *Proceedings of the National Academy of Sciences*, 111(20), 7379-7384. doi: 10.1073/pnas.1322174111

Lee, B. (1975). *Tao of Jeet Kune Do.* Ohara Publications Inc.

McEwen, B.S. (2017). 'Neurobiological and Systemic Effects of Chronic Stress'. *Chronic stress (Thousand Oaks)*, 1. doi: 10.1177/2470547017692328

McIntyre, C.K. & Roozendaal, B. (2002). 'Adrenal Stress Hormones and Enhanced Memory for Emotionally Arousing Experiences'. In F. Bermúdez-Rattoni (red.), *Neural Plasticity and Memory. From Genes to Brain Imaging* (pp. 265-284). CRC Press.

McLeod, S.A. (2017). 'Type A personality'. Opgehaald van https://www.simplypsychology.org/personality-a.html

Meesterschap (z.j.). In Van Dale. Opgehaald van https://www.vandale.nl/gratiswoordenboek/nederlands/betekenis/meesterschap

Mischel, W. (2014). *The Marshmallow Test. Mastering Self-Control.* Engeland, Londen: Hachette UK.

Mischel, W. & Ayduk, O. (2011). 'Willpower in a cognitive affect processing system. The dynamics of delay of gratification'. In K.D. Vohs & R.F. Baumeister (reds.), *Handbook of Self-regulation. Research, Theory, and Applications* (pp. 83-105). New York, NY: Guildford Press.

Muraven, M. & Baumeister, R.F. (2000). 'Self-regulation and depletion of limited resources. Does self-control resemble a muscle?' *Psychological Bulletin*, 126(2), 247–259. doi: 10.1037/0033-2909.126.2.247

Murphy, M. (15 april 2018). 'Neuroscience explains why you need to write down your goals if you actually want to achieve them.’ Opgehaald van https://www.forbes.com/sites/markmurphy/2018/04/15/neuroscience-explains-why-you-need-to-write-down-your-goals-if-you-actually-want-to-achieve-them/?sh=58e2fbcf7905

Nestor, J. (2020). *Breath. The New Science of a Lost Art.* Londen: Penguin Putnam Inc.

O’ Keefe, P.A., Ben-Eliyahu, A. & Linnenbrink-Garcia, L. (2012). ‘Shaping achievement goal orientations in a mastery-structured environment and concomitant changes in related contingencies of self-worth’. *Motivation and Emotion,* 37(1). doi: 10.1007/s11031-012-9293-6

Opofferen (z.j.). In Van Dale. Opgehaald van https://www.vandale.nl/gratis-woordenboek/nederlands/betekenis/opofferen

Paulhus, D. & Williams, K. (2002). ‘The Dark Triad of Personality. Narcissism, Machiavellianism, and Psychopathy’. *Journal of Research in Personality,* 36(6): 556-563. doi: 10.1016/S0092-6566(02)00505-6

Peterson, J.B. (2019). *12 regels voor het leven. Een remedie tegen chaos.* Amsterdam: Prometheus.

Plato (2012). *De ideale staat.* Athenaeum – Polak & Van Gennep.

Pope, J. & Weller, C. (2021). *Building the Elite. The Complete Guide to Building Resilient Special Operators.* Building The Elite.

Roosevelt, T. (1910). ‘Citizenship in a Republic’. Opgehaald van https://www.presidency.ucsb.edu/node/346006

Rosenman, R.H., Brand, R.J., Sholtz, R.I. & Friedman, M. (1976). ‘Multivariate prediction of coronary heart disease during 8.5 year follow-up in the Western Collaborative Group Study’.

The American Journal of Cardiology, 37(6), 903-910. doi: 10.1016/0002-9149(76)90117-x
Russo, M.A., Santarelli, D.M. & O'Rourke, D. (2017). 'The physiological effects of slow breathing in the healthy human'. *Breathe*, 13, 298-309. doi: 10.1183/20734735.009817

Šrámek, P., Šimečková, M., Janský, L., Šavlíková, J. & Vybíral, S. (2000). 'Human physiological responses to immersion into water of different temperatures'. *European Journal of Applied Physiology*, 81, 436-442. doi: 10.1007/s004210050065
Sun Tzu (2011). *The Art of War*. New York, NY: HarperCollins.

Tolle, E. (2013). *De kracht van het NU. Gids voor een bewust en gelukkig leven*. Utrecht: VBK media.

Venmans, P. (2012). *Het derde deel van de ziel. Essay over Thymos*. Atlas Contact.

Willink, J. (2020). *Discipline Equals Freedom. Field Manual*. New York, NY: St. Martin's Publishing Group.
Wise, R.A. (2004). 'Dopamine, learning and motivation'. *Nature Reviews Neuroscience*, 5(6), 483-494. doi:10.1038/nrn1406
Wouw, A. (2020). *Leren presteren. Haal het beste uit je sporters in elke fase van het seizoen*. Nieuwegein: Arko Sports Media.

Zimbardo, P.G., Johnson, R.L. & McCann, V. (2017). *Psychologie. Een inleiding* (8ste druk). Amsterdam: Peason Benelux.